牟宗三先生全集㉒

圓善論

牟宗三　著

《圓善論》全集本編校說明

王財貴

關於中國哲學的圓教問題，牟宗三先生在《智的直覺與中國哲學》與《現象與物自身》二書中已有所討論，但尚未直接關聯到康德的圓善（最高善）問題。在1983年出版的《中國哲學十九講》一書中，牟先生於第十七講〈圓教與圓善〉結尾處表示：「關於最高善，我將來想寫一部書。這是近年來才想到且透出的，在《現象與物自身》中還說得不夠，還沒有解決這個問題；那還只是一般性的思考。也許這部書就叫做《圓善論》，到時候會寫得比較清楚些。」《中國哲學十九講》是1978年牟先生在臺灣大學哲學研究所的講課紀錄，可見他當時已有撰寫《圓善論》之計畫。

牟先生在本書〈序言〉中表示：「我之講圓教與圓善是直接從《孟子》講起」，而且是「取《孟子・告子篇上》逐句疏解之」。實則〈告子〉篇之疏解即構成此書第一章之骨幹，且為全書義理之基礎。而早在1977年與1978年之交，牟先生已私下為臺灣大學學生講解《孟子》書中的若干章節，亦可證明他當時即已有撰寫本書之基本構想。

然直到1984年牟先生在香港任教於新亞研究所時，始動筆撰寫

此書。此書於1985年7月由臺灣學生書局出版，次年4月原版二刷，未作任何修改。本書計一冊，前有作者〈序言〉，長達十六頁，說明寫作緣起及本書綱領旨趣甚詳，實具有導讀之作用。本文共分為六章，其中第一章附五十餘頁譯文，書後有一短篇附錄。本書出版之後，其〈序言〉曾刊載於《鵝湖月刊》第11卷第5期（1985年11月）。

　　牟先生於1984年上半年在新亞研究所講授「孟子研究」課程，曾疏解《孟子·告子》篇，其中一部分內容由鄧成宙整理成〈《孟子·告子篇上》第六章釋義〉一文，刊載於《鵝湖月刊》第10卷第8期（1985年2月）。由於此文與《圓善論》中對《孟子》此章之疏解可相參照，故今增列為本書之附錄三。又牟先生於1989年12月23日在香港法住學會講《圓善論》，由譚寶珍記錄後，以〈《圓善論》指引〉為題，刊載於《法言》第2卷第3期（1990年6月）。由於此文有提綱挈領之用，故亦採列為本書之附錄二。

　　牟先生寫作，通常在胸有成竹之後，一氣寫出，即成定稿。唯於翻譯，特別慎重，屢加斟酌，不僅在校對時修改，甚至出書後，還念念不忘，屢有改動。以本書原版第80及81頁之譯文為例，牟先生於出書後之某一日，曾親自在我的書上改動三十餘字，並交代以後當以此為準。他又要求我將原版第110頁第11行之譯文「我把這故事說給你聽，只把名字變一變」改為「正說著是你的故事，只是名字變更了一下」。故本《全集》本之編校，除更正明顯的排版錯誤二十餘處外，亦根據牟先生之上述意旨修改。

序　言

　　我之想寫這部書是開始於講天臺圓教時。天臺判教而顯圓教是真能把圓教之所依以為圓教的獨特模式表達出來者。圓教之所以為圓教必有其必然性，那就是說，必有其所依以為圓教的獨特模式，這個模式是不可以移易的，意即若非如此，便非圓教。天臺宗開宗於智者，精微辨釋於荊溪，盛闡於知禮，皆在大力表示此獨特模式。觀其所說實有至理存焉。這是西方哲學所不能觸及的，而且西方哲學亦根本無此問題──圓教之問題。

　　由圓教而想到康德哲學系統中最高善──圓滿的善（圓善）之問題。圓教一觀念啓發了圓善問題之解決。這一解決是依佛家圓教、道家圓教、儒家圓教之義理模式而解決的，這與康德之依基督教傳統而成的解決不同。若依天臺判教底觀點說，康德的解決並非圓教中的解決，而乃別教中的解決。因為教既非圓教，故其中圓善之可能亦非真可能，而乃虛可能。詳如文中第六章所說。

　　籠統方便言之，凡聖人所說為教。即不說聖人，則如此說亦可：凡足以啓發人之理性並指導人通過實踐以純潔化人之生命而至其極者為教。哲學若非只純技術而且亦有別於科學，則哲學亦是教。依康德，哲學系統之完成是靠兩層立法而完成。在兩層立法

中，實踐理性（理性之實踐的使用）優越於思辨理性（理性之思辨
的使用）。實踐理性必指向於圓滿的善。因此，圓滿的善是哲學系
統之究極完成之標識。哲學系統之究極完成必函圓善問題之解決；
反過來，圓善問題之解決亦函哲學系統之究極完成。

　　嚮往一最高善是西方「哲學」一詞之古義（這古義的哲學在中
國則寧名曰「教」）。康德說：

> 為我們的合理行為底諸格言而去實踐地即充分地〔適當地〕
> 規定一最高善之理念，這乃是「**實踐的智慧論**」之事，而此
> 實踐的智慧論，作為**一門學問**看，復又即是所謂**哲學**。哲學
> 一詞是取古人所了解之意義。古人以為哲學意謂一種「**概念**
> **中之教訓**」〔①〕，概念乃即是「最高善已被置於其中」的
> 那概念，並且亦意謂一種「行為中之教訓」，行為乃即是
> 「最高善所因以被得到」的那行為。去把哲學一詞留在其作
> 為**一最高善論**之古義中（就理性努力去使這最高善論成為一
> **門學問**而言），這必應是妥善的。因為**一方面**，「作為一最
> 高善論」這所附加的限制必應適合於那個希臘字〔希臘字
> 「哲學」一詞指表「**愛智慧**」〕，而同時它又必足以在哲學
> 之名下去擁攝「**愛學問**」，即是說，「**愛一切思辨的理性知**
> **識**」，所謂「愛一切思辨的理性知識」是就這思辨的理性知
> 識在以下兩方面均可「適用於理性」〔②〕而言，即，一是
> 在那個概念〔即最高善之概念〕方面可適用於理性，一是在
> 「決定我們的行為」的那實踐原則方面可適用於理性，而在
> 這兩方面適用於理性卻亦並未喪失這主要的目的〔愛智

慧〕，而單為此主要目的之故，此思辨的理性知識始可叫做
實踐的智慧論。**另一方面**，因著在此定義中〔意即在**哲學作**
為最高善論之定義③中〕執持一個「必十分降低一個人之虛
僞要求」的自我估價之標準於一個人之面前而去抑制那「冒
險去要求哲學家之稱號〔自居爲哲學家〕」這樣一個人底自
大，這必是無害的。〔案：意即另一方面，我們可用**哲學之**
爲最高善論之定義以爲一自我估價之標準，把此標準置於一
個自居爲哲學家的人面前而抑制其自大，這必是無什麼損害
的，蓋有誰能及此標準呢？是故此標準必十分降低其虛僞的
要求。〕因爲一個**智慧底教師**必不只是意謂一個學者（一個
學者並未進至如此之遠，即如以「達到如此高之目的」之確
定期望來指導他自己那樣遠，當然亦未以此來指導他人）；
智慧底教師是意謂智慧底知識中之師〔案：即中國所謂人
師〕，智慧底知識之師所函蘊的比一個平庸人所要求於其自
己者爲更多一點。這樣，哲學如同智慧必總仍然是一個**理**
想，此理想，**客觀地說**，其被呈現爲完整的是單只在**理性**中
被呈現爲完整的〔單只是完整地呈現於理性〕，而**主觀地**
說，對一個人而言，它只是此人之**不停止的努力之目標**，而
無人能有理由宣稱爲實得有之，得有之以冒稱哲學家之名，
倘無人能展示此理想之不可錯誤的結果於他自己的人格中以
爲一範例（即在其**自我作主**中以及在那「他於一般的善中異
常地感有之」的那**無疑問的興趣**中展示此理想之不可錯誤的
結果於他自己的人格中以爲一範例），而這一點卻亦正是古
人所要求之以爲一條件，以爲值得有那個可尊敬的〔光榮

的〕「**哲學家**」之頭銜之條件。（《實踐理性之批判・辯證部》第一章，《康德的道德哲學》，頁346-348）

①：改為「依概念而說的教訓」亦可。下「行為中之教訓」亦可改為「依行為而說的教訓」。若把這兩面揉於一起而如此譯亦可，即「古人以為哲學意謂一種依概念與行為而說的教訓，概念即是最高善已被置於其中的那概念，而行為亦即是最高善所由以被得到的那行為」。

②：意即「可服務於理性」或「有益於理性」。

③：此是改正文，原注為「意即在最高善之定義中」，誤。俟再版時當照改。

如康德此段話所言，哲學之思考依其發展而至實踐理性之批判，充分地去為我們的理性行為之格言規定最高善之理念而言，就是「**實踐的智慧論**」（Weisheitslehre 智慧學，「實踐的」一形容詞是阿保特所加）。哲學之思考而至此是符合「哲學」一詞之古義的。古希臘哲學一詞意謂「愛智慧」。何謂「智慧」？洞見到「最高善」即謂智慧。何謂「愛智慧」？嚮往最高善、衷心對之感興趣、有熱愛、有渴望，即謂「愛智慧」。所以哲學或智慧學（實踐的智慧論），作為一門**學問**看，是不能離開「最高善」的。因此，哲學，依古義而言，亦可逕直名曰「**最高善論**」。（依近世而言，當然不如此。近代哲學甚至已不討論最高善了。又古代所謂最高善，如柏拉圖之所意謂，以及斯多噶與伊壁鳩魯之所意謂，亦皆未達至康德所意謂者之境。至康德，我們可明確地知道最高善即是圓

滿的善，而即此圓滿的善亦未達至圓教下的圓善之境。吾雖就此圓
滿的善而譯爲圓善，圓善就是圓滿的善之簡稱，然而當吾就圓教說
圓善，則此圓善之內容的，具體而眞實的意義亦有進於康德所說
者，雖然德福一致之義仍照舊。）

　　依哲學之古義之爲「最高善論」這一限制而言（限制是照顧到
近世而言，若依古義，哲學就是如此，無所謂限制，恰如依中國傳
統而言，這樣的哲學就是所謂「敎」），哲學一方固是「愛智慧」
（哲學一詞之原義），一方亦是「愛學問」，「愛一切思辨的理性
知識」。「愛學問」就是使「愛智慧」成爲一門學問，有規範有法
度的義理系統，這就是所謂「**智慧學**」。旣是一有規範有法度的義
理系統，就需要有思辨性的理性知識，如孟子所謂「終始條理」
（稱孔子者），荀子所謂「知統類」。若是雜亂無章，荀子所謂
「雜而無統」，或只是「儻來一悟」，只是一些零碎的感覺，則不
成學問，亦不能說「愛智慧」矣。愛智慧就函著愛學問，愛學問就
函著愛一切思辨性的理性知識。這一切思辨性的理性知識當然是就
最高善論而說的。這些理性知識在界定最高善之理念（概念）中以
及在表明實踐原則以決定我們的行爲中都是對於理性有用的，即皆
可服務於理性而有用於理性，即理性可藉這些思辨性的理性知識以
展現其自己之目的與義用。故雖是思辨性的理性知識，卻亦未歧離
漫蕩，往而不返，而喪失其主要目的，即「愛智慧」之目的；單爲
此目的之故，這些思辨性的理性知識始可叫做是**實踐的智慧論（智
慧學）**，這就是哲學（智慧學）──最高善論之爲一學問之恰當意
義。

　　這樣意義的哲學，康德說，古人認爲是一種**教訓**，即依**概念**與

行為而說的敎訓，概念即是「把最高善置於其中」的那概念（意即最高善之概念），行為即是「最高善因之而被得到」的那行為。這亦正是中國儒、釋、道傳統中所謂「敎」。哲學既是這樣意義的一種敎訓，則依此意義的哲學而言，無人敢自居為一「哲學家」。因此，「哲學如同智慧，必總仍然是一個理想，此理想，客觀地說，其被呈現為完整的是單只在**理性中**被呈現為完整的，而主觀地說，對一個人而言，它只是此人之**不停止的努力**之**目標**，而無人能有理由宣稱為**實得有之**，得有之以冒稱哲學家之名，倘無人能展示此理想之**不可錯誤的結果**於他自己的人格中以為一範例。」

案：這個意思的哲學家必即儒家所謂聖人，道家所謂至人、真人，佛家所謂菩薩、佛，而康德在他處則名曰「理想的哲學家」。康德在《純粹理性批判·超越的方法論》第三章〈純粹理性底建構〉中有云：

> 迄今以往，哲學之概念只是**一經院式的概念**———一個知識系統之概念，此意義的哲學概念只在其為一**學問**的性格中被尋求，因此，它只籌劃這系統性的統一，即適當於學問的那系統性的統一，因而結果，它不過是知識底**邏輯圓滿**。但是，玆同樣也有另一個哲學底概念，即一「**宇宙性的概念**」，此宇宙性的概念總是已形成「哲學」一詞之真實基礎，特別當其似乎已被人格化〔已為人所體之〕，而且其基型已被表象於**理想的哲學家**中時，為然。依此觀點而言，哲學是把一切知識關聯於**人類理性**底本質目的之學，而哲學家不是理性領域中的一個技匠，而是其自身就是**人類理性底立法者**。依哲

學一詞底這個意思而言，去稱一個人爲哲學家，並妄以爲他
已等同於那只存於理念中的「模型」，這必是過情的虛譽。

〔譯者案〕：所謂哲學之「宇宙性的概念」（ cosmical concept,
conceptus cosmicus, Weltbegriff ），宇宙性是照字面譯，很難找
一個恰當字眼譯之，也許孔子「與人爲徒」義較近之。見下康德
註。

數學家、自然哲學家，以及邏輯學家，不管前兩者在其理性
知識之領域中的進步是若何的成功，而後兩者尤其在哲學知
識方面的進步是若何的成功，他們在理性領域中猶仍只是一
些技匠。今設想有一教師（理想中思議之者）於此，他把那
三家的工作分派給三家，並且用他們的工作爲工具，去推進
人類理性底本質目的。我們必須單名此一教師爲一哲學家；
但是由於這樣的教師並不存在，而「他的立法」之觀念則是
被見於那每一人類所稟賦的理性中，是故我們將緊守這理
性，較更準確地去決定哲學所規定者，即從理性底本質目的
之觀點，依照哲學之**宇宙性的概念**①，就著系統性的統一，
更準確地去決定哲學所規定者。

〔原註①〕：關於哲學之宇宙性的概念，康德有註云：
　　　所謂「宇宙性的概念」，在此，是意謂這樣一個概念，即，
　　它關聯到那「**每一個人必然地對之有一興趣**」者；依此，如果一
　　門學問只被視爲這樣一種學科，即依某種自由選擇的目的而被設

計成者這樣一種學科，則我必須依照〔學問〕之經院式的概念去
決定它。

〔案：哲學之經院式的概念其目的有特限，而且只注意知識之**邏
輯圓滿**。哲學之宇宙性的概念其目的無特限，只就那**與全人類有
關每一人對之感興趣**者而言，是一切理性知識之實踐**存有論的圓
滿**，故似與孔子「**與人爲徒**」義較合。〕

本質的目的，自其當身而言之並不就是最高的目的；依理性
在完整的系統統一方面之要求而言，在這些本質的目的中，
只有一個始可說爲是最高的目的。因此，本質的目的或是終
極目的，或是諸隸屬目的，此等隸屬性的目的是必然地當作
工具而與那終極目的相連繫。終極目的不過就是人底**全部天
職**，而討論此全部天職的哲學即被名曰道德哲學。由於道德
哲學所有的這種優越性，即優越於理性底一切其他業績的這
種優越性，所以古人在其使用「哲學家」一詞時，常特別意
指「道德家」而言；而甚至在今日，我們亦因著某種類比而
被引導去稱一個在理性底指導下**顯示自制**的人曰哲學家，不
管其知識爲如何地有限。

「人類理性底立法」（哲學）有兩種對象，即自然與自由，
因此，它不只含有自然底法則，亦含有道德法則，它把這兩
種法則首先呈現於兩個不同的系統中，而最後則呈現之於一
個整一的哲學系統中。自然底哲學討論那一切「是什麼」
者，而道德哲學則討論那「應當是什麼」者。

案：此四段話與上所引《實踐理性批判》中者相呼應。關於此四段
話，還有前乎此者，我曾詳釋之於《現象與物自身》一書第七章最
後一節中。讀者可取而一閱。那部書從《純粹理性批判》講起，依
中國哲學底智慧方向，就著康德的現象與物自身之超越的區分，最
後建立**執的存有論**與**無執的存有論**。本書則講圓教與圓善，故先以
古人所理解的哲學——實踐的智慧學、最高善論，標之於此序，以
實踐理性作開端，把圓滿的善（圓善）套於無執的存有論中來處
理，即從圓教看圓善，此將使無執的存有論更為真切，使一完整的
系統之圓成更為真切。

　　哲學之為智慧學（實踐的智慧論）——最高善論，這雖是哲學
一詞之古義，然康德講最高善（圓滿的善）之可能卻不同於古人。
他是從意志之自律（意志之立法性）講起，先明何謂善，然後再加
上幸福講圓滿的善。此圓滿的善底可能性之解答是依據基督教傳統
來解答的，即由肯定一人格神的上帝使德福一致為可能。我今講圓
教與圓善則根據儒學傳統，直接從《孟子》講起。孟子的基本義理
正好是自律道德，而且很透闢，首發於二千年以前，不同凡響，此
則是孟子的智慧，雖辭語與思考方式不同於康德。圓滿的善，以前
儒者不甚措意，孟子亦未積極考慮此問題而予以解答，此蓋由於先
重「德」一面故。然而天爵、人爵亦是孟子所提出者，此示本有德
福之兩面，此即可引至圓滿的善之考慮。圓教底意識是後來慢慢發
展成的。儒家由孔子之仁開端，本有上下內外本末通而為一的粗略
規模。道家老、莊亦有。然而圓教之所以為圓教之**獨特模式**卻必須
首先見之於佛家天臺宗之判別、圓。若以此為準而予以鄭重注意，
則儒聖之**圓境**卻首先見之於王弼之聖人體無以及向、郭之注

《莊》。此等玄言雖是假託道家理境以顯，然而**圓境**卻必須**歸之於儒聖**。由此即可啓發出依儒家義理而說儒家之圓教。依儒家義理而說儒家圓教必須順王學之致良知教而發展至王龍谿之「四無」，再由此而回歸於明道之「一本」與胡五峰之「天理人欲同體異用」，始正式顯出。由此圓教之顯出始可正式解答圓善之可能，此則不同於康德之解答。是則圓善問題之解決固非斯多噶與伊壁鳩魯所能及，甚至亦非康德之依基督教傳統而答者所眞能答。

我之講圓教與圓善是直接從《孟子》講起，我之這樣講起是取疏解經典之方式講，不取「依概念之分解純邏輯地憑空架起一義理系統」之方式講。所以如此，一因有所憑藉，此則省力故；二因講明原典使人易悟入《孟子》故；三因教之基本義理定在孟子，孟子是智慧學之奠基者，智慧非可強探力索得，乃由有眞實生命者之洞見發，爲不可移故。

我之疏解《孟子》是取《孟子·告子篇上》逐句疏解之。這一篇文字由孟子與告子辯「生之謂性」起直至最後篇尾止，乃一氣呵成者，甚有條貫性。然而兩千多年來，眞能通解、切解、確解此篇文字者卻不易得。只一「生之謂性」即不易辨明。象山即謂「不必深考，恐力量未到，反惑亂精神」。（詳見《全集》卷七〈與邵中孚〉）此雖勸人，然其本人終亦未深考也。程明道亦言「生之謂性」，但成另一義，非告子之原義。至若就「無分於善惡」而涉遐想者皆不相干，如陽明及劉蕺山皆對於告子語有無謂之遐想。朱注順通文句雖大體不誤，然於論辯之經過則不能使人有確切之理解。凡此俱見《心體與性體》第二冊〈明道章·生之謂性篇〉。仁義內在只象山、陽明能切明之，朱子不能明也。可見兩千多年來，有誰

能通解、切解、確解此篇文字乎？近人更不易理解。吾每念及此，輒覺華族學人對不起古人。以前學子有誰不讀《四書》，而猶若是，況今日乎？故吾取而逐句疏解之。又不只文句事，且是義理事。兩者俱到，方能有通解、切解與確解。語句暢順，則義理豁然，因其語句本是智慧語句，亦是表達義理之語句也。若無生命之感應，又無義理之訓練，而謂訓詁明則義理通，是則難矣。吾既疏解已，又取康德〈論人性中之基本惡〉一文譯成中文以附於後。此則有助於「生之謂性」之論辯之理解，是此時代理解〈告子〉篇之不可少之補充也。詳讀康德文，益覺孟子後華族學子思力之脆弱。象山嘗謂「竊不自揆，區區之學自謂孟子之後至是而始一明也。」（《全集》卷十〈與路彥彬〉）〈象山語錄〉云：「夫子以仁發明斯道，其言渾無罅縫。孟子十字打開，更無隱遁。」孔子是聖人，孟子是教（智慧學）之奠基者。孟子後至象山而始一明。象山所明者即是孔、孟之智慧方向也。象山〈與邵叔誼〉書云：「端緒得失則當早辨」（《全集》卷一）。「端緒」即所謂智慧方向也。就〈告子〉篇言，象山所明者亦只是孟子義理、智慧之大端，即「牛山之木嘗美矣」以下直發正面之義理者，象山實能得之，彼亦勸人當「常讀之」，必能得益。然於篇之開首論「生之謂性」處，則勸人「不必深考，恐力量未到，反惑亂精神。」此雖勸人，而其本人終亦未示人以通解。故吾必須詳予疏解，且又附之以康德之文。此問題之暢通實需要有相當之「力量」，未可隨意滑轉，亦不可涉想漫蕩。否則孟子之爭辯乃徒然矣。此中曲折甚多，觀康德之文可知也。

　　順孟子基本義理前進，直至天爵、人爵之提出，此則可以接觸

圓善問題矣。孟子未視圓善爲一問題而期解決之。視之爲一問題則來自西方，正式解答之則始自康德。康德之解答是依據基督教傳統而作成者，此並非是一圓滿而眞實之解決。吾今依圓敎義理解決之，則期予以圓滿而眞實之解決。但圓敎之觀念即非易明者。此則西方哲學所無有也，儒、道兩家亦不全備也。唯佛家天臺宗彰顯之，此是其最大的貢獻。此由判敎而逼至者。中國吸收佛敎，其中義理紛然，判敎即是一大學問，能判之而彰顯圓敎之何所是即是一大智慧。此則啓發於人類理性者旣深且遠，而敎內外人士鮮能眞切明之。智顗、荊溪、知禮實乃不可多得之大哲學家。吾以此智慧爲準，先疏通向、郭之注《莊》而確立道家之圓敎，次疏通儒學之發展至王學之四有四無，由之再回歸於明道之一本與胡五峰之同體異用，而確立儒家之圓敎。圓敎確立，用於圓善，則圓善之圓滿而眞實的解決即可得矣，此則不同於康德之解答而有進於康德者。

　　人或以爲王弼、向秀、郭象只是魏晉之名士，何以道家圓敎至彼始顯，然則老、莊尙不及魏晉名士乎？至於王龍谿，劉戢山斥其爲虛玄而蕩，黃梨洲謂其陷陽明於禪，一般視之尙非王學之正傳，何以儒家圓敎至彼始顯，然則孔、孟、程、朱、陸、王尙不及王龍谿乎？案：此問爲不知類。天臺判別圓，亦非釋迦、龍樹、無著之所說，然則釋迦、龍樹、無著尙不及天臺乎？天臺智者大師不過「位居五品」，尙未斷無明，極稱之不過曰「東土小釋迦」，何以佛家圓敎至彼始立？須知謂其能明圓敎非謂其**修行**高於釋迦、龍樹、無著也。王弼、向秀、郭象以迹本論會通孔、老以明道家義理之圓敎，此非謂其**智慧風範**即高於老、莊也。王龍谿提出四有四無，胡五峰提出同體異用，以明儒家義理之圓敎，此亦非謂其**智慧**

德行已高於孔、孟、程、朱、陸、王也。智慧之造始與思想之開發固是兩事，即思想之開發與踐履造詣之高下更是兩事，非可一概而論。於此後兩者間，欲想得一**配稱之關係**，恐將比在德福間得一**配稱**為更難，此當別論。

吾人若不能洞曉道家「無」之性格與佛家般若之性格之**共通性**，則不能解除後世儒者對於佛、老之忌諱，此一忌諱是儒家義理開發之大障礙。吾人若不能了解儒家系統是**縱貫縱講**之創生系統，佛、老是**縱貫橫講**之非創生系統，則不能了解三教之所以異。吾人若不能證立三教皆有無限智心之肯認，則不能證立三教皆有**智的直覺**之肯認，此而不能被肯認，則必致使三教之宗趣，自相刺謬。吾人若不能證立三教無限智心既是**成德**之根據亦是**存在**之根據，則必不能預規**圓教之規模**，因而圓善之可能亦不可得而期矣。吾人若不能了然於**分別說**與**非分別說**之足以窮盡人類理性之一切理境，而非分別說又有屬於「無限智心之**融通淘汰之作用（無）**」者，又有屬於「**存有論的法之存在**」者（縱貫縱講者與縱貫橫講者），則不能知何以必在兩義兼備之非分別說中成立圓教，因而亦不能知何以必在此究極圓教中始得到圓善問題之圓滿而眞實的解決。

凡此皆經由長途跋涉，斬荆截棘，而必然地達到者。中經《才性與玄理》、《佛性與般若》（兩冊）、《心體與性體》（三冊），《從陸象山到劉蕺山》等書之寫作，以及與康德之對比，始達到此必然的消融。吾愧不能如康德，四無傍依，獨立運思，直就理性之建構性以抒發其批判的哲學；吾只能誦數古人已有之慧解，思索以通之，然而亦不期然而竟達至消融康德之境使之百尺竿頭再進一步。於以見概念之分解、邏輯之建構，與歷史地「誦數以貫

之，思索以通之」（荀子語），兩者間之絕異者可趨一自然之諧和。（中間須隨時有評判與抉擇，以得每一概念之正位）。柏拉圖、亞里士多德、宗教耶穌、聖多瑪、近世笛卡爾、來布尼茲、陸克、休謨、康德、羅素，代表西方之慧解；孔、孟、老、莊、王弼、向秀、郭象、智顗、荊溪、知禮、杜順、智儼、賢首、濂溪、橫渠、二程、朱子、五峰、象山、陽明、龍谿、劉蕺山，代表中國之慧解。中西融通之橋樑乃在康德。西方多激蕩，有精采，亦有虛幻；中國多圓融平實，但忌昏沈，故須建構以充之。圓融不可以徒講，平實不可以苟得。非然者，必下趨於昏沈而暴戾隨之，此可悲也。

言至此，尚有不能已於言者，熊先生每常勸人爲學進德勿輕忽知識，勿低視思辨。知識不足，則無資以運轉；思辨不足，則浮泛而籠統。空談修養，空說立志，虛餒迂陋，終立不起，亦無所修，亦無所養。縱有穎悟，亦是浮明；縱有性情，亦浸灌不深，枯萎以死。知識與思辨而外，又謂必有感觸而後可以爲人。感觸大者爲大人，感觸小者爲小人。曠觀千古，稱感觸最大者爲孔子與釋迦。知識、思辨、感觸三者備而實智開，此正合希臘人視哲學爲愛智慧愛學問之古義，亦合一切聖敎之實義。熊先生非無空靈造極之大智者，而猶諄諄於下學！惟能空靈而造極者始能切感於知識、思辨之重要；惟能切感於知識、思辨之重要者始能運轉知識、思辨而不滯於知識、思辨而通化之以至於空靈。人多不能解其意之切而當下心領神會，以爲何以如熊先生之高明而猶賓賓於瑣碎之糟粕！不自知其空疏而無似，遂轉而枵腹自大，襲取古人話頭以自文，動輒言吾雖不識一字亦堂堂正正做一個人。此誠然也，然象山說之有衷氣，

汝說之只成一遁辭。不識一字固可堂堂正正做一個人，非謂堂堂正
正做一個人，便可不須識字也，亦非謂盡不識字者皆可堂堂正正做
一個人也。又或以為思辨只是空理論，不必有實證，遂妄託證會以
自高。殊不知思理混亂，基本訓練且不足，而可妄言證會乎？汝焉
知思辨明徹者必無證會乎？又或以為知識只是粗迹，未可語於性德
之冥契，如是，遂日夜閉目合睛，妄託冥契以蹈空。殊不知學知不
夠，雖即於性德亦不知其為何物，而可妄言冥契乎？汝焉知學知周
至者定無性德之冥契乎？

　　熊先生語是**警戒語**、**策勉語**，非**主張語**。彼深感一般學子淺陋
浮泛之可厭，旣不足以成事，又不足以成學，此是民族之衰象。生
命強力不足，不能堪忍煩瑣與深入，如是，遂落於非昏沈即掉舉。
船山亦云害莫大於浮淺。凡不能辨解問題以求解答者，輒起反動以
毀之或漫之，於學美其名曰空靈，實只是掉舉；於事美其名曰革
命，實只是暴亂。昏沈即愚迷，掉舉即暴亂，皆強力不足，不足以
勝任問題之辨解與解答者也。熊先生實深感之，此亦孔子、釋迦之
感也。此是眞明之策勉，非徒語下以輕估人也。人不能悚然敬謹聽
受，反以為我已過於此境矣，何尚以童蒙視我耶？人之是否有眞，
是否浮泛，識者自能辨之。不知敬領心受，而徒以圓融話頭混漫
之，此亦「不知類」之謂也。敎不可以已，學不可以已。雖即上
聖，若聞其語，亦只有肅然心領，而況晚輩後生不知學為何物者
乎？古今哲人，辨力之強，建構力之大，莫過於康德。此則有眞
感、眞明與眞智者也。彼若無周至之學知，焉能取**一切有關之概念**
而辨明之乎？彼若無透徹之思辨，焉能取**一切辯證**（佛所不答者）
而批判之乎？彼若無眞感、眞明與眞智，又焉能切言實踐理性之優

越性乎？天臺判教雖屬佛教內者，若無學知與思辨，焉能判之以八教而罄無不盡者乎？若無眞感、眞明與眞智，又焉能「位居五品」（圓教五品不是小事易事），得「東土小釋迦」之稱號乎？處於今日，義理之繁、時世之艱，爲曠古以來所未有，若無學知與明辨，焉能開愛智慧、愛學問之眞學（即眞教）而爲時代作砥柱以消解魔難乎？吾不敢自謂能有眞感、眞明與眞智，惟賴古德近師之教語以自黽勉耳。判教非易事，熊先生之辨解，由於其所處之時之限制，不必能盡諦當，然要而言之，彼自有其眞也。吾茲所述者，亦只承之而前進云爾。是爲序。

目　次

第一章　基本的義理

〈告子篇上〉疏解

一　杞柳之喻

> 告子曰：「性猶杞柳也，義猶桮棬也。以人性爲仁義，猶以杞柳爲桮棬。」
>
> 孟子曰：「子能順杞柳之性而以爲桮棬乎？將戕賊杞柳而後以爲桮棬也？如將戕賊杞柳而以爲桮棬，則亦將戕賊人〔性〕以爲仁義與？率天下之人而禍仁義者必子之言夫！」

案：所記此段對辯先標告子之主張，後記孟子之反駁，文意甚爲顯豁。茲以語體文順通如下：

> 告子主張說：「人之性好比是杞柳之木材一樣，〔仁〕義就好比是由杞柳之木材製成的桮棬器具一樣。以人性造成仁義就好比以杞柳木材造成桮棬器具一樣。」

孟子駁斥說：「如你所說，你能順**杞柳之性**〔順杞柳之如其
爲杞柳〕，不加人工，而就能以杞柳造成桮棬嗎？抑或將加
人工戕賊**杞柳**而後始能造成桮棬呢？如果你須將**杞柳**予以斧
斷〔戕賊〕始能以之造成桮棬，那麼依你之類比，你亦將扭
曲矯揉〔戕賊〕**人之性**始能以之造成仁義乎？
〔如誠如此，則仁義將不是由人性自然而發，而是由人工造
作而成。〕如是，則領導天下人以禍害仁義使之成爲不眞實
的虛僞物者必就是你這幾句話了！」

案：在此對辯中，告子以杞柳喻性，是把性看作材料，是中性義的
性，並無所謂善惡，其或善或惡是後天造成的，因而其中亦無所謂
仁義，仁義亦是後天造成的，因而仁義是外於人性的（此與告子下
文主張仁內義外之外不同，詳見下文辨明）。而孟子則主張仁義是
內發於人性，不是後天造成的，如是，則孟子心目中的性必不是中
性的材料義之性。這就顯出兩人所指目的性不同，並不是對於同一
性有相反的主張因而成爲兩相矛盾。因爲對於人本可有不同層面的
看法。然則何種意義的性始可看成是中性的材料，又何種意義的性
始能自發出仁義而可被說是定善，這不可不予以辨明。此則順下文
層層論辯即可明白。

或有把此對辯中告子曰中之語不視爲告子之主張，而視爲是告
子對於孟子之攻擊——攻擊其「以人性爲仁義」，視「以人性爲仁
義」是孟子之主張，且把「爲」字作「是」字解或作「當作」解，
如是便攻擊說：你若把人性看成是仁義，就好像把杞柳看成是桮棬
一樣，但杞柳不能就是桮棬，是故人性亦不能就是仁義。是故你孟

子把人性看成是仁義是完全錯了。這樣解法很可怪！這是完全把告子那幾句話看擰了！既這樣看擰了，遂以為孟子之答辯不可解。其實完全可解。孟子就是反對你把人性視為材料，把仁義視作後天造成的。那幾句話就是告子的主張，其中的「為」字是「作成」義，孟子答辯中的「為」字亦都作「作成」解。

二　湍水之喻

告子曰：「性猶湍水也，決諸東方則東流，決諸西方則西流。人性之無分於善不善也，猶水之無分於東西也。」

孟子曰：「水信無分於東西，無分於上下乎？人性之善也，猶水之就下也。人無有不善，水無有不下。今夫水，搏而躍之，可使過顙；激而行之，可使在山，是豈水之性哉？其勢則然也。人之可使為不善，其性亦猶是也。」

案：在此對辯中，告子正式說出人之性原只是中性的，此為材料義之性之所必函。順通如下：

告子又主張說：「性好比是漩湍之水，你把它決之於東方，則它即向東流，你把它決之於西方，則它即向西流。人性亦如是，人性之無分於善不善就好像水之無分於東西。」

孟子答辯說：「即依汝之例方便而言，水誠然無分於東西，但豈亦無分於上下乎？人性之向善〔人性之善也，由其自然向善而斷其是善〕就好像水之自然就下一樣。「人無有不

善」①〔人性無有不向善〕，而水亦無有不就下。現在，對
此水，你若拍擊之，使之飛濺起來，它可以濺過了你的額
頭；你若把它壅激起來而使之上湧，它可以流到山上去，這
豈是水之自然就下之性嗎？這乃是迫於勢〔即由外力而使
之〕而然的。人之可被致使爲不善〔作不善之事〕，就其性
而言，也好像水之過額或在山一樣，是迫於勢而然的〔由環
境習染而然的〕，這不是其性本是如此的。」

案：告子既視性爲材料，因而必視性爲中性（無分於善惡），這是
必然相隨而來的。孟子既反對其材料說，亦反對其中性說，這亦是
必然相隨而來的。然則究竟什麼樣的性可視之爲材料和中性？又什
麼樣的性不可如此看？性猶湍水，性猶杞柳，是告子舉例以明之。
孟子即就其所舉之例而駁之。下文告子則就原則以明性爲材料之中
性義。此原則即是「生之謂性」。

三 「生之謂性」辯

告子曰：「生之謂性。」
孟子曰：「生之謂性也猶白之謂白與？」
曰：「然。」
〔曰〕：「白羽之白也猶白雪之白，白雪之白猶白玉之白
與？」
曰：「然。」

---

①編者註：牟先生於「人無有不善」五字旁加△記號。

〔曰〕：「然則犬之性猶牛之性，牛之性猶人之性與？」

案：告子在此正式提出說性之原則，即「生之謂性」。我們必須知
這句話之來歷。依照古傳統，原只有「生」字，性字是後起的引申
字，故古訓即是「性者生也」，以生字訓性字。到孟、荀時，這兩
字還是時常通用的，雖然孟子並不這樣通用。但孟子說「形色天性
也」，這個性字就是「生」。「生」即是出生之生，是指一個體之
有其存在而言。廣之，凡一東西之存在皆可以「生」字表示，如
《道德經》說「有物混成，先天地生」。「先天地生」，即先乎天
地而存在。「生之謂性」意即：一個體存在時所本具之種種特性即
被名曰性。此即「性者生也」之古訓所含有之意旨。西漢初年董仲
舒尚能通曉此義。他說：「性之名非生與？如其生之自然之質謂之
性」。這是「生之謂性」一語之諦解。我們可說這是吾人所依以了
解性的一個原則。我們通過這原則可以把一個體所本具之「**自然之
質**」（種種自然特性）呈現出來。這一原則是要落實於「自然之
質」上的，即是說，它必須實指**自然之質**而抒發之。

　「生之謂性」之自然之質可直接被說爲是生就而本有的。但此
所謂生就而本有是生物學的本有，是以「**生而有**」之「**生**」來定
的，與孟子所說「仁義禮智我固有之也，非由外鑠我也」之「固
有」不同。孟子所說之「固有」是固有於本心（見下文），是超越
意義的固有，非生物學的固有，亦非以「生而有」定，蓋孟子正反
對「生之謂性」故。因此，「生之謂性」一原則必限制出對於**性之
實**之一種主張，因而遂有孟子之反駁而提出另一種主張，即不由
「生之謂性」說性而單由道德義理之當然以說人之**義理之性**，這樣

便可在道德價值上把人與牛馬區別開。

人們看到告子「生之謂性」之性是固有的，而孟子亦說「仁義禮智我固有之也」這義理之性亦是固有的，既都是固有的，你孟子何以獨反對「生之謂性」？有人想替孟子作一解答。他說：依孟子，性是固有的，但固有的不必是性。此則無謂。因爲何以只許你的固有是性，不許我的固有是性？我們既都說固有的是性，你何獨單單說你的四端固有是性，我的食色固有便不是性？所以這種代答實不成立。他說我之這樣代答是有根據的，因爲依孟子，食色固有不名曰性，但名曰命。（此依「耳之於聲也〔……〕性也，有命焉，君子不謂性也」作解。）案：此完全錯誤，不解孟子說「性也有命焉，君子不謂性也」之意。這樣的答辯既不解孟子反對「生之謂性」所依據之立場，又不解兩「固有」之不同，因而亦不解兩固有所指之「性之層次」之不同。孟子反對「生之謂性」並不一定反對食色等是性，因爲他明說「耳之於聲也〔等等〕**性**也，有命焉，君子不謂性也」。 雖「有命焉，君子不謂性」，卻亦並不**否認其是性**，亦並非**直說**它是「**命**」。「有命焉」並不等於名之曰命。因此，其所以反對「生之謂性」是只因爲若這樣說人之性並不足以把人之**價值**上異於牛馬者標舉出來，這明表示孟子另有說人之**超越的眞性**之立場。

此而旣明，則孟子之論辯即可順通如下：

告子說：「一個體於其存在時所本具之自然之質即被名曰性；性者生也，如其生之自然之質謂之性。」

孟子問曰：「性者生也，如其生之自然之質謂之性，此是分

析語，猶白者説爲白，是這個意思嗎？」〔案：此「猶」非。〕

告子答曰：「是。」〔案：此答非是。〕

孟子又問曰：「那麼白羽説爲是白的就好像白雪説爲是白的，白雪説爲是白的就好像白玉説爲是白的，是嗎？」

告子答曰：「當然是。」〔案：此答是。〕

孟子又問曰：「此既如此，那麼犬之**生**猶牛之**生**，牛之**生**猶人之**生**。既如此，然則犬之**性**猶牛之**性**，牛之**性**猶人之**性**嗎？」〔案：此類比非是。〕

案：問至此，告子無答。也許推至此，他覺得有點爽然若失，瞪目不知如何答。因爲他不能説犬之性就和牛之性一樣，牛之性就和人之性一樣。但從上面一步一步推下來又好像必至此結論，他檢查不出上面的推論是有錯誤的。至於孟子這樣問難，其心目中自有所指。然由「生之謂性」推下來而至其心中之所想，這其間有**兩步跳躍**或**滑轉**。告子一時辨別不清，遂至語塞。其實告子若眞了解「生之謂性」一語之意義，他是可以答辯的。他可以説「生之謂性」是説「性之實」之一原則。「性者生也」與「白之謂白」並不相同，後者是套套邏輯式的分析語，而前者不是。「性者生也」並不等於「性是性」，或「生是生」，其語意是「生而有的自然之質就是性」，這明是説性的一個原則。「生」等於個體存在，個體存在時所具有的「自然之質」曰性，而**個體存在**並**不等於性**。是則「性者生也」或「生之謂性」並不同於「白之謂白」（白説爲是白）。告子辨別不清而答曰「是」（即認爲生之謂性同於白之謂白），實則

非是。這是孟子之誤解（想的太快），把「生之謂性」（性者生也）誤解爲像「白之謂白」（白說爲是白，白者白也）一樣。這是第一步錯誤。至於白羽之白猶白雪之白，白雪之白猶白玉之白，這是無問題的，因爲白羽之白，白雪之白等都是主謂式的分析命題，也是套套邏輯之一種。但由此亦推不到犬之性猶牛之性，牛之性猶人之性。蓋「生之謂性」旣是一原則，當然可以到處應用，用於犬把犬之自然之質說出來，用於牛把牛之自然之質說出來，用於人把人之自然之質說出來，然而這旣不等於說「犬之生（個體存在）猶牛之生，牛之生猶人之生」，一切生皆是生，同是個體存在，因爲這並沒有說什麼；亦不等於說「犬之性猶牛之性，牛之性猶人之性」，因爲雖都是「生之謂性」，然「自然之質」之實卻各有不同。夫旣如此，你何以能根據白羽之白猶白雪之白，白雪之白猶白玉之白，而推至犬之性猶牛之性，牛之性猶人之性呢？這是孟子的第二步錯誤。告子若能這樣指出這兩步滑轉之非是，則他是可以有一答辯的。不過你雖可以有一答辯，然而不必能抹殺孟子心中所想之另一種性之實，而此另一種性之實並非「生之謂性」所能明。而孟子反對你的「生之謂性」之此處的論辯雖有不合邏輯處，然而其反對你的「生之謂性」之根本立場（不是此處的表面論辯），超越的洞見，卻仍然是對的，即是說，他眞有其反對你的依「生之謂性」之原則而說性之極強有力的理由。這就是說，孟子之推論雖不合邏輯，然而其心中所想人之所以與牛犬異者仍然對；依其所想之異而斷「性者生也」之說之不足以表示出此「異」，這亦仍然成立。然則縱使告子依理可以如吾上所擬者而答辯，即答辯說：雖都是「性者生也」，仍可表示出犬之生之自然之質之實不同於牛者，

而牛者亦不同於人者，以明孟子推論之非，雖可如此，然而孟子仍可據其所想之「異」以駁斥「生之謂性」一原則而謂其仍不足以表說出其心中所想之人之所以異於犬牛者之異。然則「生之謂性」一原則所表說的犬牛人之性之異是何種異，何以仍表示不出人之所以眞正異於犬牛者，又孟子所想之「異」是何種異，何以獨能表示出人之所以眞正異於犬牛者，此不可不首先予以決定也。

「生之謂性」一原則所表說的個體存在後生而有的「性之實」必只是種種自然之質，即總屬於氣性或才性的，這是屬於自然事實的：最低層的是生物本能（飲食男女）的動物性，稍高一點的是氣質或才能；這都屬於自然生就的實然，朱子常概括之以「知覺運動」。即使其中不只是軀殼感性之作用，知性與理性都可包括在內，而知性亦必只是自然的知解活動，隨物而轉的識別活動，理性亦必只是自然的推比計較活動，諸心理學的作用亦可俱含在內。這些都是「生之謂性」一原則所呈現的「**自然之質**」。因此，由此而明的性是個**事實概念**，因而所表示的犬之性不同於牛之性，而犬牛之性亦不同于人之性，這不同只是**劃類的不同**。這類不同之性既是**個事實概念**，亦是個**類概念**，總之是個**知識概念**。我們對於一個個體之存在，通過經驗所知者就只是這些。這種知識概念之性，依經驗事實之知識之觀點而觀之，是**一律平等**的，並無**價值上**的差別。依孟子，人之知覺運動，飲食男女，固不同於犬牛，然若只是這樣去了解人之性，則人與犬牛並無價值上的差別，雖有事實上劃類之不同。在此識見上，依中國的傳統，人們便說：你若只是飲食男女，不管你怎樣講究，用上多少聰明才智，你總與禽獸無以異，甚至比禽獸還壞。這個判斷是個**價值性的判斷**，甚至是一句罵人的

話。因此，孟子「犬之性猶牛之性，牛之性猶人之性與？」之質問頓使告子爽然若失，這似乎使他亦憬悟到人與犬牛總有點不同，雖然他不知如何表達這不同。告子如若不服，說依「生之謂性」之原則仍可表示出犬與牛與人之不同，那麼我可以代孟子說那只是知識上劃類的不同，仍不足以說明這價值上的不同，不管告子如何想，若只是生之謂性，總不足以解答這困難。因此，孟子理解人之性，其著眼點必是由人之所以異於犬牛的價值上的差別來理解之。這決不能由「生之謂性」來理解。此中的意思，俱是隱含的，孟子並未正式說出。然孟子識見高，一語道破，在其一時道破的一語中必然含有這些意思。這是默許的，雖然詳細說出來並非容易。人可以一下子見到，但未必能詳細說出。即使孟子本人亦未必能詳細說出，說時亦常有跳躍滑轉處。這需要思考的訓練。「見到否」是智慧問題，「表而出之」表達得好不好是思想訓練問題。古今中外歷史上，早已有許多識見（方便說觀念亦可）提出來，然表說時卻有許多參差乖謬，還需要康德費大力來作批判工作。批判是思考過程上的事，於識見無所增損。思考訓練不足，雖有上智，不能表達。我們不能說象山不了解孟子，但他未必能如理如量地把「生之謂性」之論辯表達出來。他勸學生，若工夫不夠，不要去強思這「生之謂性」之論辯，強思無益，徒增惑亂，久之自明。我看象山自己亦未能真明，他本人亦未必能詳細表達出來。並非此中有若何甚深高妙處，這只是一個思考表達的工夫。前賢對此常是缺乏的。他們對此缺乏亦不必定引以為憾，因為這於識見無所增損。缺憾總是缺憾，但並無什麼了不起。雖無什麼了不起，但於說法上亦不能不注意。這點，中國的傳統中總是不夠的。佛家講四無礙智：辯無礙、辭無

礙、義無礙、理無礙。此不可小視也。

　　我今處於今日，借鏡近時之思考方式，依據立言之各種分際（每一分際上之辭語有其一定之意義與歸結），把那「生之謂性」之論辯詳細表達出來，不能說是無助於理解。人若以為「生之謂性」中並無你所說的那些意思，孟子之駁斥亦不含有你所說的那些意思，那些意思都是你的增加或比附，人們若這樣想，那只是裝著謙謹，強撐門面，實無諦解之陋風下之陋語。那些意思定然**為其所含**，決無可疑。對於告子所說並未增加一點或減損一點，對於孟子所意含亦未增加一點或減損一點。那些意思皆是為其所必函。我已說過，人可一下子見到，但未必能詳細說出來。詳細說出來亦並非容易。可是你也不要因為不容易，便以為此中有什麼甚深高妙處，便以為我所說的都是原來所無的，都是我的增加與比附。辭語之義理之分際總是一定的，不管你說不說，也不管你能說不能說，也不管你說得多或少，對或不對。

　　我們以下將逐步逼顯出孟子所說的「性」是人之所以異於禽獸之價值意義的性，不是「生之謂性」下劃類的性——類概念，知識概念的實然的自然之質。

四　仁義內在抑外在？

　　告子曰：「食色性也。仁內也，非外也。義外也，非內也。」

　　孟子曰：「何以謂仁內義外也？」

　　〔告子〕曰：「彼長而我長之，非有長於我也。猶彼白而我白之，從其白於外也。」

〔孟子〕曰：「〔異於〕白馬之白也無以異於白人之白也。
不識長馬之長也無以異於長人之長與？且謂長者義乎？長之
者義乎？」

〔告子〕曰：「吾弟則愛之，秦人之弟則不愛也，是以我爲
悅者也，故謂之內。長楚人之長，亦長吾之長，是以長爲悅
者也，故謂之外也。」

〔孟子〕曰：「耆秦人之炙無以異於耆吾炙，夫物則亦有然
者也，然則耆炙亦有外與？」

案：此段論辯中第二論辯孟子曰「異於」云云，此開頭「異於」二
字，朱注提及張氏以爲是衍字，又提及李氏以爲或有闕文。趙歧注
則「異於白」點句，下接「馬之白也無以異於白人之白也」。若如
此，則行文語氣太不整齊，不成語法，而且「馬之白也無以異於白
人之白也」語中之白字顯然是形容詞。但若不如此點句，則原文當
讀爲「白馬之白也無以異於白人之白也」，隨上文「彼白而我白
之」之「白之」來，如是此白馬白人之白爲動詞，與下問語中長馬
長人之長之爲動詞同，如此方可相對應而形成孟子之質問。但依趙
注之點句，則白爲形容詞，長爲動詞，與問語不相對應，語意不
順，故不從。若視爲有闕文，則當如此補：（長之之長）異於（白
之之白）。此雖可通，但不必要。因此，爲簡單起見，視爲衍字而
刪之可也。蓋語意已甚明矣。

如是，此段論辯當順通如下：

告子說：「食色是性。至於說到仁義，仁從內，是內發的，

不是外定的，義從外，是外定的，不是内發的。」

孟子説：「你依何而説仁是内發的，義是外定的？」

告子説：「例如某一人是長者而我即以長者視之，此『以長者視之』之『長之』是從外而定，不是依我而定的，即，我之『長之』乃依乎彼〔繫乎彼〕，非依乎我〔繫乎我〕也。這恰如某一東西是白的，而我即以白視之，而我之以白視之是依其客觀地是白而定。以此之故，義從外，由外定，不由内發。」

孟子説：「馬是白的而我即以白馬視之，此並無異於人是白的而我即以白人視之。此並不錯。但我不知馬齒是長的而我即以老馬視之，此亦無異於『某人是長者而我即以長者視之』嗎？〔顯然對於老馬，我雖以老馬視之，有憐恤意，但卻無尊敬意，而對於長者之以長者視之，卻有尊敬意。此中並不能無異也。此顯然與對彼白馬白人而白之不同。對彼白馬白人而白之是事實問題，而尊敬長者則是道德上的應當問題。這道德上的應當就是義。既在這裡顯出義，那麼〕我們可進一步問：你説此義究竟是見之於『長者』呢？抑或是見之於『長之者』呢？」〔這顯然是見之於「長之者」，蓋因為「尊敬」之應當是發之於內心也。〕

告子又説：「我之所以主仁内義外，更可舉一例以明之。例如對於吾弟我愛之，可是對於秦人之弟我卻不愛。這『愛吾弟』之悦是依我之兄弟之情而成其為悦〔以我為悦者也〕，這悦是主觀地由我而發，故仁愛從内，不從外。但於義則不如此。例如對楚人之長者我以長者視之，對於吾之本家之長

者我亦以長者視之，這『皆以長者視之』之悅〔樂於以長者
視之〕是以客觀之長者而成其爲悅〔以長爲悅者也〕，這悅
是以客觀之長者而定，故我皆理應以長者視之。因此之故，
義從外不從內。」

孟子說：「你既以同長說義外，那麼對於炙〔不管是誰的
炙〕有同嗜，這嗜炙亦有外嗎？」〔顯然嗜炙出於悅口之嘗
覺，由於內悅，不由外定。是故既不能以同嗜說嗜炙有外
（以外定），當然亦不能以同長來表示義由外定。〕

案：這是以同嗜之不能定嗜炙由外表示亦不能以同長定義外。孟子
此例亦只是依一般常情而論。其實嗜炙既是口味問題，亦不必有同
嗜，此同嗜之同並無必然性。又這只是隨同長舉同嗜爲例方便表明
同長不必能表示敬長之義是外，實則告子亦不是單以同長來表示義
外，其要點只在義隨**客觀事實**而定，故謂之外。客觀是什麼，我就
應當說它是什麼。這種應當之義是由客觀事實而定，亦可以說由認
知之知識而定，亦可以說是「義者宜也」之義，例如多天宜于裘，
夏天宜于葛，凡此皆無道德的意義。仁義本來是道德的事，但告子
實在論的態度，講來講去，卻把道德意義的「義」講沒了。至於他
把「仁」只說成情感上的事，雖說是內，亦不是道德意義的
「仁」。孟子的主要目的是在表明道德意義的仁與義皆是內發，皆
是道德理性底事，即使含有情在內，此情也是以理言，不以感性之
情言。此內發之仁義即內發於人之性，是性之自發，不是後天人爲
造作成的。此性是定然的善，當然不是「食色性也」之性，亦不是
「生之謂性」之性。由此性以別犬牛，這是價值上的異，不是知識

上對於客觀事實劃類之異。

告子說性猶杞柳（材料說），性猶湍水（中性說），食色性也（飲食男女之動物性，生物之本能），綜結而謂「生之謂性」（個體存在之自然之質），凡此皆表示人性就是人之自然，生而有的自然之質，皆表示不出人之「能決定義理之當然」之性，故必主義外，即使說仁內，亦非眞內；又必主性中無仁義，仁義由後天而造成。然則孟子所以反對「生之謂性」而定說「性善」，又定主仁義內在（內發於性），不是以外在的對象而定，又不是由後天人爲而造成，其說性之層面不亦甚顯然乎？

五　仁義內在

孟季子問公都子曰：「何以謂義內也？」

〔公都子〕曰：「行吾敬，故謂之內也。」

〔孟季子復問〕曰：「鄉人長於伯兄一歲，則誰敬？」

〔公都子答〕曰：「敬兄。」

〔孟季子又問〕曰：「酌則誰先？」

〔公都子答〕曰：「先酌鄉人。」

〔孟季子〕曰：「所敬在此，所長在彼，果在外，非由內也。」

公都子不能答，以告孟子。

孟子曰：「敬叔父乎？敬弟乎？彼將曰：『敬叔父。』曰：『弟爲尸，則誰敬？』彼將曰：『敬弟。』子曰：『惡在其敬叔父也？』彼將曰：『在位故也。』子亦曰：『在位故也。』庸敬在兄，斯須之敬在鄉人。」

季子聞之曰：「敬叔父則敬，敬弟則敬，果在外，非由內也。」

公都子曰：「冬日則飲湯，夏日則飲水，然則飲食亦在外也？」

案：此曰來曰去。恐人糊塗，茲依說話之分際順通如下：

孟季子問公都子曰：「告子主張義外，孟子何以主張義內也？」

公都子答曰：「對於長者行吾內心所發之敬，故敬長之義被說爲是內也。」

孟季子復問曰：「鄉人長於伯兄一歲，則誰敬？敬鄉人乎？敬伯兄乎？」

公都子答曰：「當敬伯兄。」

孟季子復隨而問曰：「那麼斟酒的時候，當先替誰斟酒呢？給鄉人乎？給伯兄乎？」

公都子即答曰：「當然當該先給鄉人斟酒。」〔蓋因鄉人是客，伯兄是己之兄，有親疏之分。〕

孟季子於此又提出意見曰：「斟酒之敬施於鄉人，而平素『長之』之敬則又施於伯兄，如此隨外而轉，則敬之義果然是外定的，不自內而定也。告子之說是也。」

孟季子言至此，公都子不能答，遂以其意告孟子。

孟子聞之，遂曰：「你何至不能答？你何不問他『你是敬叔父乎？敬弟乎？』你這樣一問，彼必將答曰：『當然是敬叔

父。』那麼你再問他：『當弟居尸位時，你敬誰？敬叔父乎？敬弟乎？』這時他必將答曰：『當然是敬弟。』他既這樣回答，那麼你便可再問他：『你何以又敬弟呢？何以又不敬叔父了？』你如此問他，他必說：『我此時之敬弟是因為弟在尸位故也。』他既如此答你，那麼你也可以如此答他先前斟酒之敬何以先斟鄉人之問而說『這是因為鄉人在客位之故』。〔案：此義公都子當已明。〕你們須知平素常敬敬於兄，特殊情況下暫時之敬敬於鄉人。」〔你與孟季子既都明此理，然則孟季子焉能因處境不同便謂敬之義是外？而你又何以見其如此說便不能作答？正因處境不同，敬之施全由內心之裁決而然，客觀外物上豈有一義擺在那裡耶？如義是外，何待主觀之裁決乎？孟季子由處境不同便認為是隨外而轉，因而便以為是義外，亦可謂不思之甚矣。〕

孟季子聽見孟子這番言論，仍未豁然，仍然堅持處境不同是隨外而轉，因此便認為是義外，如是，便仍說：「平素之敬敬叔父是敬，弟在尸位敬弟亦是敬，然則敬之義果隨外而轉，乃在外，非由內也。」

案：他這樣頑固不化，蓋因為他視叔父為一客觀倫常關係中之存在，他想：我因為他是叔父位而敬他，是故敬之義是隨外在的倫常之位而轉也；又因為弟在尸位是一客觀的禮制，他想：我因為他居尸位而敬他，是故敬之義亦是隨外在的（客觀的）禮制而轉也。故總以為是義外。殊不知即使是倫常，亦本諸人類的**道德心靈**而如此規定**親親之殺**，而每一人亦即由此**同一心靈**而發**尊敬之義**。倫常之

親疏豈是如白物之白之為外耶？這是人道價值層之事。孟季子（告子亦在內）順慣例而不知反，遂只視之為一客觀事實之外，猶如白之為客觀事實之為外，此皆心靈窒塞之過。倫常如此，禮制亦然。心靈不能洞見於價值層之事之**何由立**，永不能瞭然於**義內**，遂終於視義是外，即視敬之義由客觀事實而定，如白之知識由白物而定，由「義者宜也」（如宜於裘宜於葛）作解：凡此皆非道德意義的「義」。孟子所告於公都子者，公都子亦知之，但此中之函義他不能豁然明白，如是，他見孟季子仍然堅持敬叔父與敬弟之隨境而轉為義外，而不知依孟子意以解之，而卻作以下之答辯：

冬日則飲湯，夏日則飲水，然則飲食亦在外也？

案：公都子如此答可謂不倫不類。言至此，可謂一團亂絲，糾纏不清，完全迷失。冬日飲湯，夏日飲水，正如冬日宜於裘，夏日宜於葛。孟季子與告子正由此說義外，何竟陷於其中而又發「然則飲食亦在外也」之問而期圖明飲食為內？冬日飲湯，夏日飲水，表面看，似與前孟子所說「嗜秦人之炙無以異於嗜吾炙，然則嗜炙亦有外與」相同，其實完全不同。嗜炙發之於嘗覺之悅，故可方便由之以明悅由內發，而冬夏之異飲則隨時而轉，與嗜炙之同嗜完全不同，何可相類？公都子此答甚無謂，可以不理。只應依敬叔父敬弟中孟子之所暗示者，如吾上文之解說，而扭轉之其可矣。

由上論辯，可知「仁義內在」並非易明。一般人義理分際不明，狃於混雜，大體皆流入於告子之主張。一如西方論道德，康德前皆是他律，至康德始主自律。在中國，自孟子首主仁義內在以斥

告子之義外，此後唯象山、陽明能繼之而不違，並能明白而中肯地
道出其所以然。其餘如伊川與朱子便已迷失而歧出，其餘雖不違，
亦未能如象山、陽明之深切著明乎此也。可是如不眞明白「仁義內
在」，便亦不能眞確立「性善」。可見「性善」之義亦非容易辨明
也。（性善終須確立，但辨明並非容易。以下公都子列出種種之
說，實皆「生之謂性」一原則下之諸說，皆不足以確立性善。）

六　性善之確立

公都子曰：

「告子曰：『性無善無不善也。』

或曰：『性可以爲善，可以爲不善。是故文、武興則民好
善；幽、厲興則民好暴。』

或曰：『有性善，有性不善。是故以堯爲君而有象，以瞽瞍
爲父而有舜，以紂爲兄之子，且以爲君，而有微子啓、王子
比干。』

今曰性善，然則彼皆非與？」

案：此文是公都子引當時之三說以質問孟子何以必言性善。告子說
是由材料義而引至中性善，性無所謂善或不善。至於「性可以爲
善，可以爲不善」是表示性可以傾向於善，亦可以傾向於不善，視
環境或風向之影響而定。「有性善，有性不善」則是說：有的人其
性天生是善的，有的人其性天生是不善的。天生是善的者不因壞的
風向（如紂爲君）而不善，天生是不善的者不因好的風向（如堯與
舜爲君）而爲善。公都子列舉此三說，都表示人性不能定說是善。

今子定說「性善」，然則「彼皆非與」？

　　案：此三說皆「生之謂性」原則下之說。中性說直接函蘊著「可以爲善，可以爲不善」。「天生有善有不善」則是後來所謂「性分三品」說，與中性說不直接相隸屬，但亦同屬「生之謂性」，不相衝突。蓋一個體存在之「自然之質」本有種種姿態也。荀子「性惡」亦是其中之一說。自然之質如生物本能、男女之欲，本無所謂善惡，然不加節制，即可流於惡，此即荀子所謂性惡。故性惡亦與中性說及可以爲善可以爲惡說，相通也。即使後來揚雄之善惡混說亦與此相通也。故此諸說皆賅括在「生之謂性」一原則下。「生之謂性」所抒發之**性之實**皆屬於**動物性**，上升爲**氣質之性**，再上升爲**才性**：綜括之，皆屬於**氣**也。以上諸說皆就善惡言。若升至才性，雖大體亦可分三品（如上智與下愚以及中等之資），然多姿多采，實可無量品。此是由「性者生也」了解性之老傳統，亦是一般人所易接觸到的性。在「生之謂性」之原則下，亦可說有天才，亦可說有白癡。孔子說「上智下愚不移」，亦觀察到生之自然之質如此。故由「生之謂性」一原則所了解之性決不能建立起道德原則，亦決不能確立人之道德性以於價值上有別於犬牛。故生之謂性之「生」字定是**實指**個體存在時所本具的種種自然之質說。故由「性者生也」來了解性便有此種種說。而此種種說皆非道德意義的定善之性。故知孟子定說性善決不與「性者生也」爲**同一層次**。若眞想了解人之**價值上異於犬牛**，而不只是**事實上類不同之異**，則決不能由「性者生也」來說性。因此，彼等諸說，就此「價值上異於犬牛」之異一問題而言，皆非（因其不能說明「人價值上異於犬牛」而非）。而孟子言性之層面，則就人之**內在的道德性**而言，

因此，「性善」這一斷定乃爲**定是**。孟子以下之答語，「若決江河，沛然莫之能禦」，即在顯發此「**內在的道德性**」。此是孟子說性之洞見也。

然則孟子何以能超越「性者生也」之古訓而不從俗以說性？其所以如此亦有所憑藉以啓發之者否？曰：有。其所憑藉以發此洞見者唯在孔子之「**仁**」。此是由孔子之敎而開者。因此，我們可知，人性問題至孟子而起**突變**，可說是一種**創闢性的突變**，此眞可說是「**別開生面**」也。此別開生面不是平面地另開一端，而是**由感性層、實然層，進至超越的當然層**也。

公都子以爲當時論性者有種種說，皆不言性善，何獨你孟子單言性善？難道彼等諸說皆不對嗎？如是孟子乃正式直接作正面之申說以明性善。

> 孟子曰：「乃若其情則可以爲善矣，乃所謂善也。若夫爲不善，非才之罪也。惻隱之心人皆有之，羞惡之心人皆有之，恭敬之心人皆有之，是非之心人皆有之。惻隱之心仁也，羞惡之心義也，恭敬之心禮也，是非之心智也。仁義禮智非由外鑠我也，我固有之也，弗思耳矣。故曰：『求則得之，舍則失之。』或相倍蓰而無算者，不能盡其才者也。」《詩》云：『天生蒸民，有物有則；民之秉彝，好是懿德。』孔子曰：『爲此詩者，其知道乎？』故有物必有則，民之秉彝也，故好是懿德。」

案：此段話是孟子確認性善之正說。此一正說是先就人之爲人之實

情，也可以說，就一切理性存有之爲理性存有之實情，而言其「可以爲善」，意即實有其足可爲善之能力（良能之才）以爲善，猶如烘雲托月，**虛籠地**把性善之義烘托出來，然後再**落實**於仁義禮智之心，由之以明**人之爲善之能之發源**，並藉以**直明人性之定善**。這與後文「雖存乎人者豈無仁義之心哉」一段同一說法。故此段文中「乃若其情」之「情」字與「非才之罪」以及「不能盡其才者也」之「才」字皆不應離開仁義之心而歧出，把它們當作一獨立概念看。此與下面一段文中「以爲未嘗有才焉者，是豈人之情也哉」中之「才」字與「情」字同。「人之情」即是人之爲人之實，「情」者實也，非情感之情。「才」字即表示人之足夠爲善之能力，即孟子所謂「良能」，由仁義之心而發者也，非是一般之才能。故「情」字與「才」字皆落實於仁義之心上說。就本段文說，「乃若其情」，「乃若」爲發語詞，「其」指人說，「情」是實情之情，「其情」就是人之爲人之實情。先這樣虛籠地一說，故有「情」字、「才」字之引出，決不可視作一獨立概念也。「人之實」是就其「可以爲善」說；可以爲善即表示人有其足可爲善之充分力量，而「才」字即呼應此力量，故此力量即良能也，才即良能之才。先這樣虛籠地一說就可把「性善」之義烘托出來。「性」就是本有之性能，但性善之性卻不是「生之謂性」之性，故其爲本有或固有亦不是以「**生而有**」來規定，乃是就人之爲人之實而**純義理地**或**超越地**來規定。性善之性字既如此，故落實了就是仁義禮智之心，這是超越的、普遍的道德意義之心，以此意義之心說性，故性是純義理之性，決不是「生之謂性」之自然之質之實然層上的性，故此性之善是定然的善，決不是實然層上的自然之質之有諸般顏色也。性善

之性既由仁義之心來說，故才字亦即是那由仁義禮智之心而發的「能為善」之良能也。這種良能之才決不是「生之謂性」下才性之才。才性之才是屬於氣的，不是人之**普遍定有**的，但良能之才卻是人之**普遍定有**的。由於人之為人之實普遍而定然地有此良能之才，是故人人既皆有仁義之心，故亦即人人皆有能為仁義之行之良能。這是人之為人之實，理性存有之為理性存有之實，否則不得為人，不得為理性的存有。及其不能為此仁義之行，那必是由於放失其仁義之心而然，並非此良能本身之過，意即並非其良能本身有什麼不足處，即是說，你本有此充分之良能，並無不足處，只是你未能將此良能**充分體現出來**而已，故云：「或相倍蓰而無算者不能盡其才者也。」

　　以上是此段話之主要義理。人見有情、才之異字，遂因而離析其心思，故多講不通，惟象山知「情性心才都只是一般物事，言偶不同耳。」此雖說的疏闊，然順之而解卻無許多不通處。主要義理既明，此段話便可疏通如下：

孟子說：「就人之為人之實情而言，人實可以為善矣〔意即他實有能為善之足夠力量以為善，此力量即名曰才，即良能之才〕，這就是吾所謂性善了。至若彼作不善之事，這並非其原初良能之才有**什麼不足處**〔非才之罪〕。蓋惻隱之心人皆有之，羞惡之心人皆有之，恭敬之心人皆有之，是非之心人皆有之。惻隱之心仁也〔惻隱之心**同時**是心之一動相──惻然有所覺之相，**同時**亦即是所謂「仁」也〕；羞惡之心義也〔羞惡之心同時是心之一動相──好善惡惡之相，同時亦

即是所謂「義」也〕；恭敬之心禮也〔恭敬之心同時是心之一動相——恭敬辭讓之相，同時亦即是所謂「禮」也〕；是非之心智也〔是非之心同時是心之一動相——明斷不謬之相，同時亦即是所謂「智」也〕。仁義禮智並非是被銷煉成而自外賦給於我者，乃是我所固有者。人之不明乎此，只是由於『弗思』〔不能反思〕而已。既是我所固有，是故我說：『你若求它，你就得到它；你若舍之而不求，你就失掉它。』就『失之』者而言，若與『得之』者相比較，則或有相差一倍者〔此尚失之不遠〕，或有相差五倍者〔此則失之加遠〕，或甚至有相差不可以道里計者。此何故也？蓋皆由於你舍之而不求因而不能**充分體現你原初的良能之才**之故也。《詩·大雅·烝民》云：『天生蒸民，有物有則；民之秉彝，好是懿德。』言天生萬民，有其事必有其事之則。萬民所秉持之常性自會好是美德。〔事之定則從內出，不由外至，蓋此定則是民之**行事**之則，不是外在的**自然物**之則也。民之行事之則即是美德之所在。好美德發自人所固具之常性；人之常性所好之美德即是其自己仁義之心之所自發之定則而見之於行事者，故孟子可由此詩證性善也。〕孔子當初即曰：『為此詩者，其知道乎！』〔蓋孔、孟所謂道即是義理之當然層上的道德定則也。〕故我可肯定說：『有此事必有此事之定則。此仁義之心既即是民所秉持之常性，故它必好是美德也。』」〔此亦反顯好善惡惡之心或羞惡之義心即是人之性，由此確立性善。此當然非「生之謂性」所能至。這一超越的當然層上之主體非由道德實踐反顯不能見。「性

者生也」之實然層上之自然之質之平鋪焉能接觸至此？故順彼等諸說，不能定言性善也。〕

案：此段文關鍵唯在首兩句。我根據《孟子》後面一段文中「是豈人之情也哉」一語，決定此段文中「乃若其情」之「其情」就是指「人之情」言。「人之情」即是人之為人之實情。若依康德語調說，就是一切理性存有之為理性存有之實情。如是，則由「可以為善矣」（有足可為善之充分力量以為善）即足以虛籠地烘托出「性善」之義。（吾原亦想就公都子之問而言，「其情」之「其」字文法上似當指「性」說，此雖勉強可通，但太膠著，總是謬悠而不順適，故終不取此說。「其」字仍泛指人說。孟子有「是豈人之情也哉」之明文擺在那裡，為什麼不據此以解「其情」呢？）依人之實情，人既「可以為善矣」（有足可為善之充分力量以為善），他當然**能充分行善**。此即表示他的性是**定善**。至若他有時「為不善」，這乃由於其他緣故而然（依《孟子》後文即是由於陷溺其心或放失其本心而然），並非其良能之才有什麼不足處（有什麼毛病）。這種「本有良能之才以為善而卻有時作惡事」之情形並不是「生之謂性」下說性可善可惡或有善有惡這平列的說法。平列的說法不能表示出性善，只能表示性為中性，或表示性有善有惡，此等只是氣性，本有種種顏色，不能表示性是定善。定善的性純自理性言。故自「人之為人之實」而言其「可以為善矣」，這「人之實」已被提升到理性層，不是那實然層的由氣而言的「自然人」。故由此「人之實」而言其有足可為善之充分能力以為善即足以虛籠地烘托出定善的性。他實有能夠行善之良能，良能由仁義之心發，故「人之

實」已被提升到理性層，這不只是空言，乃是已有純由義理言的仁
義之心而發的良能以實之者。「可以爲善矣」與「非才之罪也」這
兩語相呼應，呼應出一個良能之才，因此，可以虛籠地烘托出定善
的性，而最後由**仁義之心以實**之。因此，陸象山云：「情性心才都
只是一般物事，言偶不同耳。」隨虛實之分際而有不同耳。**情實**是
虛籠地說，性是定位字，仁義之心是其內體之實，良能之才是其發
用之實。由此內體與發用以實性，則性爲定善明矣。但須知雖有定
善的性亦不表示人的行爲即能到處是善也。惟可通過存養工夫**必能**
至到處是善（依孟子是可以**必能**的，因仁義之心即是動力故，此動
力是實動力），雖人常不能至此，縱使有存養工夫，而若工夫不純
熟，亦不能至此。此皆孟子所明示者，通上下文觀之即可知也。
《孟子》此段文開首**兩句來得**突兀，人不易把握。此既須仔細留
意，又須通血脈體會。象山云：「今之學者讀書只是解字，更不求
血脈。」當然須解字，但必須通血脈以解之。若能通血脈以得意，
則亦可輕鬆地理解之。輕重之間很難得當，故我詳辨如上。

七 心之所同然

　　孟子曰：「富歲，子弟多賴；凶歲，子弟多暴。非天之降**才**
爾殊也。其所以**陷溺其心者**然也。今夫麰麥，播種而耰之，
其地同，樹之時又同，浡然而生，至於日至之時皆熟矣。雖
有不同，則地有肥磽，雨露之養、人事之不齊也。
　　故凡同類者舉相似也。何獨至於人而疑之？聖人與我同類
者。故龍子曰：『不知足而爲屨，我知其不爲蕢也。』屨之
相似，天下之足同也。

口之於味有同耆也。易牙先得我口之所耆者也。如使口之於
味也，其性與人殊，若犬馬之與我不同類也，則天下何者皆
從易牙之於味也？至於味，天下期於易牙，是天下之口相似
也。惟耳亦然，至於聲，天下期於師曠，是天下之耳相似
也。惟目亦然，至於子都，天下莫不知其姣也，不知子都之
姣者無目者也。故曰：『口之於味也有同耆焉，耳之於聲也
有同聽焉，目之於色也有同美焉。至於心，獨無所同然乎？
心之所同然者何也？謂理也義也。聖人先得我心之所同然
耳。故理義之悅我心猶芻豢之悅我口。』」

案：此段文先說原初之良能**是一**，人之因後天環境而有種種不同的
惡劣表現，皆是由於**陷溺其心**而然，並非是其原初的良能即有**如此
種種之不同**。次說同類者皆相似：耳有同聽，口有同嗜，目有同
美，以此類比心有所同然，其所同然者即是理義。茲順通此段文如
下：

孟子說：「在收成好的年月裡，年輕子弟們一般說來大體都
是**懶嬾之輩**〔賴即嬾、懶也，從阮元說〕；凶年收成不好，
則年輕子弟們一般說來多暴戾無度。這並不是其天賦的良能
〔原初能爲善之才〕即有如此之差別，這乃是由於陷溺其心
而然。現在，試以大麥爲例。大麥，當播下種子而以土覆之
時，如果土壤同，栽種之之時又同，則蓬蓬浡浡自然會生長
起來，一旦到了夏至之時，皆成熟矣。〔案：《管子‧輕
重》篇「夏至而麥熟」，故此處之「日至」之時即「夏至」

之時。〕若或有不同〔即有成熟與不成熟之差〕，則是因爲
土壤有肥沃與磽薄之異，以及雨露之滋潤〔養〕與人事方面
如耕耘之工夫有不齊之故也。〔這些都是後天條件之不同，
並非麥種有不同也。人之可以爲善之實或其能爲善之良能
（才）亦如此。〕

由此例可知凡同類者盡皆相似也。何獨至於人而疑之？凡人
皆同是一類，聖人亦與我爲同類。〔聖人所固有之性與我所
固有之性是同一的。聖人能成其爲聖，我何獨不能？這差別
不在性，不在仁義之心，不在能爲善之良能，唯在能盡不能
盡耳。而盡不盡之差別唯在是否陷溺其心。其能爲善之實或
良能總是同一的。〕是故龍子説：『不知足之大小而織麻
鞋，我知其所織者定是麻鞋，決不會是草器〔蕢〕。』何以
故如此？蓋因麻鞋是照足作的。鞋之相似〔同是鞋〕是因爲
人之足形同也〔同是足〕。

例此而推，於口、於耳、於目皆然。口之於味〔嘗覺〕有同
嗜〔同嗜美味〕。易牙善烹調，他預先就能得到我之嘗覺之
所好，故烹調出來的美味，人皆喜之。假使人之嘗覺很特
別，嗜味之性與人殊〔與既成之人類不一樣〕，其殊就好像
犬馬與我不同類那樣殊，則天下之人爲什麼皆喜歡〔從〕易
牙所烹調之味呢？今説到味，天下之人皆期望於易牙，是蓋
因爲天下人之嘗覺大體皆相似也。聽覺亦然，人之聽覺在聲
音方面皆期望於師曠，這是因爲天下人之聽覺大體皆相似
也。視覺亦然，人之視覺皆喜姣美之貌，例如子都，天下人
莫不知其姣美也。不知子都之姣美者，乃是無目者也。因

此，嘗覺之於味有同嗜焉，聽覺之於聲有同聽焉，視覺之於色〔形貌〕有同美焉。聽覺、嘗覺、視覺既如此，心亦如此，豈獨心便無所同然乎？〔便沒有它普遍地所同以為是或所同肯定的嗎？〕心之所同肯定者是什麼呢肯定者就是理，就是義。聖人之於心就像易牙之於味一樣，他已經先得有了我心之普遍地所同肯定者。是故理義之足以使我心悅〔悅我心〕，就好像牛羊犬豕之肉之足以使我口悅〔悅我口〕一樣。』」

案：這是以足形、嘗覺、視覺、聽覺來類比心覺之普遍性。類比不是嚴格的推理，只是以此喻彼耳。足形是**氣化事實**上是如此，其相同是**大體相同**，即一般地言之皆大體如此，此種同（普遍性）不是**嚴格的普遍性**。嘗覺、視覺、聽覺是人之感性大體如此，其**同嗜、同聽、同美**之「**同**」亦不是**嚴格的普遍性**。但心之所同然者（即理與義）之**普遍性**是嚴格的普遍性，而心之「**同然之**」之**同然**之普遍性，即此心覺本身之同能作此肯定之**肯定活動**之普遍性，亦是**嚴格的普遍性**。此種心覺當然是**超越的義理之心**──純理性的心；而其所肯定的理義亦不由外至，而是自內出，即此超越的義理之心之所**自發者**──此即是康德所說的意志之**自律性、立法性**，亦即是象山所說的「**心即理**」，王陽明所說的「**良知之天理**」。惟有一點須注意，即：康德並不以此「意志之自律」為**吾人之性**；又康德由自律進而肯定「意志之自由」，以此自由為說明自律之秘鑰，然而吾人於自由卻不能證明其實在性，只能視之為**主觀的假定**，（雖此假定有**實踐的必然性**），而不能視之為一**客觀的肯斷**，即不能客觀地肯

斷意志實際上就是自由的。當然，他亦更不以此**自由為吾人之性**。其故盡在他只以**理性**說意志，而不以**心**說之，而於作為實踐理性的意志以外，又別說一**感受性的良心**，而此良心卻不是道德底**客觀基礎**，卻只是感受道德法則（感受義務）之影響於心這感受上的**主觀條件**。凡此皆異於孟子、象山，以及陽明。依孟子，說自律（立法性）即從「心」說，意志即是心之**本質的作用**。**心之自律即是心之自由**。心始有活動義，心之明覺活動（無動之動）即**自證其實際上是自由的**，這實際上是自由的即是其**客觀**上是自由的（這**客觀**以**理定**）。心之明覺活動亦含有「**智的直覺**」在內，故能**自證**其為自由。康德所說的「良心」之作用俱含在此明覺之活動中（知是知非之獨知），但不只是感受之**主觀條件**（感受亦並非是感觸性的感受），且亦是道德之**客觀基礎**。這即是把康德所說的「良心」提上來而與**理性融於一**。此一既主觀而又客觀的「心即理」之心即是**吾人之性**。這樣，便一切皆**實**了。康德把「自由」弄成**虛的**，則自律亦掛空（雖由道德一概念而可分析出，然亦只是**理之當然**，其實處靠自由，而自由既虛，則自律掛空），因此，說到實踐理性之動力，**動力亦虛**。孟子反之，故一切皆實，其故皆在以「心」說意志也。此心當然是超越的義理之心。若是經驗的習心（**意念**）當然不能有所同然，亦不必能悅理義。康德既虛擬一**純粹**的意志，**絕對善**的意志，**自律**的意志，**自由**的意志，然落到現實上，吾人的意志又只是意念，故常**不合道德法則**，又常**不悅理義**，道德法則對於它是命令，是強制，是**綜和命題**，故吾人的意志不是**神聖的意志**。因此，那虛擬的一套便都成虛的，擺在那裏無實用。若一切皆實，則一切皆從「心即理即是吾人之性」說。吾人之心、之性、之意志既

是自律，又是自由，必悅理義，理義是它所自發，它悅它所自發的；因此，若說它亦服從其所自發，這服從亦無**服從相**，法則命令之亦無**命令相**，更無**強制相**，法則是**分析命題**，吾人之**立法自由之**意志即是**神聖的意志**，問題端在**如何體現**之耳（即**盡之耳**）。說到體現，最後而根本的本質的**動力**即在此超越的義理之心之**自己**，其餘的都是**外緣**。心有**活動義**，故其自身即是**力量**。此動力便**實**。佛家由阿賴耶識進至如來藏心亦如此。惟朱子弄成**偏曲**，而康德亦見不到此等處，甚可惜也。

八　以牛山之木喻有所同然之仁義之心之普遍地本有

> 孟子曰：「牛山之木嘗美矣。以其郊於大國也，斧斤伐之，可以為美乎？是其日夜之所息，雨露之所潤，非無萌蘖之生焉，牛羊又從而牧之，是以若彼濯濯也。人見其濯濯也，以為未嘗有材焉，此豈山之性也哉？
>
> 雖存乎人者，豈無仁義之心哉？其所以放其良心者，亦猶斧斤之於木也。旦旦而伐之，可以為美乎？其日夜之所息，平旦之氣、其好惡與人相近也者，幾希？則其旦晝之所為有梏亡之矣。梏之反覆，則其夜氣不足以存。夜氣不足以存，則其違禽獸不遠矣。人見其禽獸也，而以為未嘗有才焉者，是豈人之情也哉？
>
> 故苟得其養，無物不長；苟失其養，無物不消。孔子曰：『操則存，舍則亡，出入無時，莫知其鄉。』惟心之謂與？」

案：此段文重新呼應前第六中「乃若其情」一段文之實義，而鄭重宣示人皆本有仁義之心，但必須培養始得呈現，故最後即歸於言培養之重要，且引孔子語以明之。茲順通如下：

孟子説：「牛山之樹木原是很好的。但因牛山位於齊這一大國之都城之郊外，人常以斧斤去砍伐它的樹木，這樣砍伐下去，它的樹木能美好嗎？它的樹木本亦有其日夜之所生息，以及雨露之所滋潤，因此，其樹木並非不發一點芽或一點旁出之芽〔非無萌蘗之生〕。可是一旦發出一點芽，牧牛羊者又放牛羊去嚼吃它，故結果牛山乃成那樣光禿禿的，好像無所生長一樣。人見其光禿無物，遂以爲牛山根本未嘗有豐茂之樹木，這豈是牛山之本性即如此嗎？

即就存乎人者而言，人豈本無仁義之心手？人之所以放失其良心亦由後天之斲喪砍伐而然也。其經由後天之砍伐斲喪而致使其良心被放失亦猶斧斤之砍伐樹木而致使樹木不豐茂一樣。你若旦旦而伐之，你的良心能正常地得其美好的表現嗎？在此情形下，人於日夜間之所生息而於平旦清明之氣時由此所生息者而發的好善惡惡之情與一般正常人相近的地方又有多少呢？〔言本來不多，亦猶牛山之木由日夜之所息雨露之所潤非無萌蘗之生。〕但即這偶發的一點與人相近的好善惡惡之情又因其白天之所爲而把它桎梏死了〔消滅了〕。一而再地桎梏之，則其夜氣〔令物生息之氣〕不足以存。夜氣不足以存，良心不足以顯，則人亦去禽獸不遠矣。你若見其好似禽獸一樣，便以爲他根本未嘗有能爲善之良能

〔才〕，此豈人之爲人之實乎？是故凡物苟得其養，沒有不生長的；苟失其養，沒有不消亡的。孔子説：『操持之而不令其放失，則它就存在在這裡；不操持之而令其放失，則它就亡失而不存在在這裡，其或出〔亡〕或入〔存〕既無定時，故人亦捉摸不住，不知其究何在。』孔子之所説正是指心而言也——心就是如此的。」

案：此中第二段「其日夜之所息，平旦之氣、其好惡與人相近也者幾希？」此一整句須一氣讀。「幾希」是問語，言有多少呢？意即本不很多，只一點點，與孟子他處言「幾希」同，如言「人之所以異於禽獸者幾希」？人由其所息養的良心而偶發的一點與人相近的好善惡惡之情本來就不多，亦猶牛山之木並非不發一點芽，但即這偶發的一點好善惡惡之情，其白天之所爲又把它梏梏死了。焦循《孟子正義》改「幾希」爲「豈希」，如此，便不是不很多，而是很多，此則非是，決非此處之語氣，且亦與牛山之木「非無萌蘗之生」之喻不切應，故此改爲不通也。

　　又「梏亡」之梏即是「桎梏」之梏。蔣伯潛寫爲「牿」，認爲同於「揢」，即攪也，解爲「攪亂」，此亦不通。朱注「梏、械也」，仍寫爲「梏」，不寫爲「揢」。即使原是「牿」字，既同於「揢」，則此「揢」字則是「梏」字，不會是「攪」也。因孟子原說「梏亡」，又說「桎梏死者非正命也」。梏亡，梏死爲辭，非攪亂之意甚明。

　　又孔子說「出入無時，莫知其鄉」，朱注解爲「出入無定時，亦無定處」，是也。蔣伯潛解爲「嚮」，同於「向」，亦非。孔子

語的意思是說：心旣是操則存，舍則亡，則心表面看起來好像是飄忽得很，其或出而放失，或入而實存，皆無定準，而吾人亦不知其存在於何處。此後兩語是指點語，亦是警戒語，不要認爲眞是如此渺茫也。其實心亦無所謂出，亦無所謂入，亦無所謂有定所可處。關鍵全在有無操存之工夫。你若能操而存之，則它即亭亭當當存在在這裡。你若不能操存而舍之，則它即亡失而不見。其實也無所謂亡失，只是隱而不顯耳。是故程子云：「心豈有**出入**？亦以**操舍**而言耳。操之之道，**敬以直內**而已。」此言是也。出入是以操舍而言。操則入而存，舍則出而亡。若就**心自身**言，無論操則存而顯，舍則亡而隱，皆總是自存地淵渟在那裡，並不可定其在何處也。

孔子言操存（此語不見《論語》），孟子此處言培養。此待培養之心即是純以理言的仁義之心，此處亦言「良心」，而此良心決不是康德所言的「良心」，乃是能自立法、自定方向之實體性的「本心」也（下文即名之曰「本心」）。此實體性的本心即是吾人之實性——義理之性。由此實體性的本心所發之知（知道德上之應當不應當之知），即名曰「**良知**」（此非成功知識之認知機能）。良知知之，吾人即能爲之，此「能爲之」之能，孟子即名之曰「**良能**」（才），此是順良知之知而言之能，故此能是人人本有之能，是**普遍的**，**一同的**，一如心之爲**普遍的**，**一同的**，實亦即是心之能顯發其自己之能。普遍一同是普遍一同到一切理性的存有（康德語），惟特就人而顯耳。如佛家雖言六道衆生，亦只以人爲標準耳，故云「人身難得」。凡有理性的即有此心。旣以此心爲性，焉得旣是**性而可不呈現乎**？焉得旣是**心而可無動用之力乎**？焉得旣有**良能**而心可不顯發而吾人又可不隨此**良心之覺**而即**發爲行動乎**？故

此實體性的本心即是**神聖的心**。現實的人不是神聖的，而此實體性的心卻必須是**神聖的**。惟在如何能培養而操存之而使之不放失而呈現耳。及其一旦豁然呈現，人亦是神聖的人。此即孟子所說「與我同類」之聖人，「先得我心之所同然」之聖人。人雖有感性之雜，亦終可**超化之**而至乎**聖人**，非如康德所說以無限進程向之接近而永不能至也。康德不以自由的立法之意志爲**吾人之性**（一切理性的存有之性），而自由卻又只是一個**設準**（一個有實踐必然性之主觀的假定）而不能客觀地被**肯斷**，不能智的直覺地被**證明**，因爲人無智的直覺故。此則自由，自律，道德法則，以及實踐理性之動力，皆被弄成是**虛懸**的。若依孟子，則一切**皆實**。此則百尺竿頭進一步，此進一步是**實踐地必然的**，決無誇大處。不但孟子如此，孔子已如此矣。孔孟立教皆是認爲此本心之實有是可以**當機指點**的；其所以可當機指點乃因其可**當下呈現**也。如當下不能呈現，還指點什麼呢？因可當下呈現，故又可操存而培養之，工夫有**落實處**，非如康德所言之工夫，只求人心如何能**漸接近於道德法則**也。

下面另舉一例說明操存培養之重要。

九　培養之重要

孟子曰：「無惑乎王之不智也。雖有天下易生之物也，一日暴之，十日寒之，未有能生者也。吾見亦罕矣，吾退而寒之者至矣，吾如有萌焉何哉？今夫奕之爲數小數也，不專心致志則不得也。奕秋通國之善奕者也。使奕秋誨二人奕，其一人專心致志，惟奕秋之爲聽；一人雖聽之，一人以爲有鴻鵠將至，思援弓繳而射之，雖與之俱學，弗若之矣。爲是其智

弗若與？曰：非然也。」

順通如下：

孟子說：「你們不要怪齊王之不智！即使是天下最易生長之
物，然若以陽光晒曝之只一日，而卻以陰寒凍鋸之以十日，
則亦不能有其生長。吾得會見齊王之時少得很。吾會見他一
次而退回來，而寒冷之者又來到他的面前。這樣，他雖如樹
木有萌蘗之生〔喩其心光偶有發露〕，吾亦無如之何。今試
以奕道爲例而明之。奕棋是小道。但若不專心致志以學之，
你也得不到。大家皆知奕秋是通國之善奕者。假使他教兩人
學奕，其中一人專心致志，只聽奕秋之所指導，而另一人則
心思分散，心中只覺得空中有鴻鵠將至，想把弓拿來繫上箭
去射鴻鵠，這樣，他雖與別人同時學奕，他亦必比不過別
人。他比不過別人，是因爲他的聰明不及嗎？決不是的。只
因其心思分散而已。」

案：不時常聽人之提撕，雖有一時之警覺（良心偶而一發見），亦
終於是昏沈，行事不免七顛八倒（不明智）。故人必須親師取友，
精進不息，使其本心易於呈現。本心呈現，義理作主，則人始有**較
高一層**之價值，不徒以感性之愉悅爲標準，亦不徒以利害之計較爲
標準。以下即盛言此義，眞所謂「沛然莫之能禦也」。然「源泉混
混，不舍晝夜，有本者若是」。以上確立「**本心卽性**」即是**本**也。

十　生死以外較高級的好惡之可能

孟子曰：「魚，我所欲也；熊掌，亦我所欲也，二者不可得兼，舍魚而取熊掌者也。生亦我所欲也，義亦我所欲也，二者不可得兼，舍生而取義者也。生亦我所欲，所欲有甚於生者，故不爲苟得也。死亦我所惡，所惡有甚於死者，故患有所不辟也。

如使人之所欲莫甚於生，則凡可以得生者何不用也？使人之所惡莫甚於死者，則凡可以辟患者何不爲也？由是則生而有不用也，由是則可以辟患而有所不爲也，是故所欲有甚於生者，所惡有甚於死者。非獨賢者有是心也。人皆有之，賢者能勿喪耳。

一簞食，一豆羹，得之則生，弗得則死，嘑爾而與之，行道之人弗受，蹴爾而與之，乞人不屑也。萬鍾則不辨禮義而受之，萬鍾於我何加焉？爲宮室之美，妻妾之奉，所識窮乏者得我與？鄉爲身死而不受，今爲宮室之美爲之！鄉爲身死而不受，今爲妻妾之奉爲之！鄉爲身死而不受，今爲所識窮乏者得我而爲之！是亦不可以已乎？此之謂失其本心。」

案：此三段文義理精闢，語法語意皆極順適，幾與今之語體文無大差別。然爲一律，仍以語體文通之如下：

孟子説：「魚是我所喜歡吃的，熊掌亦是我所喜歡吃的，如果此兩者不可得兼而食之時，則我是捨魚而取熊掌的。生存

亦是我所渴望的，義也是我所渴望的，如果此兩者不可得兼
而有之時，則我是舍生而取義的。生存固亦是我所渴望的，
而因為我所渴望的有更甚於生存者，是故我不作那苟且求生
之事也。死固亦是我所厭惡的，而因為我所厭惡的有甚於死
者，是故於生存有危險的患難之事有時亦是我所不逃避的。
假使人之所渴望的沒有甚於生存者，則凡可以能使你保有生
存者又有什麼不可以取而用之呢？假使人之所厭惡者沒有甚
於死的，則凡可以能使你避開於生存有危險的患難之事者又
有什麼不可為呢？由是則生而因為有時不可以用是以求生，
由是可以辟患〔避開於生存有危險的患難之事〕而因為有時
不可以作此事以辟患，是故人之所渴望的必有甚於生者，人
之所厭惡的必有甚于死者。此一心志，不獨賢者有之，人皆
有之，惟賢者能操存而不喪失之而已。

一杓飯，一碗羹，你若得之則生，若不得則死，可是假若有
人毫無禮貌地呼叫著「爾」而把它給你吃，則不但你不受，
雖過路之人也是不接受的。〔案：〈盡心下〉，孟子曰：
「人能充無受**爾汝**之實，無所往而不為義也。」爾汝乃對人
輕賤之稱。〕假若他更無禮貌地拿腳踢你一下而輕蔑鄙視地
把它給你吃，則不但你不理，雖乞人亦掉頭不肯一顧的。例
如萬鍾之祿，如果不辨別禮上義上應不應該受而即受之，則
此萬鍾之祿於我又有什麼益處呢？你是為什麼而接受之？你
為宮室之美嗎？為妻妾之養嗎？為所識的窮乏之人感戴於我
嗎？你以前雖即餓死而亦不受一杓飯一碗羹之無禮之賜，而
今卻為宮室之美而受萬鍾之祿！你以前雖即餓死而不受無禮

之食,而今卻想爲妻妾之養而受萬鍾之祿!你以前雖卽餓死
而不受無禮之食,而今卻爲所認識的窮乏之人感戴於我而受
萬鍾之祿!你之如此行爲算得是什麼行爲呢?此豈不可已
乎?你這樣行爲卽叫做是喪失你的**本心**。」

案:此明生命的維持(生存)不是所欲的東西之最高限,生命之死
亡亦不是所惡的東西之最高限。吾人固不能隨便輕生,但亦不能一
切只爲求生。除生之好死之惡以外,還有義不義的問題。有時義更
是吾所好者,這就表示義之價值比生還高。有時不義更是吾所惡
者,這就表示不義之壞比死還壞。好義惡不義之好惡卽是好善惡惡
之好惡,這是比好生惡死之好惡爲**更高**者。好生惡死是屬於感性
的,是以**幸福**爲標準的。好善惡惡是屬於理性的,是以**道德**爲標準
的。人皆有此好善惡惡之「仁義之心」的,不獨賢者有之,賢者能
勿喪耳。

康德在《實踐理性之批判》中,開宗明義首先說第一定理云:

一切「預設欲望機能底一個對象〔材料〕以爲意志底決定之
根據」的實踐原則皆是經驗的,而且它們亦不能供給實踐法
則。

第二定理云:

一切材質的實踐原則,卽如其爲材質而觀之,皆是同類者,
而且它們皆處在自私或私人幸福之一般原則之下。

由此第二定理而來的系理云：

> 一切材質的實踐規律皆把意志底決定原則置於較低級的欲望
> 機能中，而如果眞沒有意志之純粹地形式的法則適合於去決
> 定意志，則我們決不能承認有任何較高級的欲望機能。

案：好生惡死所好之生即是欲望機能所欲的一個對象，所惡之死即
是欲望機能所惡的一個對象。而基於此好惡上的實踐原則皆是經驗
的，皆不能供給實踐法則（道德法則）。一切經驗的，材質的實踐
原則盡皆是同類的，皆在私人幸福原則下，皆依私人幸福原則而建
立。因此，一切材質的實踐規律皆置意志底決定原則於較低級的欲
望機能中。好生惡死即是較低級的欲望機能。好善惡惡即是較高級
的欲望機能。如果「所欲無甚於生者所惡無甚於死者」，則根本不
能有較高級的欲望機能之可言。基於較高級的欲望機能上的法則即
是純形式的法則，即是道德法則，不從對象上來建立，純以義理來
建立。由此法則來決定意志以從事於行動便是德行。依孟子，好善
惡惡之機能即是仁義之心之機能。由此心而立實踐原則以成法則以
決定意志之方向便是此心之立法性，依康德便是意志之立法性，意
志之自律性（康德從意志說，不從心說）。康德之所說盡皆含於孟
子之所說中，而孟子之所說更能落實而無虛歉，因孟子發於實慧，
而康德則出於思辨也。虛實之辨見前第七第八兩段。

以上孟子所說，你必須注意「仁義之心〔舍生取義之心〕人皆
有之」一義。此所本有之舍生取義之心即是人甚至一切理性存有之
價值上異於犬馬者之實性。既然如此，此實性（此仁義之心）必須

隨時**當下可以呈現**，因此可以**當機指點**，而提醒你作**操存之工夫**。

十一　放失之心之恢復

> 孟子曰：「仁，人心也；義，人路也。舍其路而弗由，放其心而不知求，哀哉！人有雞犬放，則知求之，有放心而不知求！學問之道無他，求其放心而已矣。」

案：此當順通如下：

> 孟子說：「仁就是人之超感性以上的能有通化作用之本心，義就是人之道德實踐所應由之大路。今若人舍其大路而弗由，放失其本心而不知求〔意即不知**尋覓**之而使其**常存於此**〕，此誠可哀憐！平常人們若有雞犬跑出去，人們皆知去把它們找回來，今你放失你的本心，而你卻不知把你的已放失的本心收攝回來，此豈不可怪！是故人之為人之學問其道無他，惟只把你的**已放失的本心求回來**就是了。」

案：此處所謂「學問」即是「人之為人」之學問，不是得知經驗知識之學問，如今之所謂科學者。如依陸象山之口吻說，人之為人之學問，學即是學此，問即是問此：學即是學著如何求其放心，問即是詢問如何求其放心。蓋此學即是道德實踐之學也。

又，「仁人心也」，我意解為人之超感性以上的能有通化作用之本心。能通化即不為一己之私所限。一切感性之欲望皆是有偏限而不能通的，即周濂溪所謂「物則不通」也。孟子下文亦言「耳目

之官不思而蔽於物，物交物則引之而已矣。」

此處分別說仁爲人心，義爲人路，亦只一時之方便耳。不可執死。

又，孟子說「求其放心」，求是尋求義，就雞犬言，是找回來，就本心言，是收攝回來，即「操則存」之意。「放心」之放是放失的意思，即「舍則亡」之意。就雞犬言，是跑出去；就本心言，是放失，亦即喪失。旣不是我們現在所謂放下心，如說「你放心吧！」之放，亦不是所謂「放大」之放。有人把「求其放心」瞎講爲求你如何放大你的心，這也是今之中國知識分子之可哀！

十二　指不若人爲可厭、心不若人更可厭

> 孟子曰：「今有無名之指屈而不信〔申〕，非疾痛害事也。如有能信之者，則不遠秦、楚之路，爲指之不若人也。指不若人，則知惡之。心不若人，則不知惡。此之謂不知類也。」

案：此以「指不若人」爲可憎惡喩「心不若人」不自以爲可憎惡爲不知類。茲順通如下：

> 孟子説：「今有人其無名之指屈而不能伸直，此一小病並非有什麼很痛苦處，亦非足以害什麼事。可是如果有人能把他這屈而不能伸的指伸直之，則此能伸直之之人雖在秦、楚之遠方，他亦必不怕道路之遙遠而去求之爲之伸直。其所以如此，乃是因爲自己之指頭壞了，比人差〔不若人〕，爲可憎

惡之故也。指頭壞了，比人差，則知惡之，而今自己之心腸壞了，比人差〔心不若人〕，卻不知惡，此之謂不知輕重之等也。」

案：「不知類」，依朱注解為「不知輕重之等」。此「類」字當非同類之類，乃類屬之輕重次第義。不知輕重之等即不知先後本末之次第，不知何者是輕者，何者是重者，何者是類屬於本者，當先注意及之，何者是類屬於末者，當次注意及之。《大學》云：「物有本末，事有終始，知所先後，則近道矣。」

十三　愛桐梓而養之亦應愛己身而養之使其本心不放失

孟子曰：「拱把之桐梓，人苟欲生之，皆知所以養之者。至於身而不知所以養之者，豈愛身不若桐梓哉？弗思甚也。」

案：此又以知養樹木而不知養**自身**為無頭腦。順通如下：

孟子說：「一拱一握大的桐樹和梓樹，假若人們想使它生長，皆知所以培養之之方〔皆知如何去培養之〕。可是獨於己身卻不知所以養之之道，這是什麼緣故呢？豈是你愛惜自己尚比不過你愛護桐梓嗎？此亦弗思〔無頭腦〕之甚矣。」

案：此處所言之「身」即是虛籠地說的「己身」之身，而所謂「己身」即是「自己」之意也。不指**身體**言。當然四肢百體亦是屬於「己身」的；而屬於己身的不只四肢百體。此處是隱指自己之**本心**

而言。下文言「體有貴賤，有小大」，以心為大為貴。身字兼攝身體（四肢百體）與心靈（仁義之心）兩方面而言，皆屬己身也。古人說「身」大體皆是此義，引申而為「我」義。如老子云：「人之大患在有身」，有身即是有我也。如說「人之大患在有身體」，則不成話。蓋如此，勢必把身體毀掉才好。身體固須養護使之長大，而仁義之心更須操存之使不放失。孟子舉養拱把之桐梓作喻，即意在使人培養其本心也。如單在養身體，正是孟子下文之所斥。

十四　兼所愛兼所養而所養有大小有貴賤因而亦有善養與不善養

孟子曰：「人之於身也，兼所愛。兼所愛，則兼所養也。無尺寸之膚不愛焉，則無尺寸之膚不養也。所以考其善不善者豈有他哉？於己取之而已矣。體有貴賤有小大。無以小害大，無以賤害貴。養其小者為小人，養其大者為大人。今有場師，舍其梧檟，養其樲棘，則為賤場師焉。養其一指而失其肩背而不知也，則為狼疾人也。飲食之人，則人賤之矣，為其養小以失大也。飲食之人無有失也，則口腹豈適為尺寸之膚哉？」

案：此承上文當知養「己身」而言，順通如下：

孟子說：「人之於己身也，於其所有之一切無所不愛〔兼所愛〕。既無所不愛，則亦無所不養〔兼所養〕。無一尺一寸之肌膚不愛焉，則無一尺一寸之肌膚不養也。既無所不養，

則考其**養之善或不善**者豈有別法哉？亦只**返求之**〔**取之**〕於己看其所養是否**顛倒惑亂顧小失大**而已矣。須知己身所有之體〔虛泛字亦即物事義〕有是貴者，有是賤者，有是小者，有是大者。你不要爲了小者而害了大者，亦不要爲了賤者而害了貴者。你若只養你的小體，你便是小人〔識小之人〕，你若能養你的大體，你便是大人〔識大之人〕。今設有治場圃者〔場師〕，舍了其有用之梧檟〔桐梓〕兩種樹而不養，但養其無用之小棗樹〔樲棘〕，則人們便說這場師是下劣的場師。一個人若只養其一指之小者而失了其肩背之大者而尚不自知。則人們便說此人是**顛倒惑亂之人**〔狼藉人〕。現在，我們可**進一步**說，一個只知飲食的人是人們所賤視的。其所以爲人所賤視是因爲他只養其**形軀之小者**而失了其**本心之大者**。倘使飲食之人無有**此失**，則人之飲食之悦口果腹豈恰只爲了一尺一寸之肌膚哉？必不然矣！」

案：此段，說話之分際與層次不可不明。先說人之於己身也，兼其所有之一切而皆愛之，因而亦皆養之，即使是一尺一寸之肌膚亦無不愛護而滋養之，更何況大而貴重者？正因爲己身所有之一切有其大小貴賤之差別，是故雖皆養之，亦有養之善不善之辨識。即就形軀之四肢百體言，亦有小大之別。一指是小，肩背是大。只養一指之小而失肩背之大，則爲不善養，其人爲狼藉人（顛倒惑亂之人）。若進而以形軀與仁義之心相比，則形軀是小，仁義之心是大。若只知飲食以養小體，而失了其本心之大，則亦爲不善養（無頭腦之人），人得而賤視之。倘使飲食之人無有此「以小失大」之

錯失，則人之飲食之悅口果腹豈只是爲了尺寸之膚之保存乎？必不
然矣。人之形軀當然須要愛護而使之生長壯大。使之生長壯大爲的
是使之成人以體現人之爲人之價值。體現人之爲人之價值，則不只
是飲食以養尺寸之膚，且須飲食以活著以力求仁義之心之大者之體
現。此處「以小失大」中之小者即隱指形軀言，大者即隱指仁義之
心言。下文言「從其大體爲大人，從其小體爲小人」，即呼應此處
所言之「養其大者爲大人，養其小者爲小人」。而下文以「耳目之
官」爲小體，以「心官」爲大體，即呼應此處所言之「體有貴賤有
小大」也。

　　案：此文中「狼疾人也」，趙注解狼疾爲**狼藉，紛亂**也。此解
是，茲從之。狼疾人意即**顚倒惑亂**之人，與前段「弗思甚也」之語
相呼應，「弗思」意即**無頭腦**。筵後杯盤狼藉指杯盤紛亂言。說某
人聲名狼藉言其人不堪一提。朱注云：「狼善顧，疾則不能，以爲
失肩背之喻。」此爲如字實解，引申而爲不能顧肩背之大，顧小失
大，亦或然也。解爲「狼藉」，則爲諧聲會意字。

　　又文中「**體有貴賤有小大**」之「體」字在孟子是廣泛使用。己
身所有之一切皆可以「體」說之。如四肢百體是有形之體，亦言**形
體**，或**形色**。孟子言「**形色天性**也」意即四肢百體之有形之體皆是
天生的。性者生也，此處作「生」字用，不作「性」字用。否則難
解。佛家言**色法**，與心法相對而言，即從「**形色**」之色字來，即是
有形體的東西，有形有狀耳目所及即感官所及的東西。「**物色**」之
色亦是從形色而來，即因著形色而鑒別人與物也。食色之色固直接
指男女之情愛而言，然亦因形相姿態之美而引起情愛之欲也。**顏色**
之色亦因相應於視覺而悅目而然也。**潤色**之色是修飾文字而使之有

文氣音節可讀，因而可說文字之美，是形色之色之**會意的使用**。**音色**之色是視聽合一之會意的使用。皆從形狀之適目而展轉引申者也。故色字之原初的意思即是有形有狀之具體的東西。至於心字，尤其是仁義之心或本心或良心，則是無形之體，亦是己身所有者（惟此有不以生而有作解，而以義理本有作解），孟子名之曰大體，亦是最貴重之體，蓋因其不拘限於耳目之官也。依佛家，則名之曰「非色界者」。故此段中之「體」字是虛泛字，實亦即物事義。

十五　從大體爲大人從小體爲小人

> 公都子問曰：「鈞是人也，或爲大人，或爲小人，何也？」
> 孟子曰：「從其大體爲大人，從其小體爲小人。」
> 曰：「鈞是人也，或從其大體，或從其小體，何也？」
> 曰：「耳目之官不思而蔽於物，物交物則引之而已矣。心之官則思，思則得之，不思則不得也。此天之所與我者。先立乎其大者，則其小者不能奪也。此爲大人而已矣。」

案：此段是直接承上段「體有貴賤有小大，無以小害大，無以賤害貴」而來。順通如下：

> 公都子問曰：「同樣是人，何以有是大人，有是小人？」
> 孟子答曰：「依從其大體以大體爲主便是大人，依從其小體以小體爲主便是小人。」
> 公都子又問曰：「同樣是人，何以有能依從其大體者，有不

能依從其大體而只依從其小體者？」

孟子又答曰：「耳目之官不思而蔽於外物。不思而爲外物所蔽之耳目之官亦物也。如是外物與耳目之官之爲物兩相交接，則後者即爲前者所牽引，即所謂逐物也。至於心之官則能思而不蔽於物，故心以思爲職司。官者有所司也。心官之所司者即思也。是故你若能思，你即得到你的心官而有之，意即你的心官即存在在這裡而不放失。你若不思，則你便得不到你的心官而有之，意即你的心官便不存在在這裡而亡失。此心之官乃是天所賦與於我者〔意即義理上天定本有之意，亦即「人皆有之」之意〕。假若你能先通過此『思』而確立此大者，則你的耳目之官之小者便不能移奪之，如此，你便即是大人了。」

案：此中「思則得之，不思則不得也」，此語中之「之」字即指心官言。心官，孟子此處即隱指仁義之心言。心官與耳目之官相對而言，「思」是其本質的作用，故通過此「思」字，它可以與耳目之官區以別。「思」能使你超拔乎耳目之官之拘蔽之外，它是能開擴廣大你的生命者。故若你能思，則你便得到你的心官（你的仁義之本心）而實有之，即你的心官（仁義之本心）便可存在在這裡而不放失；你若不思而只隨物欲轉，一若純任耳目之官而逐物，則你便得不到你的心官（仁義之本心）而實有之，即你的心官（仁義之本心）便不能存在在這裡而亡失。此處以思不思定心之存亡，前第八中以操存與否定心之存亡。操存是工夫語，思是心官所發之明。操存底可能之內在的動力，即其最內在的根據，即是「思」也。「先

立乎其大者，則其小者不能奪也」，此中之「立」亦是**由思而立**。

心之官既即指仁義之心言，則「思」字亦是扣緊仁義之心而說的，即前第六「乃若其情」文中「弗思耳矣」及第十三「拱把之桐梓」文中「弗思甚也」之思字之落實說即歸其正位說。嚴格言之，惻隱、羞惡、恭敬、是非之心中皆有**思明**之作用（即**誠明**之作用）在其中。此思即他處孟子言「思誠」之思，亦〈洪範〉「思曰睿，睿作聖」之思。依康德詞語說，是**實踐理性**中之思，非知解理性中之思。因此，邏輯意義的思，正宗儒學傳統中並未提練成。前賢所言的「思」大皆是屬於實踐理性的，只就仁義禮智之心而盛發其道德實踐中的無邊妙義。此實踐意義的思，儒家，甚至道家和佛家，是已提練至充其極的。道家從道心玄智說，佛家從般若智說（不是思行之思），儒家從仁智說。後來周濂溪言工夫盛發其義。

又「此天之所與我者」語中之「此」字是直指「心之官」而說。朱註解爲「此三者」，指心之官與耳目之官三者而說，此解非是。孟子只言「仁義禮智我固有之」，又言「此心人皆有之」，不言五官我固有之，言之無義。故此處之「此」字只指心官說，不包括耳目之官在內。於五官（不止耳目之官）言「天之所與我者」則無意義。蓋五官感覺（取聲色臭味觸）之**有無**從未**成問題**，而人常放失其本心而不知其**本有**，且甚至疑其究竟有沒有，故其有亦成**問題**，故孟子特**鄭重**言其**本有**。「天之所與我者」即**本有**義，此**有對而發**也，此有對而發始有意義。不但中國哲學如此，即西方哲學亦然。西方哲學如笛卡爾、來布尼茲等言內在而固有的理念，而洛克駁之，以爲一切皆來自經驗；康德言先驗的形式、先驗的概念（範疇），以駁斥經驗主義，而經驗主義則反之。但從無人說五官感覺

是固有的，是先天的，是「天之所與我者」，是「我固有之也，非由外鑠我也」。若如此說，便成笑話。於才能，常有說天賦才能，當然亦可說天賦我以耳目口鼻，但這只是**生成義**或**生就義**，乃是「**生之謂性**」下的詞語，沒有人在此發生有無的問題。既是生就的，還有什麼問題？有就一定有，沒有就一定沒有。孟子並不依此義而言「我固有之」，「人皆有之」，以及「天之所與我者」。孟子言此不是「**生之謂性**」下的詞語，乃是有對而發的詞語，是不知其有而且疑其究竟有沒有、於其有成問題後的**駁斥語**。故鄭重言之，有意義也。不但當時如此言有意義，即在今日言之仍有意義，而且更有意義，蓋今人更不易了解「仁義之心固有」之義也，更不易相信人有此本心也。而且愈自以為有知識有定見者愈不易了解：信耶教者不易了解也，經驗主義者不易了解也，功利主義者、快樂主義者不易了解也，實在論者更不易了解也，今之科技專家以及許多某某學者尤**最**不了解也。此豈不重可哀乎？此等等之不了解亦如一般人之不了解康德所言之自律道德也。朱子於「此」字解為指三者言，於義疏矣。而一般解者亦大體從之，亦示一般人之無義理訓練也。

　　孟子此段文提出大人小人之分別。大人之所以成為大人只有依據純以義理言的仁義之心之呈現始可能。自此以往，勝義無邊。全部康德的道德哲學不能超出孟子的智慧之外，而且孟子之智慧必能使康德哲學百尺竿頭進一步。

十六　天爵與人爵——良貴與非良貴

　　孟子曰：「有天爵者，有人爵者。仁義忠信，樂善不倦，此

天爵也。公卿大夫，此人爵也。古之人修其天爵而人爵從
之，今之人修其天爵以要人爵，既得人爵而棄其天爵，則惑
之甚者也，終亦必亡而已矣。」

案：此提出天爵人爵間的本末關係，其輕重貴賤可得而知矣。茲順
通如下：

孟子說：「有是屬於天爵的，有是屬於人爵的。能表現仁義
忠信之德，樂於行善而不倦怠，這便是天爵。天子所封賜的
公位，卿位，以及大夫之位，這便是人爵。古之人修其天爵
而人爵自然隨之而來。今之人卻是修其天爵藉以要求人爵，
既經得到了人爵便棄其天爵：此則是迷惑背理之甚者。其結
果是：其所已得之人爵終亦必喪失而不能保。」

案：爵是政治上的一種貴位，如公位、卿位，或大夫位，本就是
「人爵」。人爵者由人（天子）所封賜因而得有貴位之謂也。既得
有貴位，故為社會上所尊重。說到因貴而受尊重，孟子的創闢心靈
於此便想到：人之貴而受尊重豈只限於由天子所封賜而然者耶？豈
無由其他途徑而自貴者耶？人豈只貴於人而無貴於己者乎？孟子遂
類比人爵之貴想到一種**天爵之貴**。何謂天爵之貴？能體現仁義忠信
之德，樂於行善而不倦怠，便自然受人尊重，這就是你的**自貴**，而
非**貴於人**者。此「因著德行而自貴而非貴於人」的貴便是「天
爵」。天爵之「天」字是虛位字，既非指自然言，亦非指上天言，
乃落實於**德行**，指**德行**言。體現內在的仁義忠信之德便是德行。體

現內在的仁義忠信之德是**性分之不容已**，因此，其體現之也不是爲什麼而體現之（如爲要求人爵而體現之），乃是**定然要如此的**。因此，天爵即是天貴，天貴即是**定然地**（無條件地）體現仁義忠信之德而**必然有**的貴。因此，天貴亦可說爲是**定然的貴**，不是**待他而然**的（有條件的）貴。人爵即是待他而然的貴。此一開闢乃於政治的標準外另立一道德的標準，不是泛政治地一切由政治來決定。此義固是由孟子正式提出，然中國文化中自古已隱含此義。例如朝廷尊爵，鄉黨尊齒，士庶尊賢，亦不只政治一標準；又如天子不臣師，不臣尸，亦不只政治一標準。惟自性分之不容已以立天爵之貴則自孟子始。此是道德心靈之所開闢，立一**最高之價值標準**者。

繼此天爵之觀念，孟子遂說：

> 欲貴者人之同心也。人人有貴於己者，弗思耳！人之所貴者非良貴也。趙孟之所貴趙孟能賤之。《詩》云：「既醉以酒，既飽以德。」言飽乎仁義也，所以不願人之膏粱之味也。令聞廣譽施於身，所以不願人之文繡也。

案：此可順通如下：

> 孟子説：「想望有貴位爲人所尊重這乃是人心之所同願的。可是人人皆有貴於己而不貴於他人者。人之不知其有貴於己者只是因爲他不反身想一想而已。貴於己者是良貴〔本有的不可移易之貴〕。他人之所使你成爲貴者〔貴於人者〕非良貴也。趙孟所使之成爲貴的人趙孟亦能使他成爲賤者。

《詩・大雅》有云：『既醉我以酒，又飽我以德。』所謂
『飽我以德』是說飽我以仁義也〔以仁義充滿我的生命〕。
既以仁義充滿我的生命爲可貴，是以不願人徒以膏粱之味來
滿足我的口腹也。這亦猶如人以有值得被人稱讚之令聞和廣
譽爲眞美，是以不願人以華美之服來裝飾其自己。」

案：貴於己是良貴，這就是天爵。人爵是貴於人，非良貴。良貴即
是康德所說的**尊嚴**，是一內在而固有的**絕對價值**，超乎一切相對價
格之上者，亦無**與之等價者**。凡是有一相對價格的東西即可爲某種
其他與之等價的東西所代替。良貴無可代替者。因此良貴就是人之
尊嚴。

　　天爵良貴之觀念既確立，我們可看看孟子所說的「古之人修其
天爵而人爵從之」這句話。這句話是句**警戒勸勉語**，不是一個嚴格
的有必然性的**分析命題**。若視之爲一分析命題，則人們馬上可提出
疑問說：修其天爵，不一定能有人爵。因此，若依康德說法說，天
爵人爵間的關係是一個綜和關係，非分析關係。但孟子提出「古之
人」云云，以「古之人」如何如何教戒而勸勉人，顯然其說這句話
不是把天爵人爵的關係看成是一個**客觀的問題**，因而他亦不是就此
客觀問題而作**客觀的肯斷**說：修其天爵，人爵即**必然地隨之而來**。
若這樣說，這當然是有問題的。孟子未正式提出此問題而予以鄭重
思量。他只說古之人純樸無雜，只黽勉修其天爵，而人爵不求而自
然可從之（當然亦可不從之，從不從，孟子不討論這個問題，他以
爲這不是**須要討論**的問題，從之可，即使不從亦無所謂，重要的只
是誠心以修天爵），而今之人則卻不然，他之修天爵只是爲的要求

人爵，既得到了人爵，天爵就根本不理了，這根本是虛偽。孟子只在點示人人皆有良貴，勉人誠心體現之以成德。但既說到天爵人爵（貴於己貴於人），這當然是屬於康德所說的「德福之間的配稱關係之問題」。孟子固然重視良貴（德），但他亦並不否認人有幸福之欲。人爵是屬於幸福者。「廣土眾民，君子**欲之，所樂**不存焉。中天下而立，定四海之民，君子**樂之，所性**不存焉。」所欲所樂都屬於**福**，惟「所性」屬於**德**。「君子有三樂，而王天下不與存焉。父母俱存，兄弟無故，一樂也。仰不愧於天，俯不怍於人，二樂也。得天下英才而教育之，三樂也。君子有三樂，而王天下不與存焉。」「王天下」當然屬於**福**，雖不存於此三樂中，可是此三樂亦不就是屬於德者，仍是屬於福者。不過這三樂之福是更有價值者，比「王天下」還可貴。「王天下」只是滿足人之權力欲或功業欲。不管這其間有若何之差別，總都屬於幸福者，孟子並不抹殺。不過有所欲所樂之別，而所欲所樂亦有種種等級也。孟子只以「所性」為本，而所欲所樂是末，即使肯定其價值，亦必須以「所性」為根據。至於這兩者間在現實人生如何不一致：有德者不必有福，有福者亦不必有德；又如何能理想地圓滿地保證其間之恰當的配稱關係以實現最高的公道，以慰勉人之道德實踐於不墜：凡此等問題皆非孟子所欲問者。你也許可以見到孟子，甚至全部儒者，在此顯出更**有陽剛氣（挺拔氣）**。但是就全部人生之**極致**說，德福之間必須有一種諧和，因為吾人固不能抹殺良貴，但亦不能抹殺幸福，正猶如既不能去掉「自由」，亦不能去掉「自然」（形色是天然有的，不能廢除）。既然如此，兩者之間必須有一種**圓融之一致**（恰當的配稱關係）。人生不能永遠處於缺陷悲壯之中，如在現實過程之中

者。因此，孟子雖不討論此等問題，吾人處於今日卻可把此問題當作實踐理性上的一個客觀問題而正視之，看看依儒家之智慧，甚至依儒釋道三教之智慧，當如何處理此問題。

　　　　　　　※　　　　　　　※　　　　　　　※

　　以上是〈告子篇上〉之全文，一氣呵成，很有系統性。此下將摘錄其他重要之文段而予以疏解，要皆依據以上之義理爲基本而展轉引生者。最後將正式依儒家之智慧，甚至儒釋道三教之智慧之極致來處理此德福一致之問題。

第一章附錄：

康德：論惡原則與同善原則之皆內處或論人性中之根惡〔基本惡〕

〔此爲《單在理性範圍內之宗教》一書中之首部〕

開端綜論

「世界存在於邪惡之中」這一怨訴之辭其古老一如歷史那樣古老，甚至一如那更古老者，詩歌，那樣古老；實在說來，一如一切詩篇中之最古老的詩篇，僧侶行業之宗敎那樣古老。縱然如此，可是世人皆欲使世界開始於一善的狀態：開始於一黃金的時代，或開始於一伊甸樂園中的生活，或開始於與天堂衆生共處的那更快樂的生活。但是世人皆提示說：此快樂的狀態就像一個夢一樣已消逝了，**因而他們**又墮落於罪惡（道德的罪惡，此道德的罪惡永遠被伴以物理的或自然的罪惡），當其以加速的步伐急促進至於更壞而又更壞時。〔原註〕」〔*此句，格林譯爲：**世人又提示説：又擬想説：墮落於罪惡之墮落**（所謂罪惡即道德的罪惡，物理的或自然罪惡永遠與之攜手並行的那道德的罪惡）即刻以加速的下降催促人類從壞到更壞。*〕這樣，我們**現在**正生活於末世（但此所謂「現在」其爲古老一如歷史那樣古老，即所謂終古如是的「現在」），世界底末日與毁滅快要近了，就在眼前；而在印度底某部分人中，世界底審判者與毁滅者（此名曰露陀羅 Rudra 或不然又名曰濕婆 Siva）總當作上帝而被崇拜，此所崇拜之作爲毁滅者之上帝正當令，祂支配著世界；至於世界底支持者〔保存者〕，即毘濕努 Vishnu，好

久以來即已放棄了祂的職責，祂已厭倦了祂的職責〔祂的最高威
權〕，而此職責是祂由「世界底創造者」即「梵天」而得來的。
〔案：梵天世界底創造者，毘濕努世界底支持者，濕婆世界底審判
者與毀滅者，名曰三位一體。〕

　　　〔原註〕：〔關於加速墮落句，康德引 Horatius 之詩句以明之。
　　詩曰：〕
　　我們的父輩已比他們的祖先
　　更深深地熟練於作惡，
　　生下我們這一代更爲邪惡，
　　我們當然亦照常生出下一代
　　仍然要更爲墮落。
　　　〔案：阿保特譯只錄拉丁文。茲依格林（Greene）與胡生
　　（Hudson）兩人合譯者附有馬丁之英譯而譯。吾參考此合譯者時
　　只提格林是爲簡單故。〕

　　較後起但很少流行的意見便是那反面的有英雄氣的意見〔樂觀
的信念〕，此較有英氣的意見或許只在哲學家間有其流行，而在我
們的時代，主要地是在指導青年之教師間有其流行。此意見是說：
世界經常地是確然在相反的方向上前進，即是說，世界是經常地從
較壞前進到較好（雖然幾乎感不到）；至少向較好前進之天賦才能
是存在於人之本性中的。但是，此種意見或信念確然並不是基於經
驗上的，如果那所謂較好或較壞所意謂的是道德的善或惡（不是文
明），因爲一切時代底歷史事實很有力地反對此見，但是此見大約

是從森尼加〔Seneca〕到盧騷〔Rousseau〕以來的諸道德主義者之
一善意的假設，假設之以便催促人去對於那或許存於我們生命內的
善之種子作不厭倦的培養，如果一個人可依恃這樣一種人之生命中
的自然基礎時。茲復有一種考慮，即：因爲我們必須假定人是自然
地（即是說，如人經常地所生而是者）在身體方面是健全的，所以
人們亦可想沒有理由爲什麼我們必不可假定人是自然地在靈魂方面
也是健全的，這樣假定之，大自然本身就可幫助我們去發展那在我
們生命內的向善的道德才能。森尼加說：「我們以可醫治的不舒適
而病，而如果我們想請醫生來醫治，則大自然就可有助於我們，因
爲我們生而是健康的。」〔案：此語阿保特譯原爲拉丁文，茲依格
林譯爲英文而譯。〕

〔以上是兩種相反的意見：一是說世界是邪惡的，一是說世界
經常是向善前進的。〕但是因爲雙方「在其看取經驗中」〔譯註〕
很可有錯誤，是故以下的問題便發生，即：一中道是否不至少是可
能的，那就是說：人作爲一種類看，很可既非是善亦非是惡，或在
一切事件上他很可爲如此之一人正如其可爲如彼之一人，即他一方
面是善的，一方面是惡的。豈不可如此嗎？但是，我們說一人爲惡
不是因爲他作了一些惡的行爲（即違犯法則的行爲），而是因爲他
所作的這些惡行爲是這樣一類行爲，即我們可以從它們那裏推斷出
存在於他心中的那些**惡格言**。現在，雖然我們能在經驗中觀察到行
爲違犯法則，而且甚至（至少在我們自己處）亦能觀察到惡行爲之
爲惡〔爲違犯法則〕是**有意地**〔**自覺地**〕**被作成的**；但是我們尚不
能在經驗中觀察到那些惡格言之自身，甚至不能觀察到那些總是存
在於我們自己心中的惡格言之自身；結果，「這些惡行爲之作者是

一惡人」這一判斷不能確定不移地基於**經驗**上。因此，要想去說一個人爲惡人，以下的情形必定是可能的，即：**先驗地**從某些行爲，或從一簡單的有意作成的惡行爲，去推斷到一**惡的格言**以爲其基礎，並且又從此一惡的格言推斷到那存在於「一切特殊的道德地惡的格言之執行者」心中的那一般的根源〔**此一般的根源其自身復又是一格言**〕，這必定是可能的。

〔譯者註〕：「在其看取經驗中」一片語是依格林譯而譯。阿保特譯爲「在設想的經驗中」，不很通。案康德原文是 man sich in beider angeblichen Erfahrung，此可譯爲「人們雙方在其所稱述的經驗中」，或「在其稱述經驗中」。

「**自然**」〔**本性**〕這一個詞語，（如果如通常那樣），意謂「源自自由」的行動之反面，那麼此詞語必應是直接地與道德的善或惡之謂詞相矛盾的。這樣意義的「自然」〔本性〕之詞語，我恐怕人們覺得有任何困難，是故以下所說必須被注意，即：所謂人之自然〔本性〕，我們在此只意謂在客觀的道德法則下人之自由一般之使用之**主觀根據**，此主觀根據乃是先於那落在感取下的每一動作而即存在著者，不管此主觀根據處於什麼樣的自由之使用處〔**意即不管此主觀根據之性格是什麼，是善的抑或是惡的**〕。但是，此主觀根據必須其自身復又總是一屬於自由之動作者（非然者，人之有選擇作用的意志之使用或妄用在關涉於道德法則中必不能被歸咎於此人，而存於此人中的善或惡亦不能被說爲是道德的）。結果，惡之根源不能存在於那「通過性好而決定有選擇作用的意志」的任何

對象中，或存在於任何**自然的衝動**中，但只存在於一個**規律**中，此規律乃是有選擇作用的意志在其自由底使用上爲其自己而作成者，那就是說，惡之根源存在於一個**格言**中。現在，關於此格言，我們不能再繼續去追問此格言之所以被採用而不是此格言之反面被採用之主觀根據是什麼。因爲如果此根據現在終極地說來，不復再是一格言，但只是一**純然的自然衝動**，則自由之使用必被歸化到那經由自然原因而成的決定，而此是與自由之概念相矛盾的。如果，當我們說「人**自然地**〔**本性上**〕是善的」，或說「人**自然地**〔**本性上**〕是惡的」時，此所說者只意謂：人含有善的格言之採用或惡的格言〔**違法的格言**〕之採用之**基本根源**或**終極根據**（對於我們是**不可測度**或**極難透視**的基本根源〔**原註**〕），而人之有此根源，一般地說來，乃由於其是一人，而結果，這樣，他便因其有此根源，他表示了其族類之性格。

〔**原註**〕：〔*關於不可測度之基本根源，康德有註云：*〕
說「道德格言之採用之基本的主觀根源是不可測度的」，此甚至或可由以下所說之義而被看出，即：由於此採用是自由的，是故其根源（例如我爲什麼已採用一惡的格言而不採用一善的格言之理由）必不可在自然衝動中被尋求，但只總是復須在一格言中被尋求；而由於此一格言復又有其根據，而格言又是有自由選擇作用的意志〔*即自由決意*〕之唯一有決定作用的原則，即那能被舉出或應當被舉出的唯一有決定作用的原則，由於是如此云云，是故我們總是被驅迫在主觀的有決定作用的原則之系列中無窮地向後返，返而又返而終不能達到那基本的根源。〔*案：此等於佛家說「無始以來法爾本有」。康德下文即名之曰「生而有」，或*

「內在而固有」。〕

如是，我們將對於這些**性格**之一（或善或惡者），即使人有別於其他可能的理性存有者，而說它是**內在而固有的**。但是在這樣說時，我們也必須要記住：**大自然**並不因這性格而受責（如若這性格是惡的），亦不因這性格而受信賴或有光榮（如若這性格是善的），但只是人自身就是此性格之**造成者**。但是因為我們的格言之採用之基本根源（此基本根源其自身必須復又是處於有自由選擇作用的意志中）不能是一經驗之事實，是故人之生命中的**善性格**或**惡性格**（在關涉於道德法則中作為此格言或彼格言之採用之基本根源的那善性格或惡性格）是內在而固有的，其為內在而固有是只依以下的意義而為內在而固有，即：它在「自由之任何使用被經驗」以前就表現有力量或被置定為根據（在最早的兒童期就有力量或已為根據，再往後返，返到**生時**，如同**生而如此**），這樣，它被思議為是在人之生時即現存於人者，可是其生時之「**生**」卻並不是它的**原因**。

〔譯者案〕：人之生命中的那作為「採用格言」之基本根源或終極根據的善性格（性向）或惡性格（性向）早已在人之生時即現存於人，但這並不表示說這生時之生是這善性格或惡性格之原因。善或惡的性格（性向）之所以為善或惡，即那使其成為善或惡的原因或理由，是源於人之採用此格言或彼格言，而此卻是存於人之有自由選擇作用的意志中，或存於自由之使用中。案：「有自由選擇作用的意志」是譯的德文 Willkür 一詞，此亦可譯

爲「自由決意」，此是人的現實意志之作用，故有善有惡，此相
當於王陽明所謂「意」，「意念」之意，「心之所發爲意」之
意，此是一個表示「意志之受感性影響的現實作用」的字，故英
譯亦譯爲 volition，此是一個作用字，與設定其爲「自由」，視其
自由爲設準而不能被證明的那個意志不同，此後者是一個實體
字，在德文是 Wille。凡說純粹的意志，善的意志，或自由的意
志，皆是指的這個實體字，此則不可有善有惡，只能是純善，此
當然是理想地說者，此或可相當於劉蕺山所謂「意根最微」之
意，「獨體」之意，「心之所存」之意。兩個「意」字既不同，
則這裡說「有自由選擇作用的意志」，或說「自由決意」，這自
由亦與作爲一設準的自由不同。作爲一設準的那「自由」由意志
之**自律**入，單明意志之**立法性**，即絕對**自發性**，而此處所謂「自
由決意」之自由則只表示人的行爲或格言之採用之好或壞皆由自
決，故人須對之**負責**。你可說此自由決意之自由即是那作爲一設
準的自由之現實的投映，受感性影響下的投映——投映於意志之
現實的作用而成爲或好或壞的自決。好的自決固是自己負責，壞
的自決亦是自己負責。此即所謂「自由之使用」。若無此自決處
自由之使用，人便不可被咎責。因此，人之決意之採用此格言或
彼格言就是善惡性格（性向）之所以爲如此者之原因——**造成
者**；簡單地說，人自身就是其爲善惡性格（性向）之原因——造
成者。這並不能歸之於大自然。生而如此者之「生」是「大自
然」底事。故「現存於人之生時」的善性向或惡性向正如告子所
謂「生之謂性」。這生而如此之「生」是虛籠地一說，只表示它
是自然的；而其所以爲善或惡之**詳細規定**或**落實決定**卻是存於格
言之採用。就格言之採用、自由之使用而言，此性向便是其主觀
根據，即人之採用此或彼格言之主觀根據或基本根源，即你本有

採用此或彼格言之基本性向或性能，採用善格言爲善性向，採用惡格言爲惡性向，而格言之爲善或惡則依其合不合道德法則而定。說「生而有」即指此善惡性向而言。由於是生而有，是故亦得說爲是內在而固有。嚴格言之，當該說：人本生而就有種種差異之性向或性能。這些差異之性向或性能，若在道德方面表現，便落實爲道德地善的性向或惡的性向，而其爲善或惡則存於格言之採用或自由之使用。尚有些不在道德方面表現，此如好不好藝術，好不好數學等之性向，此則無道德地善惡可言，但亦有程度之等差，此則依其他標準而定。此等生而有的，內在而固有的種種性向，善惡性向亦在內，若依中國傳統言，便是所謂**氣性**或**才性**。告子「生之謂性」亦是指氣性或才性而言。康德在此說「人本性上〔生而〕是善或惡的」亦指氣性才性而言。（在道德上說才性好像不很通，其實亦可以說，聖人亦須有才，此時才即是其根器，即其表現道德法則之上上根器，此與孟子所說的「良能」不同。）

此等氣性或才性被說爲是「內在而固有的」（innate），此內在而固有是基於「**生而有**」而說的，與孟子既說仁義內在，又說「仁義禮智我固有之也，非由外鑠我也」，不同。孟子說仁義內在是內在於本心，由本心而自發，相當於康德所謂「**意志之立法性**」，後來陸王即名之曰「**心即理**」。由此「仁義內在」自然推出「仁義禮智之心或德是我所固有，非由外鑠」。只要是理性的存有，有道德的心或意志，他即有這些仁義禮智之明德。此與以「生而有」說的「固有」不同。「生而有」是說我的自然生命本有這些氣性或才性即氣質，此是依「生之謂性」之原則說。但孟子是反對依「生之謂性」之原則來說人之所以爲人之性的，因爲這並不能表明人之價值上異於牛馬者。孟子說性是就道德的本

心說性，此是以理言的性，宋儒名之曰「義理之性」，並不是以「生而有」言的自然之質，此在宋儒名之曰「氣質之性」，即以氣言的性。孟子所說的這個以理言的「本心即性」之性儘管它在現實的個體──理性的存有中隨時有呈現，好像是「生而有」的，但這只是就近指點以示這以理言的性可隨時呈現，既不限於此個體，亦不依此個體之生（存在）之生而有而說它是內在而固有的，因爲生而有的自然之質是偶然的，很可能有現實的個體生下來不具備這種性能，亦不能發這種性德。生而有的「生之謂性」之性名曰氣性或才性（善惡性向亦在內）。氣性或才性雖是後來的詞語，孟子尚無此詞語，但「生之謂性」之性，孟子並不否定其有，亦不以此性混同以理言的性。

依孟子之教說，義理之性之定然的善亦有需於生而有的氣性或才性，否則義理之性不能有具體而現實的表現。但須知氣性或才性之不定爲善，義理之性可使之成爲善，而且亦有「能轉化之使之成爲善」之力量。義理之性本身就是一種動力，由此說的動力是超越的動力，是客觀的根據。此既與由氣性或才性處而說的那作爲格言之採用之基本根源或主觀根據者不同，亦與康德所說的「道德法則是動力」不同，蓋以道德法則爲動力虛而無實故，康德並無「心即理」一義故。雖「意志之立法性」即是「心即理」，但康德並不就意志說心，其所說之良心亦並不就是理，是故彼終無「心即理」一義，而只以道德法則爲動力，並不以「意志之立法性」爲動力，蓋自由只是一設準故，道德法則是事實（理性之事實），自由不是一事實故。是故心即理之義理之性是動力是孟子教說之最緊切者。惟於氣性或才性之或善或惡以爲人之採用格言之主觀根據並亦正由於人之採用善或惡之格言故遂使那氣性或才性成爲善的或惡的，此層意思，孟子以及主「生之謂

性」者皆未曾道及，此見康德思理之精密與緊切。但如果生而有的氣性或才性之或好或壞是事實，則康德之所說乃是應有者。若在孟子或在明言「生之謂性」者，則必這樣說：善的氣性必是那易於採用善格言之氣性，惡的氣性必是那總是採用惡格言之氣性。善的氣性有等級，最善者是上上根器如聖人之根器，即使是最善者亦不能無違失，故工夫不可以已；惡的氣性亦有等級，最惡者如盜跖，如愚癡，如一闡提，如魔鬼，即使是最惡者亦可化，以彼總有善惡意識故，惟於善惡顛倒錯亂耳，故教不可以已。若氣性善惡之根源不源自格言之採用，自由之使用，而只看氣性之自然衝動，則人不可咎責，而只屬於定命論。故言氣性之善惡必掛鉤於格言之採用，自由之使用，此則必涉及「意志之作用」即決意或起意；而此必終可化為善，可化之超越根據在本心之不容已，言生之謂性者無此義，康德進至此而不盡。

　　以上疏通康德所說之大意，此下康德進而有注說以明之。

注說

　　上述兩假設間的衝突基於一析取的命題：人本性上或是道德地善的或是道德地惡的。但是任何人皆可容易想到去問：此一析取是否是正確的，一個人是否不可以肯定說：人本性上既非道德地善的亦非道德地惡的，或：人同時是道德地善的又是道德地惡的，即：在某些方面是善的，在另一些方面是惡的。看來經驗似乎甚至足可去確立這種中道說。

　　　　〔譯者案〕：「既非道德地善亦非道德地惡」是告子之中性說，此函可善可惡。「人同時是道德地善又是道德地惡〔在某方面是

善在另一方面是惡〕」，此是説人本性上是善的但非全善，本性
上惡的但非全惡，此亦可許，但尚非有善有惡説，有善有惡函上
中下三品説。人有善有惡與人同時一方面是善一方面是惡亦並不
衝突。

　　但是以下的情形在道德學上一般地説來是重要的，即：盡可能
不允許在行動方面或在人類的品格方面有居間者存在；因爲若是這
樣模稜兩可，則一切格準必冒喪失一切確定性與穩固性之危險。那
些屬於此嚴格想法的人通常被名曰**嚴格主義者**（此一名稱意在於譴
責，但實際上是贊許）；嚴格主義者底反對面可被名曰容中者
〔latitudinarians〕。此容中者或是中立兩不相干之容中者，此可被
名曰善惡無關者〔indifferentists〕，或是和解之容中者，此可被名
曰折中主義者或調和主義者〔syneretists〕。〔原註〕

　　　〔原註〕：〔關於容中，康德有註云：〕
　　如果善等於 a，則其矛盾面便是「不善」。此「不善」或只是
　　「善之原則之不存在〔缺如〕」之結果等於0，或是「一積極的
　　反對面者之原則」之結果等於－a。在此後一情形中，「不善」可
　　被名曰積極的惡。（在關於痛苦與快樂中，就有此類容中之情
　　形，這樣，我們可説快樂等於 a，痛苦等於－a，而苦樂皆不存在
　　之狀態則是苦樂無關者，即等於0）。現在，如果道德法則眞不
　　是有自由選擇作用的意志〔自由決意〕之一動力───一個在我們
　　生命之內的動力，則此時道德的善（即自由決意之與法則相諧
　　和）自應等於 a，而不善卻必等於0，而所謂等於0必只是一道德
　　動力之不存在之結果，此結果即等於"a×0"〔阿保特譯誤寫或

誤排爲"a＋0"，原文是"a×0"茲照改，蓋 a＋0＝a 而 a×0＝
0〕。但是，道德法則實可作爲一動力等於 a 而存在於我們生命之
內；因此，「自由決意之與法則相諧和」之不存在（等於0）其
爲可能是只當作「自由決意之一實際反對面的決定」之一結果等
於－a 看，即只當作「敵對於或違反於法則」之一結果等於－a
看，它才是可能的，那就是說，它只因著一惡的決意而始爲可
能。因此，在一惡的性向與一善的性向（內在的善惡格言之原
則）之間，並無中立者可言，而所謂惡的性向與善的性向——內
在的善惡格言之原則，乃即是行動之道德性所必由之以被決定
者。一道德地無關的行動（adiapharon morale）必應只是一從自
然法則而結成的行動，並因而亦是與道德法則不發生關係的行動
（道德法則是自由之法則）；蓋因爲這樣，道德地無關的行動實
不是一行爲〔一道德地表意的行爲〕，而關於這樣的行動，命
令、禁止，或甚至合法的特許皆不能有任何地位可言，或皆不是
必要的。

對於適所討論之問題〔即能否有居間者之問題〕，嚴格主義者
所給之答覆是基於以下之重要考慮的，即有選擇作用的意志之自由
〔即決意之自由〕有這特徵，即：它將不能因著任何動力而被決定
至於行動，除只當人們把一動力用於其格言中（使此動力成爲其行
爲之普遍規律）：此等於說，只當人們把一動力用於其格言中（使
此動力成爲其行爲之普遍規律），那有選擇作用的意志之自由〔決
意之自由〕始能爲此動力所決定，決定之而至於行動，除此以外，
它將不能有別法爲任何動力所決定，決定之而至於行動；只有依此
路數，一個動力，不管它是什麼，始能與有選擇作用的意志〔決

意〕之**絕對自發性（自由）**互相**共存**。但是在理性之判斷中，僅僅道德法則才是以其自身即是一動力者，而且不管是誰，只要他使道德法則成為其格言，他就是道德地善的。現在，如果法則在關於一涉及法則的行動中不能決定人的有選擇作用的意志〔人的決意〕，則一反對面的動力，必須有影響於人的有選擇作用的意志〔人的決意〕；而因為依假設，此反對面的動力之有影響於人之決意只能因人取用之於其格言中始能如此（取用反對面的動力結果就是**逸出道德法則之外**，而在取用之於其格言之情形中，他就是一**惡人**），因為是如此云云，是故隨之而來者便是：在關涉於道德法則中，人的性向決不會是**不相干的**，即是說，人的性向總是或善或惡，兩者必居其一。

　　人亦不能一方面是善的同時另一方面又是惡的。因為如果他一方面是善的，則他便已取用道德法則於其格言中；既這樣，則如果他真同時在另一方面又是惡的，如是，則因為「遵守義務」之道德法則是一而又是普遍的，是故涉及道德法則的格言亦必應是普遍的，而同時它又只能是特殊的，此則是一矛盾。〔註〕

　　　〔原註〕：〔康德關於此段總起來作註云：〕
　　古代道德哲學家幾乎窮盡了一切關於德性所能說者，他們並未忽略去考慮上面所提到的兩問題。他們所表示的第一問題是：德性是否必須**被學而得**？（如必須被學而得，則人本性上對於德性是**不相干的**而且是**邪惡的**。）他們所表示的第二問題是：人是否不只是德性之一面而在德性一面外還有其他非德性而為邪惡之一面？（換言之，「一個人必定一方面是有德性的而另一方面又是

邪惡的」這是否可能？）對此兩問題，他們俱以**嚴格的決斷**來否**定地作答**，〔答之以否〕，而這樣作答是很正當的；因為他們默想德性在其自身為一**理性之理念**（如人所應當是者那樣一個理性之理念）。但是，如果我們要想對於現象中的人〔人之**如其所顯現者**〕，即，人之如我們因著經驗所知於他者，這種道德的存有，去作一道德判斷，則我們便可**肯定地**答此**兩問題**〔答之以是〕；因為人既被視為一現象，則他並不是因著**純粹理性之天秤**（在一神的法庭面前）而被估計，但只因著**經驗的標準**（在一人類性的法官面前）而被估計。關此，我們將在後文進一步討論之。）〔案：此所謂「後文」指此書第二部第一節說。此首部下文無涉及此者。〕

〔譯者案〕：如果就生而有的本性說善或惡，即依「生之謂性」之原則說善或惡，則嚴格主義是站不住的；在此，吾人只能以現象之觀點看人。康德在此有混擾。他本是論人之生而有的本性——自然之性，但他又跳出去從人之「當然」處說嚴格主義是對的，不能有居間者存在，這豈不是上下遊移而混擾嗎？如想說嚴格主義，則只能以**智思物**之觀點看人，視人之德性為一理性之理念，即純從人之「當然」而說者。但於開始，康德並未這樣分開，只在此註中說古人是如此，當然康德本人亦贊成。這樣分開可以，但不應當就**生而有**的本性這樣分開。因為既是論生而有的本性（自然之性），便不能於此說嚴格主義，但他於此又說嚴格主義是對的。嚴格主義所說的那不能有容中的或善或惡之情形是純從理性上看人，這不能依生而有的自然之性之觀點說，但他又就此生而有的性說此嚴格主義。是故康德在此上下遊移，弄得十分混亂而模稜。因此，他說：若人一方面是善一方面是惡，這便

導致於矛盾，這亦有問題。若從理性上說，這當然是矛盾，即他
既是有德的，他便不能再是邪惡。但若如此，便不能就生而有的
性說他或善或惡。若從生而有的性之立場說，則人一方面是善一
方面是惡便不矛盾。這不能因涉及道德法則之格言是**普遍的**而又
是**特殊的**來作辯——辯說其是矛盾。因爲以生而有的性向作根據
來說一個人的自由之使用，格言之採用，則很可以此人此時採用
善格言是善的，移時又可以採用惡格言而是惡的，不能因格言有
普遍性便導致於矛盾也。若如孟子欲說人性之定然的善，便必須
先擯棄告子之依「生之謂性」之原則說性，此則便斷然分開而無
許多纏夾。

　　康德在此註中提出兩觀點是對的。依理性之觀點看人，德性
不能是後天被學得的，而人亦不能有容中性。但若依現象之觀點
看人，說其生而有的性，則德性必須是後天學得的，此如告子說
「性猶杞柳也，義猶桮棬也」。而在此觀點下說人一方面是善一
方面是惡這也是對的，此如有善有惡或可善可惡。康德之言必如
此疏導始可暢通。

　當人們說「一個人有此一性向或另一性向爲一內在而固有的
〔生而有的〕**自然之質**」時，這並不是意謂此一性向或彼一性向不
是爲此人所**習得**，即不是意謂此人不是此一性向或彼一性向之**造成
者**，但只意謂此一性向或彼一性向不是在**時間中被習得**（即意謂從
幼年起此人早已存有此一性向或彼一性向）。性向，即格言之採用
之基本的**主觀根據**，只能是一，而且**普遍地應用於全部的自由之使
用**。〔譯註〕。但是此性向其自身早已被「有自由選擇作用的意
志」〔決意〕所接納，因爲若非然者，它便不能被咎責。現在，其

被接納之主觀根據或原因不能**再進一步爲吾人所知**（雖然我們不能
不追問它）；因爲若非然者，另一格言必須被引出，此另一格言即
是「此性向已被納入之於其中」的那格言，而「其被納入於其中」
復必須有其理由，〔即復又須引出一格言，而此性向復又被納入於
其中，如此繼續後返無有已時，此則總歸難以透視，因而其被自由
決意所接納這種接納之主觀根據不能再進一步爲吾人所知。〕既然
不能再進一步爲吾人所知，如是，則因爲我們不能從**時間**中任何原
初的〔首始的〕決意之活動推出此性向，或**毋寧**說推演出此性向之
終極來源，是故我們名**此性向**曰決意之一特徵，它**自然地**〔於人生
時〕繫屬於此決意（雖然事實上它是**被見於自由中**）。現在，當我
們對於一人而說「他本性上〔生而〕是善的或惡的」時，我們之有
理由應用此語不是應用之於某個人（在應用之於某個人之情形中，
此一人可被認定爲本性上是善的，另一人可被認定爲本性上是惡
的），而是應用之於全族類，而其被應用於全族類是當以下一點已
被展示於人類學的研究中時，它始能被證明，即當這一點即：「那
『使我們有理由把善或惡兩性格之一當作內在而固有的〔生而有
的〕而歸之於一人』的那些理由〔證據〕是這樣的，即：茲並無理
由去把任一人除之於善惡之外，因此，『把善或惡兩性格之一當作
內在而固有的而歸之於一人』這種歸屬是在族類上有效的」這一點
已被展示於人類學的研究中時，它始能被證明。〔意即「人本性上
〔生而〕是善的或惡的」一語之被應用於全族類是只當如此云云時
始能被證明。〕

〔譯註〕：「性向，即格言之採用之基本的主觀根源（終極的主觀

根據），只能是一，而且普遍地應用於全部的自由之使用」。此中所謂「性向」即是生而有的或善或惡的性向，「生之謂性」下的性向。「只能是一」意即不論是善或惡的性向，其爲格言之採用之主觀根據，這主觀根據只能當作是**獨一**的而且**終極**的看，不能當作系列中的某一步格言之採用之根源看，因爲若如此看，則此步採用之根據還當有一個東西作其根據，但既是生而有的基本性向，則縱使可如此追問，那所追問至的另一步採用之根據還是此生而有的性向之自己，因此，此生而有的性向之作爲基本的主觀根源（終極的主觀根據）只能是一而不能分拆之而爲一系列由一系列以推尋那最後者，因此，它本身就是**終極的**。因此，前文説它不可測度，難以透視，而本段又説它爲自由決意所接納，這接納之主觀根據或原因不能再進一步爲吾人所知，因爲還是它自己。此實等於佛家所謂「無始以來法爾本有」。因其是獨一而終極，故又是普遍地應用於全部的自由之使用者，即普遍地應用於人之全部自由決意，全部的格言之採用。善的性向之爲主觀根據是爲一切善的格言之採用之主觀根據，惡的性向亦然。一個邪惡的人他總是到處作惡的決意，而其惡的決意之主觀根據就是他的惡的性向。一個有德的人總是到處作善的決意，而其善的決意之主觀根據就是他的善的性向。縱或一個人不是到處作善或惡的決意，而是有時作有時不作，但不管你作或不作，那作或不作底分別相對應的**主觀根源總是一**，即總是這或善或惡的性向。

　　當吾人説在人之自由決意中善惡格言之採用（自由之使用）之**分別對應的主觀根源總是一**，這雖足以表示「性向在關涉於道德法則中決不會不相干，總是或善或惡必居其一」，然而這卻並不足以表示人之生而有的本性並無告子所謂中性義即材料義。因爲在關涉於格言之採用中，人之生而有的性向原只是一**潛伏的傾向**。決意有

善惡，格言有善惡，相應的性向當然亦有善惡，但此善惡卻非是**理性上之定然的善惡**，人無生而有定然的善性向或定然的惡性向者，即使是上上根器如聖人亦不能於此說定然的善性向。因此，人之性向相應於決意之善惡而成爲善的性向或惡的性向必須是經由**引導**而爲人所習成的。因此，人對之須負責。因此，康德說人就是善惡性向之造成者，人之得有之是習得而有之，只是不在時間中之某時得有之，因此儼若無始以來法爾本有，即生而有，但並非因此生而有便與人爲不相干。既與人爲有關，它原初就是中性的，只是一**材料**，此亦並非不可說。康德以「生而有」說内在而固有，好像是先天的，但此先天實只是**生物學的先天**（故須通過人類學的研究），並不是**超越意義的先天**，因此，又說它是可習得的（人所造成），只是不在某時被習得（被造成）。說不在某時被習得實是等于說在一無限定的**時間長串中**被習得，因此，儼若生而有，無始以來法爾本有，其實父母、祖先、種族之長串歷史俱在内，故「生而有」亦可說即是**遺傳**，此種先天即是**生物學的先天**，故與習得不衝突也，因爲它總是與格言之採用掛鈎，就此而言，人是它的造成者。若不如此，它只是一潛伏的傾向，說不上道德地善或惡，就此而言，它是**中性**的。說人是它的造成者是把它提起來說，繫之於自由的決意中；說它是生而有是把它放下說，推之於**長串歷史**中。此如唯識家就菩薩之六種殊勝（即六根殊勝）而說其無始以來本有無漏種，此「本有」實亦即是生物學的先天，亦即等於經過一長串的熏習而成，不能定其在何時熏習成也。即因此故，說它是「法爾本有」；亦因此故，可說它總由熏習，雖不知其在何時熏成。說熏成便須與「善的決意，善格準之採用，自由之善的使用」掛鈎，此在佛家便是親近善知識，聽聞佛法等。說「法爾本有」即是說菩薩（不是每一眾生）生而有這善的性向（無漏種）。一定要這樣兩面說始得。

若只說「生而有」，不提起來落實於熏習（所謂繫之於決意），那便成定命菩薩，與修行無關，此固不合佛家一般大乘之義旨，亦不合唯識家之義旨。但須知此「法爾本有」之無漏種尚不是如來藏自性清淨心也。清淨心不可就六根殊勝言，亦不可以種子言。種子還是屬於善惡性向之事，故總屬於**氣性才性**者，此並非是**超越的根據**。善惡性向是**決意之主觀根據**，縱使屬於氣性才性，有限定性，然亦可化。其可化之**超越根據**在佛家是清淨心，在儒家是本心（良知），在康德是「道德法則即動力」（其為動力虛而不實）。善惡性向既是決意之主觀根據（屬於生而有的氣性才性者），是故康德說它不能是一「經驗之事實」（不能是一被顯露於經驗中之事實）。但是須知這「不是一經驗之事實」是只就其為「生而有」言，這不是超越意義的先驗之為非經驗的。如說道德法則、範疇、時空等之為先驗的，非經驗的，這是超越意義的先驗，這先驗是定然的先驗。但說屬於氣性的善惡性向之為非經驗的是只就「生而有」言，若落於長串的熏習說（雖不定其在何時熏成），它仍是可經驗的即仍是在經驗中被習成，因無生而定然的善惡性向故。定然的善只能就「本心即性」之義理的性說，此則不可以「生而有」言，亦不可以**或善或惡**言。定然的惡只是不依良知之天理行，如是，依良知之天理行便是定然的善：此是就體現或不體現（違反或不違反）良知天理之行為而說定然的善或定然的惡。至於能不能體現良知之天理當然有需於氣性或才性，此則可以「生而有」言，卻不可於此說定然的善性向或定然的惡性向；對此只可說：縱使是善性向亦可有時作惡事然而終可使之全作善事，縱使是惡性向亦可漸轉化之而使之成為善性向以作善事。是故不論善惡性向最終總可轉化之而使之成為完全善的性向，而「轉化之」之**超越的根據**則在「本心即性」之義理之性自身即是動力，此如孟子以及陸、王之所

說，以及佛家言如來藏自性清淨心者之所說，而康德在此則說得不
夠。

※　　　　　※　　　　　※

〔案：以上爲康德《理性範圍內之宗教》一書中首部開端綜論
之譯文與疏導。此下康德分五段作詳論：

Ⅰ　人性中根源的向善之才能（Anlage）

Ⅱ　人性中「性癖於惡」之性癖

Ⅲ　人本性上是惡的──「無人可生而免於惡」（Horatius
語）

Ⅳ　人性中惡之起源

Ⅴ　一般的註說：論根源的向善之能之恢復──復而至於其全
力〕

Ⅰ　人性中根源的向善之才能（Anlage）

我們可方便地在三項之分下視此向善之才能，這三項之分是就
其目的〔功能〕而分者，分之爲三項以爲**人之定性**中之成素。
〔案：定性原文是 Bestimmung，「人之定性」阿保特譯爲「人爲
之而存在的那目的」，此不甚達。格林譯爲「人之固定的性格與目
的」，此較好。案：在此譯爲「人之定性」即可，如佛家所謂「定
性衆生」之定性。〕

三項之分如下：

(1)才能之屬於「人之爲一有生命的存有之**動物性**」者；

(2)才能之屬於「人之爲一有生命的而同時又是有理性的存有之
人情性」者；

(3)才能之屬於「人之為一有理性的而同時又是負責的存有之人格性」者。〔原註〕

〔原註〕：〔關於此第三項，康德有註云：〕

此才能必不可被思量為已含在「前第二項人情性之才能」之概念中，它必須必然地被視為一**特殊的才能**。因為由於「一存有有理性」，這並不能隨之就說：此理性包含有這麼一種能力，即它只因著「自由決意之格言之有資格為普遍法則」之表象而即可無條件地決定人之自由決意，因而得明其自身就是實踐的，這麼一種能力。此層意思並不能隨由於一存有有理性之故而來，至少如我們所能見到者，此層意思並不能隨之而來。〔案：意即如我們所能見到者，人固有理性，但並不能因此就說：理性能單因著「人之自由決意之格言之**合普遍法則**」之表象而即可無條件地決定人之自由決意，因而得明**其自身就是實踐的**。因為吾人有夾雜故，是故雖即有理性，其理性亦**不必**卽能如此。此如下文所說。理性既不見得能如此，是故那屬於人格性中之才能必須被視為一特殊的才能，即人作為一理性的而同時又是可答責的存有看，他必有一種特殊的才能以助成其人格性。故康德又說：此才能必不可被視為已含在「前第二項人情性之才能」之概念中，又它亦不可被視為是「**自然者**」，因為它仍須與格言之採用，自由之使用掛鉤，因此，人始可答責或始可為負責者。若純為既成之自然之事，則人便不可答責，便可不負責其所為。因此，此才能必須被視為是**習得者**。只是不知於何時習得，因而可說是無始以來生而有，即人之本性中有此向善之才能。此如前開端綜論中之所說。〕

世界上最有理性的〔有限而可變滅的〕存有仍可有需於「從性好
之對象而來到他身上」的某種激發力，有需於此種激發力以便去
決定其自由決意；而且亦可把最有理性的計算應用於這些激發
力，即比照著這些激發力之最大的綜量，並亦比照著爲這些激發
力所決定的「達到對象或目的」之手段，而把最有理性的計算應
用於這些激發力；而這樣應用之卻亦並不會懷疑到像道德法則這
類事之可能性，所謂道德法則乃即是那絕對地發布其命令者，並
且亦就是那宣布其自身就是一動力者，就是最高的動力者。假定
此道德法則不在我們心中被給與，則我們必不能因著推比計算的
理性而去把它如此這般地發見或造作出來，或去勸服吾人之自由
決意去服從它；可是這道德法則卻就是這唯一「能使我們意識到
我們的決意之**獨立不依**於那因著任何其他激發力而成的決定〔**我
們的自由**〕」者，而且同時它亦是那唯一「能使我們意識到我們
的行動之可咎責性」者。〕〔*案：道德法則自身是動力，這是一
層；屬於我們之爲有理性的可咎責的存有之人格性中的那才能又
是另一層。*〕

1.屬於人之**動物性**的才能〔本能〕可概括於「物理自然而純機
械的自利」之通稱下，即是說，這類的才能不需要有理性。這些才
能可有三重：第一，一個人自己之自我保存之才能；第二，其族類
之繁衍以及其子孫之保存之才能；第三，與他人交通即社交合群性
之才能。好多邪惡可以接合於這些才能上，但是這些邪惡並不是由
以這些才能自身爲根而來。這些邪惡可以叫做是**本性之粗野**之惡，
而依其極端歧離〔這些才能之〕自然目的而言，這些邪惡遂變成**野
獸式的惡**：饕餮無度，肉欲淫亂，以及粗暴無法（在對他人之關係

中）。〔案：此即荀子所謂性惡。這些動物性的才能之自然目的本身並無所謂惡。就其原初自然目的而言，它們也可以說是向善之能，雖然是低級的。〕

2.屬於人之**人情性**的才能可以概括於「物理自然而卻是較量的自利（此需要有理性）」之通稱下，即是說，這種才能是只依與他人相比較而估計一個人自己之為幸運或不幸運之才能。由此才能，遂引出以下之傾向，即想「去得到一種依他人之意見而成的價格」之傾向，而這種傾向根本上就只是「**均等性**」之傾向，即：不允許任何一個人可有優越於我們自己之優越性，這種不允許與一種經常的恐懼相連繫，這恐懼即是「懼怕他人努力去得到這優越性」之恐懼，由此恐懼，最後遂發生一種不義的慾望，妄想去為我們自己得到優越於他人之優越性。基於**嫉妒**與**敵對**這孿生之雙支，可有最大的邪惡被接合於其上，這最大的邪惡即是「公開或秘密的敵視——敵視那一切我們視之為不屬於我們者之敵視」之邪惡。但是，這最大的邪惡，恰當地說來，並不是自然地由大自然而發出，以大自然為其根，它但只是這樣的，即：由於恐懼他人努力去得到一可恨的優越於吾人之優越性之故，此最大的邪惡實乃即是一種傾向——傾向於「去為我們自己獲得這優越性以為一防禦的措施」之傾向。它雖不由大自然而發生，然而大自然卻必會使用「這樣的競爭」之觀念，其使用之也，只是把它當作文化上的一種動力或激勵而使用之；這樣的競爭，依其自身而言並不排拒**互愛**。因此，凡接合於此傾向上的那些邪惡可被名曰**文化上的邪惡**，而在它們的最高度的惡毒中（在此最高度的惡毒中，它們只是那走出人情人道以外的惡之極度之觀念），例如在嫉妒中，在忘恩負義中，在怨毒中，等等，

它們即被名曰**惡魔式的惡**。

〔譯者案〕：依與他人相比較而期望一種「均等性」這種自利之
俗情原初只是在維持生存之資具之享用上之相爭勝，即你能有
此，我亦要有此。孟子說「不恥不若人，何若人有？」這是指進
德修業之上進心而言，這是屬於善的羞恥心。若不以不若人為
恥，則你還有什麼能比得過人呢？你必落於頹墮，事事低於人。
就維持生存之資具之享用言，這俗情雖屬於低級的，即屬於自利
的，所謂幸運或不幸運，然原初亦並不算壞，即這種相爭勝之
競爭於文化或文明之促進是一種激勵。故康德把它列於人之**人情
性**（即俗情性）中的向善之能。「人情性」是"humanity"之譯
語。這個字是很難翻的，我在他處亦譯為「人之為人之人」，這
是可上可下的，在此是比較低級的，因為是屬於自私自利（self-
love）的，故我在此即譯為「人情性」，此情即俗情也。屬於人
之俗情性之能即是相爭勝之能。因為較量的自利需要有理性，故
此相爭勝之能亦需要有理性來助成，非如人之動物性那樣純屬機
械的。此原初並不算壞，即康德所謂「並不排拒**互愛**」。

你能這樣享用，我亦要這樣享用。但要如此，不必真能如
此。人不能到處都是一樣的。故此「均**等性**」之期望常是不能實
現的。因此，在此期望中，常伴之以經常的恐懼，恐懼他人優過
於我。盡我之力期望和人一樣這是可以的，我們在這裡也可以用
上孟子那句話：「不恥不若人，何若人有？」但**不允許**有任何人
優過於我，這樣的均等便不正常；怕他人之由努力以得優越性，
這種**懼怕**更不正常，這懼怕中就含有一種敵視、**嫉妒**，與仇恨。
由這種仇恨而發「我必優過你」之欲望，這欲望就是一不義的欲

望，不正當的欲望。全部共黨底罪惡皆源於此反動的不義的欲
望，假借均等之名以行惡而不知其要求均等原發自一嫉妒仇恨心
也。早已失原初由「恥不若人」之羞恥心而發之公平競爭之義
矣。羞恥心轉為嫉妒仇恨心，遂至一切毀之而不惜。康德名此曰
「文化上的惡」，蓋公平競爭是文化進步之激勵，而此惡則足以
毀滅文化而有餘。毛魔之文化大革命（大毀滅）非無故也。彼以
左派來掩飾，而世人亦只以左目之，殊不知此根本不是左右之問
題，而乃是善惡之問題也。而此種惡實是「魔道之惡」，並非普
通之惡也。而時下之中國知識分子竟見不及此，而為其所惑，蓋
亦虛浮淺薄之甚矣。

　　3.屬於人之人格性的才能即是「能夠尊敬道德法則」之能夠，
此所謂「尊敬道德法則」乃即是一種「其自身為足夠」的自由決意
之動力，〔或其自身即為自由決意之足夠的動力意即不假借於感性
或對象或為什麼之故，而即足為自由決意之動力，而其自身即足為
自由決意之動力的那能夠尊敬道德法則之能夠便即是屬於人之人格
性的那才能。〕「能夠純然的單只尊敬我們心中的道德法則」之能
夠必即是道德情感，此道德情感〔單只尊敬道德法則之尊敬之情〕
並不能單以其自身即可自行構成自然才能之一目的，但只當它是吾
人之自由決意之一動力時，它始能構成自然才能之一目的。現在，
由於「其足構成自然才能之一目的」這一點只有因著自由的決意之
把它採納之於此決意之格言中始可能，是故這樣一種自由決意之性
格即是善的性格，這善的性格，就像自由決意之每一其他性格一
樣，乃是某種只能被獲得〔被訓練成〕的東西，但是雖然如此，可

是這善的性格之**可能性**卻需要在我們本性內有一種**才能**之存在,在此才能上,絕無什麼是惡的東西可以被接合得上。單只道德法則之觀念,連同著與道德法則之觀念不可分離的尊敬,恰當地說來,並不能被名曰屬於人格性的才能;它是**人格性之自身**(全然理智地視之的**人之爲人之理念**)。但是,「我們把此尊敬〔**尊敬道德法則之尊敬**〕採納之於我們的格言中以爲一動力」這一點似乎須有一**主觀的根據**,以附加於人格性上,旣然如此,是故單只此**根據**似乎應受「**屬於人格性**的才能」之名。

〔譯者案〕:此第三項「屬於人之人格性的才能」即是前開端綜論中格言之採用或自由之使用之基本根源或終極根據(不可測度或極難透視之主觀根據)。有此主觀根據,人始能夠尊敬道德法則,故此第三項首句即說「屬於人之人格性的才能」即是「能夠尊敬道德法則」之能夠,這只是先簡單地一説,説「能夠」即預設一使你能夠的主觀根據,單只此根據始應受「屬於人格性的才能」之名。

又以上三項才能,康德原文是 Anlage,阿保特順之譯爲 capacity,吾譯之爲「才能」。才者原初能發之意,才能者原初能發之本有之能也,此即「生之謂性」下本有之性能或性向,故格林即以「預有之性向」(predisposition)譯之,亦通。

※　　　　　※　　　　　※

如果我們依照此三種才能〔性能〕之可能性之條件來考量此三種才能〔性能,預有之性向〕,則我們見到第一種不需要有理性;第二種基於理性,此理性雖是實踐的,卻服役於其他動機;第三種須以理性爲其根,此作爲根之理性單以其自身即是實踐的,即是

說，它是無條件地立法的。人性中的這三種才能〔性能〕不只是（消極地）善的（不抵阻道德法則者），且亦是向善的才能（促進對於道德法則之遵守者）。它們都是根源的，因爲它們是繫屬於人性底可能性者。人可使用前兩種性能以違反前兩種性能之目的，但他不能滅絕那兩種性能。所謂一存有之性能，我們可由兩方面來理解：旣理解之爲一存有之構成成分，亦可理解之爲性能之結合之各種形態，此兩義之性能即是使一存有爲一如此這般之存有者。如果這些性能對於這樣一個存有底可能性爲本質地必要者，則它們便是根源的性能；如果一個存有即使沒有這些性能，其自身亦應是可能的，則這些性能便是偶然的。又須應知者，即：我們在這裡所說及的性能只是那樣的一些性能，即那「對於欲望機能並對於自由決意之運用有直接的關涉」的那些性能。

　　〔譯者案〕：此三種才能雖總標爲人性中向善之才能，然皆可好可壞，如屬於人之動物性的才能可使人造成野獸之惡；屬於人之俗情性的才能可使人造成魔道之惡；屬於人之人格性的才能可使吾人採用善的格言，亦可使吾人採用惡的格言，可使吾人尊敬道德法則，亦可使吾人不尊敬道德法則，惟在此正文中，康德不如此論，只簡單地就向善而言，在開端綜論中，則向善向惡兼及之。因爲三種才能皆有好壞兩面，故皆屬「生之謂性」下之才能，非孟子所謂「良能」。良能是從義理的仁義之心言，是普遍而定然的，人皆有之。

Ⅱ　人性中「性癖於惡」之性癖

　　所謂性癖，我理解爲一種**性好**（習慣性的渴望

concupiscentia）**底可能性之主觀根源或根據**，只要當這性好就人一般而言是偶然的時〔只要當人類一般易陷入此性好時──依格林譯〕。〔原註〕

　　〔譯者案〕：此一整句可變文順通如下：
　　所謂性癖，我理解爲是如此，即：設就人一般而言，偶有一種性好即習慣性的渴望，如是，則所謂**性癖**即是此性好──習慣性的渴望**底可能性之主觀根源**。
　　如依格林譯，則當如此順通，即：
　　所謂性癖，我理解爲是如此，即：設有一種性好──習慣性的渴望，此性好──習慣性的渴望是人類一般所易陷入之者，如是，則所謂**性癖**即是此性好──習慣性的渴望底**可能性之主觀根據**。

　　〔原註〕：〔關於對於性癖所説的這一説明之整句，康德有註
　　　　　　　云：〕
性癖，恰當地說來，只是「**性向於一種享樂之渴望**」之**性向**，這所謂一種享樂是這樣的，即當人們對於它已有經驗時，它即產生一種對於它之**性好**〔性好於它〕。這樣說來，一切未文明化的人〔野人〕皆對於令人陶醉的東西有一種性癖；因爲雖然好多未文明化的野人並非有所熟知於陶醉，因而他們對於那能產生此陶醉的東西亦不能有任何渴望，然而一個人只需讓他們去嘗試這樣的東西一次，這便〔在他們身上〕產生了對於這樣的東西的一種幾乎不可滅絕的渴望。又，在**性癖**與**性好**之間〔性好預設有所知於對象〕，存有一種**本能**，這一種本能即是一種**切感**──切感有需要去作那或去享樂那「一個人對之尙無觀念」的某事（此如動物生命中的機械的本

能，或性欲的衝動）。在欲望機能中，性好以外，復仍有進一步的東西，此即是**熱情**（此並非**欲情**，因為欲情屬於快樂或不快樂之感），熱情是那「排除了自我控制」的性好〔*不能自制的性好*〕。

性癖是因以下一點而有別於**性能**，即：雖然它可以是內在而固有的，然而它不需被看成是內在而固有的，但只可被看成是**獲得**的（如果它是善的），或被看成是為個人所招引於其自己身上者（如果它是惡的）。但是，在這裡，我們所要說及的只是那「性癖於真正的即道德的惡」之性癖。這所謂真正的即道德的惡，由於其為可能是只當它作為自由決意之一決定時它才可能，而此自由決意之可被判決為善或惡是只因著其格言，它始可被判決為善或惡，由於是如此云云，是故真正的即道德的惡必須即存於「格言之違離道德法則」底可能性之主觀根據中，而如果此性癖可以被假定為普遍地屬於人者（因而普遍地屬於人之族類之特徵者），則它將被名曰人之對於惡之**自然性癖**。我們又可進而說：自由決意之有能力或無能力去採用或不去採用道德法則於其格言中，這種有能或無能，發於自然性癖者，可被名曰**善心腸**或**惡心腸**。

關於性癖於惡之性癖，我們可思議三層不同的級度：第一，那是人心之在遵循被採用的格言中之軟弱無能，或說，那是**人性之脆弱性**；第二，性癖於去把非道德的動力和道德的動力混雜在一起之性癖（甚至有時這是以善的意向並在善之格言下被作成），這是**人性之不純淨性**；第三，性癖於去採用惡格言之性癖，這是**人性**或**人心之邪惡性**。

上說第一，人性之**脆弱性**甚至也被表示於使徒之苦訴中：「現

在我已有意願，但如何去實行，我卻找不到」。此即是說，我已把
善者（道德法則）採用之於我的自由決意之格言中，但此善者，依
其理念而客觀地言之（in thesi），雖是一不可抗拒的動力，然而
主觀地說來（in hypothesi），當格言要被實行時，它卻是較弱者
（與性好相比較為較弱者）。

　　上說第二，人心之**不純淨性**乃存於以下所說之情形，即：雖然
格言依其對象（目標即意在於服從法則）而言是善的，而且或許在
實踐上也是夠有力的，然而此格言卻不是純道德的，即是說，它並
不如其所應當是者那樣單只包含法則以為其足夠的動力，但卻時常
（或許總是）在它以外有需於其他動力以助之，助之去決定自由決
意──決定之至於義務所要求者。換言之，那義務性的行動並不是
純由義務而作成。

　　上說第三，人心之**邪惡性**，或如若你喜歡，也可以說人心之**腐
敗性**，這邪惡性或腐敗墮落性即是自由決意之性癖於這樣的格言，
即它撇開那發自道德法則的動力而不顧而卻單偏愛那「不是道德
的」其他動力。這種邪惡性或腐敗墮落性亦可被名曰人心之**慓執性**
（perversity），因為它在關涉於自由決意之動力中逆反道德秩
序；而雖然合法地善的行動或可與之相一致，然而道德意向（心靈
之傾向）卻是從根上在這慓執性中被敗壞了的，因此，在此慓執性
中，人即被指名為惡人。

　　茲且順便說一點，即：人之性癖於惡之性癖在這裡甚至亦被歸
屬於人們中之最好的人（行為上最好的人）。如果「人們之性癖於
惡之性癖是普遍的」這一點須被證明，則必須有此交代。或不然，
則這裡所交代者乃指表這同一事，即：性癖於惡之性癖是和人性交

織於一起的。

但是，一個有好德行的人（bene moratus）與一個道德地善的
人（moraliter bonus）就他們的行為之契合於法則而言是並沒有什
麼差異的，或至少不應當有什麼差異。但只有這一點不同，即：在
前一種人處，其行為並不總是，或許從未，以法則為唯一而又究極
的動力；而在後一種人處，則其行為總是不移地以法則為唯一而又
究極的動力。對於前一種人，我們可說他服從法則是**文貌地**服從之
（即是說，就法則所命令的行為而論，他是服從法則以為之的），
但是對於後一種人，我們則說：他之遵守法則是**精神地**遵守之（道
德法則之精神即在唯道德法則是一足夠的動力）。凡不是由此誠信
而為者皆是有罪的（依心靈之意向而言是有罪的）。因為如果在法
則自身以外，其他動力（如渴望令人尊重、一般的自我愛重，或甚
至是善性的本能如噓寒問暖之同情心等）亦是必要的，必要之以去
決定自由決意，決定之以至於那符合於法則之行動，則這些動力之
與法則相一致〔引發行為之符合於法則〕只是偶然的，因為它們同
樣亦可驅策吾人至於法則之違犯。既然如此，則在此情形下，格言
便是相反於法則者〔格言之善是一個人之一切道德價值之尺度〕，
而雖然人之行動盡皆是善的，然而此人卻總是一壞人。〔案：**此如
鄉愿。**〕

要想去規定此性癖之概念，以下之說明是必要的。每一種性
癖，它或是物理自然的，即當作一物理自然者而繫屬於人之自由決
意；或是道德的，即當作一道德性者而繫屬於人之自由決意。依性
癖之第一種意義而言，茲並無所謂「性癖於道德的惡」之性癖，因
為性癖於道德的惡之性癖必須由**自由**而發動；而一種（基於感性衝

動的）物理自然的性癖之**性癖於自由之任何特殊的使用**，或爲善而使用或爲惡而使用，這乃是一種**矛盾**。〔案：既是物理自然的性癖，便不能有任何自由之使用，有之便是自相矛盾，因此，就物理自然的性癖而言，並不能有性癖於道德的惡之可言。〕因此，性癖於惡之性癖只能當作一道德性的能力而附著於自由決意中。現在，除我們自己的**行動**外，再沒有什麼東西而可以是道德地惡的者（是可以被咎責者）。另一方面，所謂性癖之概念，我們理解之爲自由決意底決定之**主觀根據**，此主觀根據是先於任何行動而存在者，因而其自身並不是一**行動**。因此，在一純然的性癖於惡之純然性癖之概念中必會有矛盾發生，除非「行動」一詞可依兩不同的意義而被取用，此兩不同意義的行動皆可與自由之概念相融洽。現在，「行動」一詞，一般地說來，可有以下兩種應用，即：**一方面**，它可應用於這樣的「自由之使用」，即因著此自由之使用，最高而究極的格言被採用於一個人的自由決意中（所採用的格言或符合於法則或違反於法則）；**另一方面**，它亦可同樣應用於這樣的「自由之使用」，即在此自由之使用中，諸行動自身（就其材料而言，即就自由決意之對象而言）是依照那究極的格言而被作成者。「性癖於惡」其爲一行動是依**前一義**而言的行動〔即採用惡格言之行動，**根源的行動** peccatum originarium，此實只是一種存心，無形的行動〕，而同時它復又是每一**後一義**的行動〔即依照究極格言而行之行動，**引生的行動** peccatum derivativum〕之**形式的根據**，此後一義的行動依其材料而言，是違犯法則者，並亦是被名曰「惡的」者；而縱使此後一義的行動之罪過（由法則自身外的其他動力而成者）可時常被避免〔案：由於掩飾或假仁假義而被避免〕，然而前

一義的行動之罪過卻仍自若。前一義的行動是**智思的行動**，它只因著理性，離開任何時間條件，而即爲可認知的；後一義的行動是感性的，經驗的，且是被給與於時間中的。前一義的行動，與後一義的行動相比較，特別被名曰「**純然的性癖**」；而且它是**內在而固有的**，因爲它不能被根除（蓋因爲它若能被根除，這必需要最高而究極的格言**定須是善**，然而由於此性癖自身之故，究極的格言須被假定爲是**惡的**），特別又因爲這一點，即：雖然我們的究極格言之敗壞是我們自己的行動，然而我們卻不能再把任何進一步的原因指派給它，即在把一原因指派給我們的本性之任何基本屬性以外復又再把任何進一步的原因指派給這究極格言之敗壞。〔案：*此即〈開端綜論〉中所謂不可透視的終極根據。*〕適所說者可表明：在本節之開始，我們爲什麼尋求道德的惡之三種根源，簡單地只在那「因著自由之法則而影響我們的採用或遵守此格言或彼格言之終極根據」者中尋求之，而並不在那「影響感性（視爲接受性的感性）」者中尋求之，之故。

Ⅲ 人本性上是惡的——
「無人可生而免於惡」（Horatius 語）

依照上文所已說者，「人是惡的」這個命題只意謂：人意識到了道德法則，然而他卻又把那時而違離道德法則者採用於其格言中。「人本性上是惡的」等於說：惡之可以謂述人是把人當作一**族類**而謂述之；它並不表示說：惡這一種性質儼若可從人之族類之概念（「人一般」之概念）而推出（蓋若如此，則惡必應是必然

的）；它但只表示說：藉賴著對於人通過經驗所知者，人不能不這
樣被判斷，或表示說：惡這一性質可被預設爲在每一人身上，甚至
在最好的人身上是**主觀地必然**的者。

現在，此性癖於惡之性癖必須被視爲是**道德地惡的**，因而它不
能被視爲是一**自然之質**，但只可被視爲是某物而可以歸咎於人由人
負責者，因而它必須即存於自由決意底諸格言中——諸違反法則的
格言中；但是由於自由之故，這些違反法則的格言必須被視爲其自
身是偶然的，可是此一情形是與此惡之普遍性不一致的，除非一切
格言之終極的主觀根據，不管怎樣，它總是與**人情性**交織於一起
的，而且它好像是植根於**人情性**中者；因此，我們可名此性癖爲一
性癖於惡之**自然的性癖**；而縱然如此，但由於人必須總是要蒙受對
於它之責備〔要對於它負責〕，是故它甚至又可被名曰人性中之**基
本的惡，內在而固有的惡**（雖是如此，依然是我們自己所招致於我
們身上者）。

今說「茲必有這樣一種敗壞的性癖植根於人類身上」，這並不
須在請求**例證**之大衆面前正式被證明（所謂**例證**即是人之行動之經
驗所置於我們眼前者）。如果我們想從那種狀態，即「許多哲學家
所依以卓越地期望去發見人性中之自然的善性」的狀態，即從所謂
「**自然狀態**」，去汲取例證，則我們只須看看圖發（Tofoa）、紐
西蘭，以及航人島（Navigator Islands）等處謀殺情景中無理殘忍
之事例，以及西北美之廣大荒原中野人之層出不窮的殘忍事例，即
可，從這些事例裡，無人能有絲毫好處可得①；又如果我們把這些
事例拿來和該「自然狀態」之假設相比較，則我們見出野人生活之
惡，其惡很足夠使我們放棄那種意見〔即人性中自然善性這一自然

狀態之意見〕。另一方面，如果一個人認爲人性可在一**文明的狀態**中較好地被知（在文明狀態中人性之特徵可以較圓滿地被發展），則我們只須傾聽一**冗長憂傷的連禱文**即知不然。這一冗長憂傷的連禱文即是**怨訴人性**之連禱文——

> 它怨訴**隱密的虛假**，甚至最親密的友誼中之隱密的虛假，因此，有這麼一個格言，即「甚至最好的朋友，亦必須在其相互的交往中抑制其信任，即不要輕易信任任何人」，這一格言須被認爲是一個一般的格言；
> 它復怨訴一「**性癖**於去恨一個我們對之欠債的人」之性癖，對欠債而言，一個仁慈者必須總是被預備好的〔案：意即總是期望一仁慈者不索債，借錢即是給錢，不要想再要求還了〕；
> 它復怨訴一**誠懇的好意**，此好意雖是誠懇的，然而它卻允許有這一註腳，即「在我們的最好朋友之不幸中存有某種東西並不是全然不悅於我們者」〔案：即你之不幸不必是我之不幸，休戚與共，管鮑之交，少得很〕；
> 最後，它復怨訴**好多隱藏在表面德行下的其他惡念**，不要說那些不隱藏其惡念的人們之惡，因爲我們常是滿意於叫一個大家都認爲是一惡人的人爲一善人〔案：意即我們常是爲僞善所欺，而不知其僞善背後之惡意，是故此種僞善之惡亦是可怨訴者〕。

這一冗長憂傷的怨訴之連禱文即足以把**文化與文明之惡**（最令人痛

心的惡）表示給一個人，使之從人類之行爲中掉轉其眼光〔即轉其在文明狀態中人性爲較好之眼光〕，蓋恐怕其落於另一種惡，即「不信任任何人或厭惡人類」之惡。〔案：原始道家避人避世即有此病。〕但是，如果一個人仍不滿意〔即不滿意於文化文明之惡之說〕，則他只須考慮那很奇怪地混合兩者之狀況，即考慮國族之外在狀況，旣文明而又野蠻之狀況即可（蓋因爲文明的國族間之互相關係就是一粗野的自然狀態、永久的預備戰爭之狀態之關係，而且這些國族也堅固地決不下決心去離棄這種自然狀態之關係），這樣考慮已，他將知道這些偉大的社團被名曰「國家」②者所採用的原則之何所是，他將知道這些國家所採用之原則是直接地違反於她們所向公眾宣布者，而且其所採用之原則也從未被擱置一邊而不用，這些原則，沒有哲學家尙能使之與道德相契合，說起來更可憐，那些哲學家更也不能提出任何與人性相融洽的較好的原則；這樣說來，所謂**哲學的千年盛世**，即那「期望一永久和平之狀態基於國族之聯合以爲一世界之共和國」之哲學的千年盛世，一般地說來，是被譏笑爲空中樓閣的，恰如**神學的千福年**之爲空中樓閣，神學的千福年乃是那「期望全部人性之完整的道德改進」者。

〔原註①〕：〔關於西北美野人殘忍之事例，康德有註云：〕

此如亞塔皮士靠（Athapescow）印第安人與犬黎（Dog Rib）印第安人間的持久戰爭即是如此，他們之間的戰爭除屠殺外別無目的可言。依這些野人看來，戰爭中的勇敢是他們的最高美德。甚至在一文明狀態中，勇敢也是讚美之對象，並且也是一特殊尊敬之根據，所謂特殊的尊敬即是以「勇敢」爲唯一的功勞的那種職業所要求的

尊敬，而此亦並非是全然無好的理由的。因為人之能有某種東西他
可視之為比生命為更有價值並且他可使之成為他的目的（此即榮
譽，放棄一切自我之私利），這一點即足證明其本性中的一種莊
嚴。但是，經由征服者所用以誇讚其成就（屠殺、不饒恕的屠戮等
等）的那種洋洋自得，我們可知那所謂莊嚴不過只是征服者自己的
優越感以及其所能造成的破壞，其造成此破壞並無任何「他們可恰
當地依之以得有滿足」的其他目的。

〔原註②〕：〔關於國家，康德有註云：〕
如果我們把這些國家底歷史只看成是人之內部的自然〔本性〕之現
象〔人之內部的本性大部分被隱蔽而不為吾人所覺察〕，則我們可
知有一種**機械式的自然之歷程**指向於某些目的，這些目的實並不是
國家底目的，但只是**自然**底目的。只要任何國家有另一國家鄰近於
它，它能希望去征服此另一國家，它即努力以征服來擴張或加大其
自己，並因而力求去達到一普天之下莫非王土的君主制，在此君主
制裡，一切**自由**皆**被熄滅**，而且連帶**道德**、**審美**，以及**知識學問**皆
被熄滅（此是自由熄滅之後果）。但是此一龐然怪物（在此龐然怪
物裡，一切**法律**逐漸皆**喪失其力量**），在其已吞沒了其鄰國之後，
最後它終於亦自行瓦解〔案：所謂「魚爛而亡」〕，而且它因著反
叛以及破裂，遂被分割成若干小邦國，這些小邦國並不努力去形成
一邦聯（一自由的諸聯合國族之共和國），捨此而不為，它們每一
個皆又為其自己重新開始那同樣的征服之把戲，這樣，戰爭（人類
種族底災難）遂不可以已。實在說來，戰爭並不是如此之不可醫治
的惡就像一蓋天蓋地的君主制之**死體**那樣不可醫治（或甚至像一聯
盟制以確保專制主義**將可續存**於任何國家中這樣的聯盟制之死體之
不可醫治），然而如一古人所見，戰爭實造成更多的惡人，比其所

消滅的惡人爲更多的惡人。

〔譯者案〕：此兩註實甚重要，望讀者鄭重思之。人性之惡如此其
甚，文明云乎哉？後一註恰像是說中國。尊想專制與征服者其可不
自省乎？

現在，此惡之根源，**首先**①它不能，如通常之所爲，被置於人
之感性以及由此感性而發的自然性好中。因爲**不只是**感性與由此感
性而發的自然性好和惡無直接的關涉（正相反，它們卻可爲「道德
品質之展現其力量」供給機緣，即是說，爲德性供給機緣），**而且**
我們亦不能對它們的存在負責任（蓋由於它們已被注入於我們的生
命中，我們生而有此感性與性好，是故它們不能以我們爲其造成
者）。雖然如此，然而我們卻須對於性癖於惡之性癖負責，蓋因爲
由於此性癖有關於主體〔人〕之道德性，而且結果亦是被發見於此
主體之爲一自由活動著的存有中，是故此性癖必須當作是此主體自
己之過錯而可歸咎於此主體，由此主體負責，儘管此性癖是如此之
深地植根於自由決意中以至於它必須被說爲是自然地被發現於人之
生命中者。**其次**②，此惡之根源亦不能被置於那立道德法則的理性
之敗壞中，儻若理性可廢止那存在於其自身中的〔其自己所有的〕
法則之威權而且不承認此法則之職責〔不承認由此法則而發生的職
責〕似的；惡之根源之所以不能被置於立法理性之敗壞中，蓋因爲

---

①編註：牟先生於「首先」二字旁加△記號
②編註：牟先生於「其次」二字旁加△記號

這是絕對不可能的。「去思議一個人自己旣思議之爲一自由活動著的存有然而他卻又不受那專屬於這樣一個存有的法則（道德法則）之約束」，這必等於「去思議一個無任何法則而運作著的原因（因爲「決定」之依自然法則而成者已爲自由所排除故）」，而此必是一矛盾。〔案：意即旣以自由爲原因，則此原因便不會爲自然法則所決定，依自然法則而成之決定已被自由排除了，而若其自身又不受道德法則之約束，這便是思議一無任何法則而運作著的原因，無任何法則而運作著的原因便不成其爲一原因，原因而不成其爲一原因，這便是自相矛盾。〕因此，在指派人生命中的道德的惡之根源之目的上，**感性**所含的太少〔說感性是其根源，這說得太少〕，因爲在捨棄那發自自由的動力時，感性只使人成爲一純然的動物；另一方面，**一解除道德法則的理性，一惡性的理性**，彷彿一逕直**惡的理性意志**，這所包含的又太多〔說惡的理性是道德的惡之根源，這說得又太多〕，因爲這樣說，「敵對於法則」之敵對其自身必被弄成是行動之動力（蓋因自由決意不能無動力而被決定故），這樣，主體〔人〕必被致使成爲一**惡魔性的存有**。以上兩種說法皆不是可適用於人類者。

現在，雖然人性中性癖於惡之性癖之存在可藉賴著經驗，從人之決意與道德法則間的**時間**中之**現實敵對**，而被證明，然而這種證明並不能把此性癖之恰當本性以及此敵對之根源告知我們。此性癖有關於「自由決意之關聯於道德法則」，而此決意由於是自由的，故其概念亦不是經驗的，而道德法則由於其自身即是動力，故其概念亦同樣是純理智的，不是經驗的，是故此性癖之本性必須從**惡之概念**而先驗地被認知（只要當**自由**之法則即「**責成與負責**」之法則

涉及此惡時，或只要當惡之可能是只在自由之法則下即責成與負責
之法則下始可能時）。以下所說是此義之發展：

　　人（甚至最惡的人）並不好像是在任何格言中皆是反叛式地廢
棄道德法則者（放棄對於道德法則之遵守者）。正相反，此道德法
則因著人之道德的本性或性能不可抗拒地把它自己加諸於人，而如
果沒有其他動力對反於道德法則，則人必也可把道德法則採用之於
其究極格言中以為其自由決意之充分的有決定作用的原則，即是
說，人必會是**道德地善的**。但是，由於其物理自然的本性（此同時
亦是不可咎責的）之故，人亦依靠於行動之感性的動力，並且亦把
這些感性的動力採用之於其格言中（因著主觀的自私自利之原則而
採用之於其格言中）。但是，如果人採用這些感性動力於其格言
中，採用之以為單以其自身即足夠去決定其決意而並不顧及道德法
則（其心中所有的道德法則），則人必應是**道德地惡的**。現在，由
於人自然地會採用那兩種動力於其格言中，並由於他會見到每一種
動力（如若此每一動力真是單獨存在的）即足夠去決定其決意，是
故如果格言底區別只依靠於動力底區別（即只依靠於格言之材質或
內容之區別），即是說，只比照動力之為法則所供給抑或為感性之
衝動所供給而有區別，那麼，他必同時既是道德地善的又是道德地
惡的，而此（如我們在〈引論〉中所已見到者）是一矛盾。〔案：
括弧中所謂〈引論〉即前〈開端綜論〉。〕依此，一個人是否是善
抑或是惡之區別並不存於其所採用於其格言中的**動力之區別**，但只
存於**動力之隸屬關係**，即是說，存於在那兩種動力中他使那一種動
力為另一動力之條件（即是說，不存於**格言之材質**，但只存於格言
之**隸屬形式**）。既然如此，則結果便是：一個人（甚至最好的人）

其為惡是只因以下所說之情形而為惡，即：他在採用動力於其格言中時，他**逆反了動力之道德次序**；實在說來，他此時採用道德法則是把道德法則和自私之法則一同採用之；但是由於他又覺得那兩種動力不能一起停留於同等的地位，而是這一動力必須隸屬於那作為其最高條件的另一動力，是故此時他遂使「自私以及自私之諸性好」之動力成為遵守道德法則之條件；然而實應相反，即道德法則實應當被採用於自由決意之一般格言中以為唯一的動力，蓋由於道德法則是「約制自私以及自私之諸性好之滿足」之最高條件故。

兩種動力雖即這樣因著一個人的格言而被弄成倒轉的，違反於道德的次序，然而人之行動仍可表面符合於法則，恰似這些行動已由真正的原則而發出。此由以下之情形可見，即：只要當理性應用格言一般之統一性（此統一性是專屬於道德法則者）只為的想把一種「不屬於諸性好之動力」的統一性引介之於諸性好之動力中而應用之，其如此應用之是在幸福之名下而如此應用之，只要當理性是如此云云時，上說之情形〔*即行動表面符合法則之情形*〕即可出現。（例如忠誠，如果它被採用為一原則，它可以使我們免於說謊時憂心焦慮於去維持說謊之一貫，並使我們不被纏夾於說謊之狡猾如蛇之盤旋中而使我們說謊說得一往無阻：此時即假忠誠之原則以維持說謊格言之動力之統一性——表面行動似忠信，而其實是偽善。）在此情形下，行動之**經驗性格**〔*表面可見者*〕是善的，而其**智思的性格**〔*不可見者*〕卻是惡的。

現在，如若在人性中存有一「性癖於**此**」之性癖〔*即性癖於動力逆轉以顛倒道德秩序之性癖*〕，則在人類中即存有一自然的「性癖於惡」之自然性癖；而因為此性癖自身終極地說來，必須在一**自**

由決意中被尋求，而因此之故，它又是可被咎責的，是故它即是道德地惡的。此**惡**是**極端而基本的**，因爲它敗壞了一切格言之根源；而同時又因爲它是一自然的性癖，是故它不能因著人的力量而被滅絕，蓋因爲其被滅絕只能因著善的格言而作到，而當「依據假設，一切格言之終極的主觀根源是敗壞了的」之時，善的格言又不能存在。縱然如此，「去克服這基本的惡」這必須是可能的，因爲這基本的惡是在那「作爲一自由活動著的存有」的人生命內被發現的。

依是，人性之**邪惡性**似不甚可被名曰「惡」，如果「惡」一詞依其嚴格的意義而被理解，即把它當作一種性向（格言之主觀原則）──性向於去採用惡者〔**違反法則者曰惡者，即當作如此惡者看的惡者**〕於一個人之格言中以爲一動力，這樣一種性向而被理解；如果，「惡」是這樣被理解，則人性之**邪惡性**實不應被名曰**惡。**（因爲那邪惡性是**惡魔式的邪惡**）；它但只寧可被名曰「人心之愎執或邪執」〔perversity of heart〕，此人心之愎執由於其結果之故，它亦可被名曰一邪惡的心〔**案：愎執久了即成一邪惡的心**〕。此邪惡的心可與那「一般言之是善的」那意志互相共存，而且它是由人性之**脆弱性**而發生（此人性之脆弱性是不夠有強力去遵循其所採用之原則），並與人性之**不純淨性**結合於一起（所謂不純淨性即是不能因著道德規律〔**塞勒巴譯：不能因著道德性之估量**〕而把行動之諸動力，甚至好意的行動之諸動力，互相區以別）；而這樣，此邪惡的心最後其極便只注意於由此心而發之諸行動之**合法則性**，而不注意於此諸行動之**實應由法則而引生**，即是說，不注意於法則自身之爲**唯一的動力**。現在，雖然這情形並不總是引起不合法的行爲，且亦並不總是於此外復引起一性癖於不合法的行爲即性

癖於惡行之性癖，然而把「惡行之缺如〔不存在〕」視為即是心靈〔意向〕之符合於義務之法則（視為即是德）這一習慣〔這一思想之模式〕其自身必須被名曰「人心之一**基本的邪執**」〔因為在此情形中，格言中之動力是全然不被注意的，但只「遵守於法則底文貌」被注意。〕

此種邪惡的心名曰**內在而固有**的罪過（innate guilt, reatus），所以如此名之，是因為即當自由之使用顯示其自己時，此邪惡的心即可在人之生命中被覺察出來，而縱然如此，它卻必須發於自由，因而它可被咎責。它在其首兩級度中（即脆弱性與不純淨性這兩級度中）可被看成是無意的罪（culpa），但在第三級度中〔即人心之邪惡這一級度中〕則被視為是有意的罪（dolus），而且它為「人心之某種**惡毒性**或**陰險奸狡性**〔malignancy, insidiousness：Tücke〕」（dolus malus）所表述，人之此惡毒性的心就其自己所有的善的或惡的性向而欺騙其自己，而只要由此心而發的行動無惡的結果〔依由此心而發的行動之格言而言，此諸行動實可有惡的結果〕，則此心關於其自己所有的性向便無什麼足以使其自己有不安處，而且正相反，它反堅持其自己為在道德法則面前為正當者。因此，在行動中〔行動即是「於其中法則不曾被商及或至少不曾是最重要的考慮者」的行動，即在如此之行動中〕，當人們只曾有好運去避免惡的結果之出現之時，許多人遂有了**良心之安和**（所謂許多人，即是依其自己之意見覺得自己是很有良心的那些人）。這些覺得自己有良心而且更覺得自己於良心已無愧有了良心之安和的人或許甚至還想像其自己很有美勝處（merit），並不覺得他們自己有任何「他們所見到的旁人所曾捲入其中」的那違犯法

則之罪；他們並不曾究問好運是否可為此不犯罪而被感謝，亦不曾
究問假若他們不曾因著那「足以引人入惡而卻不可歸責於我們」的
那無能、氣質、教育、時空之環境等而避開惡或免於惡，則那「如
若他們願去發見之，他們必能發見之於他們最內部的本性中」的性
向便是否一定不會引他們去作那同樣的惡。此種不誠實，即「我們
由之以欺騙我們自己而且它足以阻礙我們生命內的真正道德原則
〔依格林譯：**真正道德性向**〕之確立」的那不誠實，那時亦把它自
己外部地擴張到他人〔**而引起他人**〕之虛偽與欺騙，此所引起的他
人之虛偽與欺騙，如若它不須被名曰惡，至少亦得被名曰「無價
值」，而且它亦有根於人性之基本惡，此人性之基本惡，由於它在
關於對於一個人所形成的評估中敗壞了道德的判斷能力〔依格林
譯：**由於它使道德能力之去判斷一個人須被認為是什麼樣的人成為
不協調不合拍（out of tune）**〕，並既使咎責成為完全內在地不確
定者復又使之成為完全外在地不確定者〔依格林譯：**並使責任之內
在的歸屬與外在的歸屬這兩者皆成為完全不確定的**〕，是故它構成
我們的本性中之腐敗的汙點〔依格林譯：**是故它構成我們種族生命
中的醜惡的汙點**〕，此一汙點，只要我們不能滅絕它，它即阻礙善
之根源〔**善之種子**〕使之不得發展其自己，因為要不然，善之根源
〔**善之種子**〕必會得其正常之發展。

英國國會中一位議員在激烈的爭辯中曾呼叫說：「每一人有其
價格〔**他以有其價格而售賣其自己**〕※。」如果此言是真的（是否
真，一個人可以自己裁決），即，如果茲並無所謂德，以此德，某
種程度的誘惑〔**能打倒此德者**〕不能被發見出來，又如果善或惡的
精靈是否將贏得我們站在它一邊這一問題是只依靠那呼價最高者以

及供給最迅速的支付者而被裁決，則使徒所說以下之語亦可以普遍
地對人有效，即：

> 茲無有不同，他們一起皆是罪人；
> 茲並無一人（依照法則之精神）而行善，
> 決無！決無一人而如此！〔原註〕

※〔譯者案〕：此語依格林譯補。

〔原註〕：〔關於使徒之語，康德有註云：〕
經由能作判斷的理性所宣布的這種定罪之恰當的證明並不含在本
節中，但已含在前節中；這裏所說只包含定罪之確立是因著經驗
而確立，但是經驗決不能在「關涉於法則」的那自由決意之究極
格言中發見此罪惡之根，此自由決意之究極格言，由於它是一智
思的云為，是故它先於一切經驗而存在。依據究極格言之統一
性，由於格言所涉及的法則是一之故，我們也可以見到：在對於
人形成一**純粹理智的判斷**中，善與惡間「**居中之排除**」之原則必
須被假定；但是，在依據感性性的行動（現實的行為）而形成**經
驗的判斷**中，則以下之原則可以被假定，即：在此兩極間，有一
居中之情形；一方面有一消極的不相干〔善惡無關〕之居中情形
先於一切教養而存在，而另一方面，有一積極的折中調和之居中
情形，即一方面是善一方面是惡之居中情形。但是此後者即容中
之情形只是作為現象的人之道德性之估計，而在最後的判斷中，
此後者是要服從於前者即容中之排除之情形的。

Ⅳ 人性中惡之起源

　　一個起源（最初的起源）即是「一個結果之由其最初的原因而引生」之謂，即是說，它即是「一個結果之由如下所說的一個原因而引生，即，此一原因不再轉而又是與之爲同類的另一原因之一結果，即由這樣一個原因而引生」之謂。如此所說的一個起源可依以下兩義之任一義而被考慮，即它或者被考慮爲是一**理性中的起源**，或者被考慮爲是一**時間中的起源**。依前一義而言，那須被考慮者只是「**結果之存在**」；依後一義而言，那須被考慮者是「**結果之現實的生起**」，這樣，這結果是當作一**事件**而被涉及其**時間**中的原因。當結果涉及一個原因，此原因是因著自由之法則而與此結果相連繫，如道德的惡所涉及的原因即是如此，當結果是如此云云時，則「自由決意之決定——決定而至於結果之產生」這種決定便不是被視爲是在**時間**中與其有決定作用的原則相連繫，但只被視爲是在**理性之擬議**〔**表象**〕中與其有決定作用的原則相連繫，而且它亦不能是被推出的，就如由任何**先行狀態**裡被推出那樣而被推出。可是另一方面，當惡的行爲，視之爲世界中之一事件者，涉及其物理的〔**自然的**〕原因時，它卻必須是由**先行狀態**而被引生出。依由先行狀態而引生之方式去尋求自由行動之時間起源（就像尋求物理結果之時間起源那樣），這必是一**矛盾**。同樣，去尋求人之道德性格之時間起源（當這道德性格被視爲是偶然的時），這亦必是一矛盾，蓋因爲此道德性格指表出「自由之使用」之原則，而此自由之使用之原則（就像自由決意一般之有決定作用的原則一樣）必須逕直在**理性之擬議**〔**表象**〕中被尋求。

〔譯者案〕：此最後一句中以及本段前文中亦曾出現之「理性之擬議」，擬議，康德原文是 Vorstellung，此字通常譯爲「表象」（representation），阿保特在此譯爲 conception，其意是想法，實即是「擬議」。如譯爲「表象」，此表象是指理性之提薦活動說，不指現象性的東西，或主觀性的東西，或呈現在眼前的東西說，如《純粹理性批判》中所使用者。關此，我在《純粹理性之批判》之翻譯中有詳註，在《康德的道德哲學》之翻譯中亦隨時有註說。

但是，不管人性中道德的惡之起源是什麼〔或如何被構成〕，關於此惡之通過我們的種族之每一成員而成的流布與繼續以及在一切世代中的流布與繼續所能被取用的一切看法中之最不適宜的看法便是去把此惡表象爲是因著由我們的第一代祖先而成的遺傳而傳到我們身上來者；因爲我們對於道德的惡能說那「詩人對於善所說的」者：「種族與祖先，以及那些我們自己不曾作之的事，我皆不能把它們算作是我們自己的事。」〔原註〕〔…Genus et proavos, et quae non fecimus ipsi, vix ea nostra puto…〕〔案：此見於 Ovid, *Metamorphoses*, XIII, 140-141，依格林譯爲英文而譯。〕

〔原註〕：〔關於不適宜的遺傳說中之遺傳，康德有註云：〕大學中所謂較高級的三學院〔醫學院、法學院、神學院〕可各依其自己之特殊性而說明此種惡之遺傳，即或說明之爲一遺傳的**不治之病**（malady），或說明之爲一遺傳的**負債之罪責**（guilt），或說明之爲一遺傳的**原罪之罪**（sin）。㈠醫學院必會視此遺傳的

惡爲好像是**類乎條蟲**者，關於此類乎條蟲的遺傳的惡，有些自然
主義者實際上是相信：由於它並不能被發見於在我們以外的任何
成素中，亦不能有與此同類者被發見於任何其他動物中，是故它
必須已存在於我們的最初祖先中。㈡法學院必會視此遺傳的惡爲
繼承一最初祖先所遺留給我們的遺產之合法的後果，雖是合法的
後果，但卻擔負著一沈重的罪責（因爲所謂生來本有不過就是去
繼承享有祖先傳下來的俗世財產之使用，只要當這些財產對於我
們的生存爲不可缺少的時）。因此，我們必須償還此欠債（此罪
責），而且此遺產終將被奪去（因著死亡而被奪去）。此很公
道！法律上很公道！㈢神學院必會視此遺傳的惡爲我們的最初祖
先之個人的參與於一墮落的叛逆者之背叛，而傳至我們其情形是
這樣的，即：或是我們自己那時曾協力參與於此背叛（雖然我們
現在不意識到我們曾參與于此背叛），或是現在由於我們是在該
叛逆者底支配之下而生下來（該叛逆者之支配我們恰如此世之君
主之支配我們），是故我們偏愛那叛逆者底支配下之遺產而卻不
偏愛天堂統治者之命令，而且我們亦無足夠的忠誠〔信念〕以使
我們自己去離開那些遺產〔去解脫我們自己〕，爲此之故，我們
此後必須與該叛逆者共享其定數〔即死亡，永不得重生〕。

抑又有須注意者，即：當我們研究惡之起源時，我們並不是首
先要去討論性癖於惡之性癖（潛伏的行動 peccatum in potentia），
但只考論特定行動之現實的惡，我們之考論特定行動之現實的惡是
依惡之內在的可能性，並依那「必須與自由決意同時發生，發生出
來以便去決定自由決意，決定之至於去作這些惡的行動」者〔案：
即惡的格言〕，而考論之。

每一惡的行動，當我們研究其**理性的起源**時，這惡的行動必須
被視爲是這樣的，即：儻若人之已陷於此惡的行動是直接地由**天眞
無邪之狀態**而陷入之。因爲不管人的先行的行爲是什麼，亦不管那
「影響於此人」的自然原因是何類，又不管這些自然原因是內在的
抑或是外在的，此人之行動卻總仍是自由的，而且亦並不爲這些自
然原因所決定，因此，此人之行動既可而又**必須**總是被判決爲是此
人的自由決意之原初的運用之結果。不管此人所可處的環境是什
麼，此人總應可不作此行動；因爲世界中決無一原因此人可因之而
不爲一自由活動著的存有。我們實可正當地說：人是對於其先前自
由而卻是錯誤的〔**違法的**〕行爲之後果負責的；但是此所說者只是
意謂：一個人並不需要依賴於「去裁決這些後起的諸行動即後果是
否是自由的」這一託辭的，因爲在已承認的自由行動〔*曾作爲此後
起的諸行動之原因的那自由行動*〕中即已存有負責之充分根據。縱
令一個人迄至一逼近的自由行動自由行動即將來臨之頃之前〔*其
惡*〕**從未是如此之惡**〔*從未如自由行動時之惡*〕，（甚至這樣一
來，**習慣已變成第二天性**），〔*不管一個人迄至一逼近的自由行動
自由行動即將來臨之頃之前是如何樣的惡*（這樣，**惡事實上已變成
習慣或第二天性**）。──**依格林譯**〕，可是以下之情形仍然是對
的，即：不只是「須是較好一點」這已是他的義務，而且「須去改
進他自己」這在現在仍然是他的義務。依是，他必亦能夠去如此
作，而如果他不如此作，他亦須是負責的，其負責恰如其行動時之
負責，其這樣負責儻若他既稟賦有自然的向善之能（此與自由不可
分離），他已由天眞無邪之狀態而陷入於惡矣。依此，我們必不是
去研究此行動之**時間中的起源**是什麼，但只是去研究其**理性中的起**

源是什麼，藉此研究以便去規定性癖於惡之性癖，即是說，去規定
一犯罪之惡念所因以被採用於我們的格言中的那一般的主觀根據，
設若實有這樣一種性癖，又設若去解明這樣一種性癖是可能的時。

　　《聖經》中描述惡之起源爲人類種族中的惡之開始，在其如此
描述中所使用之表象模式是很契合於以上所說的，因爲《聖經》把
此一惡之開始展示於一故事中，在此故事中，那必須被思議爲在**事
物之本性**〔本質〕中爲首出者（不慮及時間之條件者）顯現爲在時
間中爲首出者。依照《聖經》，惡並不起始於一性癖於惡之性癖以
爲惡之基礎〔譯註〕（非然者，惡之開始必不會發之於自由），但
只起始於罪（所謂罪意即對於作爲神之命令的道德法則之違犯）；
而在一切性癖於惡之性癖以前的那人之狀態則被名曰**天眞無邪之狀
態**。道德法則當作一種禁令而先在，因爲就人而言，必須是如此，
蓋因爲人之爲一存有並不是一純淨的存有，但只是爲性好所誘惑的
存有。（〈創世記〉Ⅱ，16、17）。現在，人不直接遵守那作爲一
足夠的動力的法則（只有法則爲動力這一種動力才是無條件地善
的，而關於此動力決無疑慮可言），而卻到處尋求其他動力（〈創
世記〉Ⅲ，6），此其他動力只能是有條件地善的（即是說，只當
法則不因之而被傷害時它才是善的）。如是，人乃使「不由義務而
服從義務之法則，但只由顧及其他考慮而服從義務之法則」成爲他
的格言（如若我們思議行動爲自覺地發自於自由時）。因此，他開
始去致疑法則之嚴格性，此嚴格性排除一切其他動力之影響；如
是，他又因著狡飾把「服從法則」**化歸到**〔原註〕「純然是有條件
的類乎工具與工具相似者」〔格林譯爲純然有條件的工具之性
格〕，即把它隸屬於自私之原則；因而最後，「感性動力優越於法

則之動力」這種優越遂被採用於行為之格言中，而這樣，他遂犯了
罪（〈創世記〉Ⅲ，6）。「正說著是你的故事，只是名字變更了
一下。」（Mutato nomine, de te fabula naratur： Change but the
name, of you the tale is told.）【編按：此句譯文據牟先生口述之
意修訂。】由以上所說，以下所說是很清楚的，即：我們盡皆作同
樣的事，因而「我們在亞當身上皆早已被致使成為有罪的」，而且
至今仍然有罪。只是在我們身上，**一性癖於罪之內在的性癖**被預設
於時間中，但是在第一個人即亞當身上，正相反，卻是一**天真無邪
之狀態**被預設於時間中。因此，在亞當身上，犯罪被名曰墮落，然
而在我們身上，犯罪是被思議為是隨「我們的本性之**內在的邪惡
性**」而來。但是，所謂性癖於罪之性癖其所意謂的不過就是這一
點，即：如果我們想去致力於惡之說明，說至其時間中之開始，則
我們必須在每一有意的犯罪之情形中追求其原因於我們的生命之一
先前的時期，繼續向後追尋，直至我們達到這樣一個時期，即「在
此時期中，理性之使用尚未曾被發展出來」這樣一個時期而後止。
換言之，我們必須追溯惡之起源追溯到一性癖於惡之性癖（以之為
一自然中之根據），以此之故，此性癖被名曰**內在而固有的**。在亞
當之情形中（亞當被表象為早已有使用其理性之充分力量），這並
不是必要的，實在說來，這亦並不是可能的，蓋因為若這是必要而
可能的，則自然的根據（惡的性癖）必須在他身上已**被創造**出來。
因此，他的罪是被表象為直接地由一**天真無邪之狀態**而產生。但
是，我們必不可對於一「我們對之負責」的道德品質尋求一時間中
的起源，不管當我們想去說明道德品質之偶然的存在時，這種尋求
〔即尋求其時間中的起源之尋求〕是如何之不可避免的（因此不可

避免之故，《聖經》遂可以把惡之時間中的起源這樣表象給我們，
即依適應於我們的此種墮落弱點而把它表象給我們。）

〔譯註〕：此句依格林譯。阿保特譯為「惡並不起始於一基本的
性癖於惡之性癖。」

〔原註〕：〔關於「化歸到」句，康德有註云：〕
只要當道德法則不被允許在我們的格言中有「優越於自由決意之
一切其他有決定作用的原則」之優越性，有之以為「其自身即是
足夠的」一種動力，則一切尊敬道德法則之表白皆是偽裝的，而
性癖於此種偽裝之性癖亦是內部的虛偽，即是說，它是一個人之
性癖於自欺的一種性癖，自欺以至於有損害於道德法則，即在**解
釋之中而損害之**（〈創世記〉Ⅲ，5）；以此之故，《聖經》之
基督教部分把「惡之造成者」（處於我們自己心中的惡之造成
者）名曰「自始即說謊者」，因而遂把人表述為是其自身的惡之
主要根據〔所謂人是就那顯現為是如此者而言的人〕。

但是，我們的自由決意就其採用隸屬的動力於其格言中以為最
高究極的動力而言，其邪惡性或愎執性之**理性的起源**，即是說，此
種性癖於惡之**理性的起源**，卻仍然對於我們是不可測度的，難以透
視的；因為此性癖於惡之性癖其自身必須是歸咎於我們的，因而結
果，一切格言底那個終極根據必復需要有一惡的格言之假定。凡是
惡的者只能由那是道德地惡的者而發（不能由我們的本性之**純然限
制**而發）；然而〔人之〕**根源的構造**〔性向〕卻是「**適宜於善**」的
構造〔性向〕，（其被敗壞只因著人自己而被敗壞，它不能因著人

自己以外的任何其他東西而被敗壞，假若人對於此敗壞負責時）；
依是，茲並不存有任何「對於我們爲可思議」的根源，道德的惡可
由之而首先進到我們的心靈中。《聖經》，依其故事性的描述而
言，它表示此種**不可思議性**，而同時它又更準確地規定我們人類底
邪惡性，其更準確地規定此邪惡性是因著把惡表象爲在世界開始時
之**先行存在**者而規定之，惟惡之爲先行存在不是先行存在於人，但
只**先行存在於**一個**精靈**〔**幽靈、魔鬼**〕，此一精靈它根源上注定有
一高慢的**性格**〔**使命 Bestimmung**〕。這樣說來，一切惡一般之**最
初的開始**是被表象爲對於我們是不可思議者（因爲惡又從何處來到
那個精靈即魔鬼身上呢？），而人則被表象爲已因著誘惑而降落於
罪惡中，因而也就是說，被表象爲不是**基本上敗壞者**（甚至依其原
初的向善之能而言他亦不是基本上敗壞者），但只被表象爲仍然**可
能有改進者**；這樣表象之以便對比於一引誘人的精靈〔**魔鬼**〕，即
是說，對比於這樣一個存有，即在此存有處，肉欲底誘惑不能算爲
足以和緩其罪行者〔案：*意即由於它是一精靈，其罪行僻而堅，肉
欲底誘惑不足以和緩之，意即它可以*抗拒一切肉欲底引誘，*此其所
以爲魔也*〕；這樣說來，人，不管他的敗壞的心意爲如何，他仍然
有一善的**理性意志**，仍然留有返於善之希望，這所返歸之善即是他
曾由之以走入歧途者〔*意即這所返歸之善即是他從它那裡因著誘惑
而誤入歧途或墮落下來者*〕。

V 一般的解說：根源的向善之能之恢復——恢復而至其全力

　　「人依道德的意義而言**是什麼**或**應當是什麼**，他必須使他自己
或已使他自己是什麼或應當是什麼。是什麼或應當是什麼皆必須是

其自由決意之結果。非然者，是什麼或應當是什麼不能歸責於他〔由他負責〕，而道德地說來，他亦必既非是善，亦非是惡。」〔譯註〕當我們說：人被創造成是善的，這只能意謂人被創造成是**向善**的，並意謂人之**內部的根源構造**〔本性或性向〕**是善的**；但是此尚不能使人自己成為是善的，但只依照人採不採用（此全然由其自己之自由決意來裁決）此根源的構造所含有的動力於其格言中而言，人始使其自己**成為是**善的或成為是惡的。今設想一超自然的合作對於使一個人成為善的或成為較好的亦是必要的，如是，不管這超自然的合作只存於阻礙之減少抑或亦存於一積極的贊助，一個人必須先已使其自己「值得去接受此合作並值得去承領此贊助」（此點並非是小事），即是說，值得去把此積極的力量之增益納之於其格言中，因為單只依此路，「善應歸於他」以及「他應被承認為是一善人」，這才是可能的。

> 〔譯註〕：此段開頭幾句，依格林譯如下：
> 人自己必須使他自己或已使他自己成為是什麼，不管依一道德的意義，他所是的或將要成為的是善抑或是惡。不論是善或惡，這或善或惡皆必須是其自由決意之一結果。因為若非然者，他必不能被認為是對之為負責者，因而道德地說來，他必既不能是善亦不能是惡。

現在，「一本性上是惡的人必應使其自己成為一善的人」這如何是可能的，這一問題似乎超出一切我們的思議之外；因為一棵惡劣的樹如何能生出好的花果呢？但是，因為「一棵根源上（就其能

力而言）是善的樹已生出壞的花果」〔原註①〕這是早已被承認了
的，而又因為從善墮落到惡（當由自由而然時）並不比復又從惡上
升至善為更可思議，是故「從惡上升至善」之可能性是不能被爭辯
〔被責難〕的。因為儘管有墮落，可是「我們應當成為較好的人」
這個命令復又在我們的靈魂中以不減弱的力量發出回響；結果，我
們必須是能夠如命令之所命而去成為一較好的人，縱使我們自己所
能作的以其自身而言並不足夠，又雖然我們因而只能使我們自己成
為易受一不可測度的較高贊助者。但是，我們必須預設：一**善之種
子**已依其完整的純淨性而被保留〔仍然自若〕，它不能被毀滅或被
敗壞。這一種子確然不能是「自我愛重」〔原註②〕。自我愛重，
當其被取用為一切我們的格言之原則時，它事實上即是**一切罪惡之
來源**。

〔原註①〕：〔關於「善的樹」，康德有註云：〕
一棵樹，若就其能力〔預有的性能〕而言它是善的，這尚不表示
它事實上就是善的。因為如果它事實上就是善的，它確然不能生
出惡的花果。只當一個人已把「忠誠於道德法則」這一動力（這
一處於其心中的動力）採用之於其格言中，此人始可被名曰一善
的人（樹是一全然善的樹）。

〔原註②〕：〔關於「自我愛重」，康德有註云：〕
「自我愛重」這一詞，以其可允許有兩個完全不同的意義，是故
它常是長期延緩了**判定**之達成，甚至當原則完全清楚時亦然。一
般說的「愛重」以及特別說的「自我愛重」，皆可分為「愛重順
利」（得意順利之愛重 love of good will, benevolentiae）與「愛重

自得」（自得之愛重 love of complacency, complacentiae）這兩
種，而這兩種皆必須（如其是自明的）是理性的。

「採用愛重順利於一個人之格言中」這乃是**自然的事**（因為有誰
不願意其自己順適如意呢？）這亦是**理性的事**，其為理性的事，
第一，是只當就「那與最大以及最永久的福利相一致的目的之被
採用」而言時它為理性的事，第二，是只當就「最適宜的工具之
為每一幸福之成素而被採用」而言時它為理性的事。理性在這裡
有一「服事自然性好」之地位，而以此之故而被認定〔被採用〕
的格言便對於道德無任何關涉。但是，如果這種格言被弄成自由
決意之無條件的原則，則它便是「與道德有不可測度地大的衝
突」之根源。

現在，「**個人自己心中的自得**」之**理性的愛重**可依以下兩路
之任一路而被理解。第一，它或是這樣被理解，即：在上面所提
到的那指向於自然性好之滿足的格言中，我們有一種自得（當自
然性好之滿足這一目的可因遵循那格言而被達到時）；這樣，此
種自得即同於那對於個人自己之自得〔依格林譯：即同於這愛
重，即如關於一個人自己之得意順利之愛重〕。一個人愉悅於他
自己，此正如一個商人其商業上之投機成功了，他慶祝其自己之
明見，即在關於他在交易中所已採用的格言上之明見。第二，要
不然，那「**個人自己心中的自得**」之**理性的愛重**亦可這樣被理
解，即：自我愛重，即那作為「個人自己心中的無條件的自得
（不依靠於作為行動之結果的得或失者）」的自我愛重之格言
〔「**愛無條件的自得**」之自愛之格言〕必應是如下所說的一種滿
足底內在原則，即：這一種滿足其對於我們為可能是只依據「我
們的格言之隸屬於道德法則」這一條件它才對於我們為可能，那
作為「個人自己心中的無條件的自得」的自我愛重之格言〔「**愛**

無條件的自得」之自愛之格言〕即是如此所說的一種滿足底內在原則。沒有這樣一個人，即道德對之爲並非不相干者，這樣一個人，能在其自己心中有自得，或實在說來，能避免一種痛苦的不滿意——不滿意於其自己，當他意識到他的格言並不與道德法則相符合時。那作爲「個人自己心中的無條件的自得」的自我愛重〔「愛無條件的自得」之自愛〕，我們可名之曰「**理性的自愛**」，此理性的自愛使一個人不把那由其行爲之後果（在幸福之名下因著行爲而被得到者）而引出的任何其他滿足之原因和其自由決意之動力〔即道德法則〕相混雜。現在，由於此一義〔即理性的自愛足以使人不以某某混雜某某之一義〕即指示對於道德法則之無條件的尊敬，既然如此，那麼爲什麼一定有一種困難，因著使用「理性的自愛」一詞，而妨礙了原則之清晰的理解呢？〔所謂因著使用理性的自愛一詞而妨礙了原則之清晰的理解，此中所謂「理性的自愛」是這樣的，即：它之成爲**道德的**是只依據上面所提到的那條件，即「格言隸屬於道德法則」這一條件，它始成爲道德的，而即因此，我們遂不免落於循環中，因爲我們亦可說：「只有一個人能依一道德的路數而愛惜其自己，他始能意識到或知道他的格言須是那『使尊敬法則爲其自由決意之最高的動力』者。」〔譯註〕。如是，此又以**愛惜自己**爲先決條件，此便是一種繞圈子的循環。可是爲什麼一定有一種困難，因著使用這樣的「理性的自愛」一詞，而妨礙了原則之清晰的理解呢？〕

〔譯註〕：「只有」云云，「他始能」云云，此句是依格林譯之造句而譯，如此方能表示循環。依阿保特譯是如此，「因爲一個人之能依一道德的路數而愛惜其自己是只就他意識到他的格言是使尊敬法則爲其自由決意之最高動力而論。」如此，則

與說理性的自愛之爲道德的云云相順，不表示循環，故不從。

說到我們人類，由於我們人類之爲存有乃是依靠於一感性之對象
的存有，是故幸福是因著我們的本性〔物理自然的本性〕而爲我
們的欲望之首要而無條件的目標。但是，如果我們對於那一切內
在而固有於我們者，我們皆以本性一般之通名名之，則由於我們
復是一稟賦有理性與自由的存有，是故幸福，因著我們的本性
〔即理性與自由這一本性〕，便遠不足以是我們的格言之首要而
無條件的目標。「是我們的格言之首要而無條件的目標」這一性
格實屬於「值得有幸福」，即是說，屬於「一切我們的格言之與
道德法則一致」。〔案：意即唯「值得有幸福」，唯「一切我們
的格言之與道德法則相一致」，才是格言之首要而無條件的目
標。〕此是這客觀條件，即「單在其下，願望幸福始能與理性之
立法相一致」的那客觀條件，道德底全部箴言即存於此客觀條件
處，而〔人之〕道德的性格則存於那「只允許這樣一種有條件有
制約的願望〔願望於幸福之願望〕」的心靈之狀態中。

〔譯者案〕：「自我愛重」（self-love）這個詞語，如康德所說，
因爲它有兩個完全不同的意義，在中文是很難翻的。我經過了屢
次的改動，始首先如其有兩義而作如此之翻譯。我們應當首先記
住康德說善之種子決不是這「自我愛重」。「自我愛重，當其被
採用爲一切我們的格言之原則時，它事實上即是一切罪惡之根
源。」由此可見，「自我愛重」原不是好的意思。康德在《道德
底形上學之基礎》以及《實踐理性之批判》中用到此詞（未加註
語）皆是劣義，故我即以「自私」譯之，有時亦譯爲「自我貪
戀」。既是劣義，故不可譯爲「自愛」。因爲中國人所謂自愛或

自重皆是好的意思。但是，在這裏，康德對此詞加了詳細的註語，因此，我即如其所說之兩義而譯為「自我愛重」。分開說的自愛，自重，是好的意思，而「自我愛重」則不必是好的意思，而且基本上是不甚好的，佛家說「我愛」是基本惑，當然不好。「自我愛重」雖不是如此之壞，但亦非無此義，故自私、自利亦皆為其所含有，故得為一切罪惡之根源。但此詞既然有兩義，故就某義而加限制時，則它不必定然是壞，雖基本上不算好。因此，「自我愛重」似乎比較能表達其含混之意（不易判定其好壞）。其所含有之兩義即是「得意順利之愛重」（愛順利 love of good will）與「自得之愛重」（愛自得 love of complacency）。

關於「得意順利之愛重」（愛順利），顯然這是以幸福為主，這是自私自利的。人皆願意順利，雖加上理性，亦是計較最大最永久的幸福，故在此，理性只是居於「服事自然性好」之地位。故「得意順利之愛重」這一義的「自我愛重」顯然不是好的。

至於「自得之愛重」（愛自得）這一義的「自我愛重」可依兩路去理解：一是對於個人自己之順利之自得，此即所謂洋洋得意、自我陶醉——陶醉於自己之幸運或利己之成功，此即同於「得意順利之愛重」（愛順利），這當然不能算好。專門重視自己之順利這一種自得，這一種自我愛重，顯然無關於道德，甚至與道德相衝突。另一是對於自得加限制，「自得之愛重」（愛自得）可以理解為「一個人自己心中的無條件的自得」之愛重。在這裏，「自得」便不必說為自我陶醉。這一義的自得之愛重（愛心中無條件的自得）之「自我愛重」可用中文成語的自愛或自重說之，這當然是好的意思。人必須先有自愛自重之心，然後可以進而言自得。所謂「無條件的自得」便是不以計較利害得失或感

性底滿足爲條件。康德以爲這一種自得也是一種滿足，此一滿足之可能是只依據「我們的格言之隸屬於道德法則」這一條件始可能。既如此，則此種自得自不以幸福爲主，而是以理性爲主；而此時之理性亦不是奴僕之地位，而是足以使我們阻止感性性好之混雜於道德法則者。是故此種自得之愛重之**自我愛重**可名曰「**理性的自愛**」，它使我們不以計較利害爲自由決意之動力，而專以道德法則爲自由決意之動力。此種理性的自愛其爲道德的是依據格言之隸屬於道德法則而然，但吾人亦可說一個人能意識到「使尊敬法則爲自由決意之最高動力」並以此爲其格言這乃是由於他先能依一道德的路數而愛惜其自己。此雖是一種繞圈子，但並不因使用此種「理性的自愛」一詞便妨礙了道德原則之清晰的理解。

依是，我們生命中的「根源的向善之能」之恢復並不是一「喪失了的向善之動力」之重新獲得；因爲所謂向善之動力即在尊敬道德法則，而此一動力，我們從未能喪失之，而如果「喪失之」是可能的，則我們亦決不能重新獲得之。依是，所謂恢復只是恢復法則之純淨性以爲一切我們的格言之究極原則。藉賴著這種恢復，法則之被採用於格言中不只是在與其他動力相結合中而被採用，或者說不只是把它當作是這樣的東西，即「隸屬於這些其他動力（如性好）以這些其他動力爲其條件」這樣的東西，而被採用，但只是依其完整的純淨性把它當作是一「其自身即足以決定吾人之自由決意」之動力而被採用。根源的善即是在遵行一個人的義務中的格言之神聖性，藉此格言之神聖性，那採用法則之純淨性於其格言中的人雖其自身尚不即以其如此採用之故而亦爲神聖的（因爲格言與行

動之間有一很長的間距），然而他卻是因著一無底止的進程而走在
接近於神聖性的道路上。在遵行義務中的意向之堅定，當此堅定已
成爲一習慣時，就合法性而論，此堅定亦被名曰德性，而此合法性
即是**德性之經驗的性格**（virtus phenomenon）。〔依格林譯：當
「堅決盡一個人之義務」已成爲習慣時，此「堅決盡義務」亦被名
曰「合法則」之德性；而這種合法則即是德性之經驗的性格。〕因
此，盡義務之意向之堅定（德性）就有「行動之符合於法則」之穩
定的格言存在，不管此符法則之行動所需要之動力之來源是什麼。
因此，依此義而言的德性是**逐漸被獲得的**，而且它是被某些人描述
爲一長期的工夫（遵守法則中之長期的工夫），因著這長期的工
夫，一個人可從性癖於惡，經由其行爲之改進以及其格言之加強，
而過轉到一相反的性癖。此種過轉不需要有**心腸之改變**，但只需要
有**行誼**〔習行〕**之改變**。一個人視其自己爲有德的，是當他感到他
自己已堅定於「遵守義務」這一格言時，雖然這遵守義務不必是由
一切格言之究極原則而遵守之。他但只這樣地遵守之，例如放縱無
度的人是爲健康之故而轉到有節制；說謊的人是爲聲譽之故而轉到
誠實；不義的人是只爲和平之故或只爲利益之故而轉到通常的公
正，凡此等等皆基於那極被頌揚的幸福之原則而然。但是如若一人
定須不只成爲一合法地善的人，且須成爲一道德地善的人（上帝愉
悅的人），即是說，如若一個人之成爲有德是依其**智思的性格而成
爲有德**（virtus noumenon），如若一個人當其確認某事爲其義務
時，他不需要有此義務自身之觀念以外的其他動力：如若一人是如
此云云時，則當其格言之原則仍不純淨時，則其要成爲一道德地善
的人，成爲依其智思的性格而爲一有德的人，成爲一只以義務自身

之觀念爲其動力的人，皆不是因著**逐步改進**而被達成者，乃是需要有一**心靈上之革命**者（這一種革命即是「改轉到心靈之神聖性之格言」之改轉），而他亦只能因著一種**新生**而成爲一新的人，好像因著一**新**造出來者（〈約翰福音〉Ⅲ，5，並與〈創世記〉Ⅰ，2，相比觀）以及因著一「**心腸之改變**」而成爲一新的人。〔**案：此如佛家成佛時需要金剛斷──斷無明與無明習一樣，亦即如所謂頓悟成佛一樣。**〕

　　但是如果一個人即在其格言之基礎上是敗壞了的時，則「他定當以其自己之力量致生此革命而且他自己亦自會成爲一善的人」這如何是可能的呢？須知這是義務所命令者，而義務決不命令那對於我們是不可實踐的者。克服「心靈革命」中之困難之唯一道路便是要知：**革命之爲必要**是對「**心靈之傾向**」而言，但是對那爲心靈革命之障礙的**感性氣質**而言，則**逐步改進是必要的**；而心靈革命由於是必要的，是故它亦必須是可能的；此即是說，當一個人逕以不可搖動的決心而逆反其「所由以成爲一惡人」的格言之究極原則時，則他就其原則與心靈傾向而言便是一**易於爲善的人**；但是他之**是**一善人只有在**不斷的努力**與**增長發展**中始然，即是說，**他可以**以那「他所已採用之以爲其自由決意之究極格言」的原則之純淨性，以及因著此原則之堅定性，而希望於他自己走在一善而狹窄的道路上，這道路即是「經常地從惡進到較善」這一經常的前進之道路，他所走的這一道路自是狹窄的，但卻是善的。說他可如此云云，這個意思，在這樣一個個體存有，即「祂能**一眼看透**心靈之智思的原則（一切自由決意底格言之原則）並因而此無限進程對祂而言只是**一下子之單一**」這樣一個個體存有之眼光中看來，即是說，在上帝

之眼光中看來，即同於說他**現實上即是一善人**（是一使上帝愉悅的人），而這樣，那改變便可被視爲是一**革命**。但是在如下所說那樣的人們之判斷中，即那「能夠只因著那優越性即他們得之以勝過其時間中的感性的那優越性而評估他們自己並評估他們的格言之強力」這樣的人們之判斷中，那改變只能被視爲是一**不斷的奮鬥**——不斷地向改進而奮鬥；換言之，只能被視爲是對於邪惡心向〔性癖於惡〕之一**逐步的改進**。

因此，隨之而來者便是：人之道德的修養必須不要起始於〔外部〕**行誼之改進**，但須起始於〔內部〕**心靈之轉化**以及一**性格底基礎之轉化**。然而人們常不如此而進行，常是逐個地對付惡行，而對於惡行之根卻並未接觸到。現在，甚至一個智力最有限的人他亦能夠對於一逐漸加甚的尊敬——尊敬合義務的行爲之尊敬有感動（所謂逐漸加甚的尊敬是比照他在思想中把那「能夠因著自我愛重而影響行動之格言」的一切其他動力從這行動上撤消下來而成爲逐漸加甚的尊敬）。〔案：意思是說，一個人若在思想中把那屬於自私的動力從行動上撤消下來的愈多，他就愈尊敬合義務的行爲，意即這尊敬愈加甚，他即使是一智力最有限的人，他亦能對於這種逐漸加甚的「尊敬合義務的行爲」之尊敬有感動，即也覺得這是好的。〕又，即使是兒童亦能夠檢查出行爲之虛假的動力之混雜之痕跡，甚至是最小的痕跡，他亦能檢查出，蓋因爲在他的眼光中，即使有一點點混雜，這也可使那行爲即刻喪失了一切道德價值。此**向善之能**可**因著**引舉許多均是善人的善人爲範例而極好地**被培養成**（所謂善人，其爲善是就其符合於法則而言），並亦可**因著**「讓一個人的有道德教養的子弟去評估那些由善人底行爲之現實的動力而來的許多

格言之不純淨性」而很好地**被培養成**；而此**向善之能**亦可逐漸轉成
一種品格〔**一種心靈之容色**〕，這樣，義務簡單地即以其自身自會
在這些子弟們底心腸中開始獲得那可觀的重量。但是去教告這些子
弟們去**欣羨**有德的行動（不管這些有德的行動費了多大的犧牲），
這卻並不是去維持一個子弟之向往道德的善之情感之正路。因爲不
管一個人是如何的有德，他所能作成的一切善卻只是他的義務之所
應作；而「去作他的義務之所應作」亦不過是去作那存在於通常的
道德秩序中者，因而這並不值得被讚歎〔**被驚異**〕。正相反，此讚
歎〔**此驚異**〕恰足以降低了我們的向義務之情，好像服從或遵守義
務眞是某種什麼異常而有功績的事似的。〔案：**此恰如《詩‧大
雅》：「無然畔援，無然欣羨，誕先登於岸。」**〕

　　但是，在我們的靈魂中，存有一事，當我們對此事取一正當的
觀點時，我們不能不以極高度的驚異視之，而且就此事而言，讚歎
是正當的，或甚至是可以提高的，而此事不是別的，乃正是那在我
們生命之內的**根源的道德才能**一般。我們是經常地因著許多需求而
依靠或有待於「自然」。可是茲猶有**存於我們心中者**，藉賴著此存
於心中者，我們依一我們生命內的**根源的才能**之觀念猶可把我們自
己升舉在「自然」以上，我們之這樣把我們自己升舉在「自然」以
上是升舉到如此之程度即竟至於我們可視那一切需求爲無物並可視
我們自己爲不值得生存者，假若我們放縱於需求之滿足以對反於
「**我們的理性有權去規定之**」的那法則；雖然單只這需求之滿足之
享樂始是那使生命爲可欲者，而同時理性卻旣不許諾之以任何事亦
不威嚇之以任何事。〔依格林譯：**竟至於我們可視那些需求盡皆爲
無物並可視我們自己爲不值得生存者，假若我們周旋奉迎於這些需**

求之滿足（雖唯此需求之滿足始能使生命爲可欲）以對反於法則
（法則是這樣的，即藉賴著這法則，我們的理性有權有力地來指揮
著我們，而卻既不作許諾亦不作威嚇。）〕此存於我們心中者是什
麼呢？（這，我們可以問我們自己）。此一問題之重要必深深地爲
每一極普通能力的人所感到。這所謂極普通能力的人是如此者，即
他先已被教告之以「處於義務觀念中」的那神聖性，然而他尚未上
升到自由概念之研究，此自由之概念乃即由道德法則而發生者〔原
註〕。這樣一個極普通能力的人亦必能深深感到那問題之重要。
〔案：那存於我們心中者是什麼？此隱指尊敬道德法則說。此一問
題之重要，雖即尚未上升至自由概念之研究的極普通能力的人亦必
能深感到之。自由之概念由道德法則而發生，關於此層，牽涉甚
繁，故康德於此有註。〕而甚至此根源的道德才能（宣布一神性的
起源的那才能）之不可理解性亦必會引起極普通能力的人之精神，
引起之至於熱烈之境，而且亦必強化其精神以備任何犧牲在所不
惜，此所謂任何犧牲乃即是人之尊敬其義務時所可課之或要求之於
他者。一個人的道德本性〔道德使命〕之莊嚴之情之經常的引起須
特別當作喚醒道德情操之方法而被提薦，蓋因爲這莊嚴之情之經常
的引起其作用即在直接對反於「性癖於邪惡」這內在的性癖，這在
我們的自由決意之格言中的動力──這邪惡性的動力，而抗拒之，
它並且想使對於道德法則之無條件的尊敬成爲「一切格言之可允
許」之終極條件，而這樣，它便恢復了原初的行動之動力間的道德
的隸屬關係〔道德的秩序，案：意即把一切感性之動力隸屬於尊敬
法則這一動力，這種隸屬關係或道德秩序〕，並亦依人心中向善之
能之原初的純淨性而全恢復了這向善之能。

〔譯者案〕：此段說人之生命中的根源的道德才能，不可理解，宣布有一「神性性的起源」（依〈創世記〉伊甸樂園說者）的那才能，是一可讚美而令人驚異的事物。它足以引起人之精神而至於熱烈之境。由此而有人之道德本性之莊嚴之情之經常的引起以喚醒人之道德情操而至於行動之動力間的隸屬關係（道德秩序）之恢復以及向善之能之恢復。案：此一說法可與孟子義理以及佛家言清淨心者相比觀。

〔原註〕：〔關於「自由之概念由道德法則而發生，康德註云：〕

「決意底自由之概念並不先於內在的道德法則之意識，但只由『我們的決意之因此法則之作為一無條件的命令而為可決定』這一義而被推斷出」這一層意思，任何人可因問他自己以下之問題而很容易地被說服而信其為不謬，即：他是否直接地確定意識到有一能力，此一能力能使他因著意向之堅決性而去克服那每一令他犯罪之動力，不管這動力是如何之有力（雖然法拉利命令你為一虛偽的人並把他的銅牛刑具擺出來而指使你作偽證）。每一個人皆必須承認他並不知在這樣一種處境中他是否必不會在其意向中有搖動。但是，縱然如此，義務卻總是無條件地命令著他而說：你應當忠誠於你的意向；而因此他很正當地終於說：他必亦能夠去這樣作〔即能夠忠於他的意向而不搖動〕，並因而說：他的決意是**自由的**。有些人謬誤地表象此**不可測度的特質**為完全**可理解的**，他們既這樣表象之，如是，他們逐因著「**決定論**」一詞而創造出一種幻象（所謂決定論即是這論旨，即「自由決意為內在的充足理由所決定」，即因著這樣一種決定論之論旨而創造出一種幻象），好像困難即存於此**決定論之與自由相融洽**，可是無

人設想有此種困難。〔案依格林譯：此種困難畢竟從未發生到我身上〕。實則困難是：**前定論**如何能與自由相一致？依**前定論**，當作事件看的諸自願行動有其「**決定之**」之原因存在於**先行的時間**中（此先行的時間連同其中所含有的或所發生的皆**不復存**在於我們的力量中）；依**自由**，行動以及此行動之反面皆必須在其發生之時存在於主體之力量中。如此所說的行動之前定論（當作事件看的自願行動在時間中由先行狀態來決定）如何能與如此所說的自由（行動與行動之反面之作與不作皆由自決，皆在我的力量中）相一致而不衝突？這是**困難之所在**。這困難乃正是人們所想要去辨識之〔理解之〕而卻從未能將去辨識之者。〔案：困難是如此，而不是如人們所想是「決定論與自由相融洽」之困難。蓋意志之決意是自由的，而同時亦可為內在的充足根據如理性所定之道德法則所決定，這並無困難。蓋其為道德法則所決定並不是前定論。至於康德所展示之困難：前定論如何能與自由相一致，一般人不能解決之，但康德卻能解決之。詳見《純粹理性批判》之〈辯證部·背反〉章以及《實踐理性批判·分析部》之〈批判的省察〉。又前說「有些人謬誤地表象此不可測度的特質為完全可理解的」，此中所謂「此不可測度的特質」即指自由說。蓋康德視自由為一設準，為屬於智思界者，由決意之因道德法則而為可決定之可決定性而被推斷出，並不先於道德法則之意識，故亦非落於現象界而為可解明者。此義見於《道德底形上學之基礎》第三節〔5〕一切實踐哲學底極限。如視之為可解明者，則必有「自由與決定論相衝突」之假象。〕

自由之概念與上帝為一必然存有之理念相融洽，此中並無困難。因為自由並不存於**行動之偶然性**（蓋若存於行動之偶然性，則行動便不是為任何根據所決定的），即是說，並不存於**不決定**

論（蓋若存於不決定論，則如果上帝之行動須被名曰是自由的，則上帝之作善或作惡必同樣可能的），但只存於**絕對的自發性**。惟此絕對的自發性始為**前定論**所危及。此所謂前定論是這樣的，即：它把行動之決定原則〔決定根據〕置於**先行的時間**中，這樣，行動遂不復存在於我的力量中，但只存在於**自然之手**中，而我也是不可抗拒地〔機械地〕被決定了的；而因為時間中的相續不是可被思議於上帝中的，是故此困難〔即自由之概念與上帝為一必然存有之理念相融洽之困難〕便消失而不見。

但是上面所說的因個人自己之強力而成的向善之能之恢復豈不是直接地對反於「人之內在而固有的敗壞，敗壞而至於使人不足以嚮往任何善事」這一論旨？就這樣的恢復之**可思議性**而論，即是說，就我們的對於這樣的恢復底可能性之**辨識**而論無疑是對反。此對反恰如以下所說的事物上之對反：任何這樣的事物，即「被視為是一時間中之事件（變化之事件），而這樣視之，它遂亦必然地為自然法則所決定」這樣的事物，其反對面卻猶必須被視為是依照道德法則因著自由而為可能：如此所說云云即是一種對反。上說的向善之能之恢復直接地對反於人之內在而固有的敗壞恰似這樣的事物上兩面之對反。可是向善之能之恢復雖直接地對反於「人之內在而固有的敗壞」這一論旨，然而**它**卻並不對反於此**恢復自身**之可能性〔依格林譯：然而**這一論旨**卻並不對反於此**恢復自身**之可能性。〕因為如果道德法則命令說：我們現在應當成為較好的人，則那不可避免地隨之而來者便是：我們也**能夠**成為較好的人。「內在而固有的惡」之論旨在**斷然的道德**中並無什麼用處；因為「斷然的道德」

底諸箴規含有同樣的義務，而且繼續永久有同一的力量，不管在我們生命內是否有「性癖於犯罪」之內在而固有的性癖。但是在**道德的修養**中，「內在而固有的惡」之論旨卻比較有更多的意義，不過其所意謂的仍然不過是這一點，即：在被創造〔被植〕於我們生命中的「道德的向善之能」之道德的培養中，我們不能開始於一自然的天真無邪之狀態，但只能開始於自由決意之邪惡性之假定〔*所謂自由決意之邪惡性即是認定或採用那「相反於根源的道德才能」的格言之邪惡性*〕；而因為性癖於惡之性癖是根深蒂固而很難根除的，是故我們必須「以不斷的努力對抗之」來開始。現在，由於此不斷的努力以對抗之只引至一無限地從惡到較好之無限進程，是故隨來者便是：一惡的人之性向轉到一善的人之性向這一種轉變須被置於「一切其格言之究極的內在原則之依照道德法則而改變」這一改變中，設若其由舊原則改變成新原則，這所改變成的新原則（新心腸）其自身是不可變的時。但是，一個人不能自然地達到這確信〔*即新原則不可變之確信*〕，不論他因著直接的意識，或因著他由迄今以往所已追求的生活之經過而引生出的證據，他皆不能自然地達到之。此何以故？蓋因為他的心腸之深處（他的格言之主觀的根源根據）對於其自己是不可測度故，極難透視故；但是「引至那確信」的道路，而且那「因著一基本地改進了的性向而被指點給他」的那道路，他必須能夠希望因著其自己之努力而去達到之，因為他應當成為一善的人，而且他亦只能因著那當作其自己之所為而可以歸因於他而由他負責者而被評估為是一道德地善的人。

現在，那種「天然地厭惡道德的努力」的理性，在天然的無能之藉口下，以一切種腐敗的宗教之觀念，來對反自我改進之期望

（把「採用幸福原則以爲上帝底諸命令之最高條件」這種採用歸屬於上帝自身可算是那些腐敗的宗教觀念中之一）。現在，我們可把一切宗教分爲兩類：一類是「**求眷顧**」的宗敎（只是祈禱作禮拜），另一類是**道德的宗敎**，即「**一善的生命**」之宗敎。依前一類宗敎而言，一個人或是阿諛其自己說上帝能使他永遠快樂（因赦免其過失而使他永遠快樂），而用不著他須去成爲一個較好的人，或是奉承其自己說如若這一點對於他似乎不可能，則上帝能使他成爲一較好的人，用不著他須更去作其自己身上的任何事，除他所要求的事以外。由於在一「無所不見」的存有〔即上帝〕面前看來，「要求某某」不過就是「願望某某」，是故這種自諛妄想事實上必是一無所作；因爲如果只願望就足夠了，則每一人必即是善了〔而不必努力去作其所應當作〕。但是在道德的宗敎中（而在已有的一切公衆宗敎中，唯基督敎是道德的），以下所說乃是一基本原則，即：每一人皆須盡量作其力量之中的事以去成爲一較好的人，而且只有當一個人未曾埋葬其內在而固有的才能時（〈路克福音〉XIX，12-16），只有當一個人已使用了其根源的向善之能以去成爲一較好的人時，他始能希望那不在其力量之中者將因一較高的協力合作而被供給〔將通過從上面而來的協力合作而被供給———依格林譯〕。但是「人定須知道此協力合作存於何處」這並不是**絕對必要的**；或許以下所說乃甚至是不可免的，即：如果此協力合作所依以發生的那道路已在某一定時間內被顯露出來，則另一人在另一時間內定可對於此協力合作所依以發生的那道路形成一不同的想法，而其形成此不同的想法亦是以至誠而形成之。這樣，以下所說的原則是有效的，即：「一個人要想去知道在其得救上上帝所作的是什

麼或所已作的是什麼」這對於任何人而言皆**不是本質的**，因而亦並**不是必要的**，但只一個人要想值得有上帝之協助，「去知其自己所必須去作的是什麼」這才**是本質的**。

> 附識：康德《單在理性範圍內的宗教》一書共四部，阿保特只譯此首部。現有格林（Theodore M. Greene）與胡生（Hoyt H. Hudson）兩人合作之全譯。吾茲仍依阿譯而譯。阿譯並不壞。全譯之〈譯者序〉中云：阿譯是合格而可讀的，雖然偶爾過分簡單化，並有時亦不能決定原文涉指處之含混與不確定。吾此譯參考此全譯處，爲簡單故，只提格林。

第二章　心、性與天與命

《孟子·盡心》：

> 孟子曰：「盡其心者，知其性也；知其性則知天矣。存其
> 心，養其性，所以事天也。殀壽不貳，修身以俟之，所以立
> 命也。」

此可順通如下：

> 孟子說：「那能充分體現其仁義禮智之本心的人，就可知道
> 他的眞性之何所是；知道他的眞性之何所是就可知道天之所
> 以爲天〔知道於穆不已的天道之何以爲創生萬物之道〕。
> 一個人若能操存其仁義禮智之本心而不令其放失，培養其眞
> 性而不使之被戕害，這便是他所以事天而無違之道〔所以仰
> 體天道生物不測之無邊義蘊而尊奉之而無違之道〕。
> 一個人若能不以或殀或壽而改變其應有之常度，而只盡量使
> 其自己居仁由義以體現仁義禮智之本心於自己之行事中〔修
> 身〕，至於那非吾人所能掌握的偶發之事〔如遭遇〕之將如

　　何發生在自己身上，或那必然要來臨之事〔如生死〕之將如
　　何來臨，則不必多所顧慮，只須這樣修身以俟之，如是，這
　　便是吾人所以確立『命限』一觀念之唯一途徑。」

案：此爲知天、事天、立命之三聯。孔孟都有超越意義的「天」之
觀念，此由《詩》、《書》所記載的老傳統而傳下來者。至孔子提
出「仁」，則是踐仁以知天，至孟子則是盡心知性以知天，其義一
也。

　　「盡心」之「盡」是充分體現之意，所盡之心即是仁義禮智之
本心。孟子主性善是由仁義禮智之心以說性，此性即是人之價值上
異於犬馬之眞性，亦即道德的創造性之性也。你若能充分體現你的
仁義禮智之本心，你就知道了你的道德的創造性之眞性。此中
「盡」字重，「知」字輕，知是在**盡中知**，此亦可說是**實踐的知**，
即**印證**義。你若這樣證知了你的眞性，你就知道了天之所以爲天。
此知亦是**證知**義，在**實踐中證知**也。「天」是超越意義的天，是個
實位字，即天道之天，天命不已之天，與天爵之天完全不同。天爵
之天是個虛位的形容詞，落實於仁義忠信上說天爵，說良貴，天即
定然義。說天理、天倫亦是如此。說「此天之所與我者」亦是如
此，即**固有**義，凡**固有而定然如此**者即說爲是天——以天形容之。
即使說天爵是上天所賜給我的貴，說心之官是上天所賦與我者，說
天理是上天所規定的理，說天倫是上天所規定的倫，這樣說亦無實
義，只表示凡此等等是本來如此者，是定然如此者，其本身即是**終
極的**，並不表示說：凡此等等是由超越的外力規定其爲如此的。若
由外力規定其爲如此，則道德便無獨立的實義，即只是他律道德，

而非自律的道德。但道德而非自律便是**道德之否定**，是**自相矛盾**的。故道德不能是他律，不能不是自律，因此「道德是自律」是**分析命題**。凡上帝所創造的（依西方宗敎傳統說），凡天道所創生的（依儒家傳統說），都只是**具體的個體物**（萬物）；而天爵、天倫、天理、仁義禮智之本心，總之，道德，不是具體的個體物，而是人（廣之一切理性的存有）所獨特表現的精神價值領域中之**實事實理**，這不是可以由上帝之創造而言的，亦不是可以由天道創生而言的。反之，我們可以籠綜天地萬物而肯定一超越的實體（上帝或天道）以創造之或創生之，這乃完全由人之道德的心靈，人之道德的創造性之眞性，而**決定成**的。此即是說：天之所以有如此之意義，即創生萬物之意義，完全由吾人之道德的創造性之眞性而**證實**。外乎此，我們決不能有別法以證實其爲有如此之意義者。是以盡吾人之心即知吾人之性，盡心知性即知天之所以爲天。天之所以爲天即天命之於穆不已也。天命之於穆不已即天道不已地起作用以妙運萬物而使之有存在也。是以《中庸》云：「天地之道可一言而盡也，其爲物不貳，則其生物不測。」此承天命不已而言者也。此天是一實位字。吾人之所以如此知之，乃完全由吾人之心性而**體證其爲如此**。故此天雖爲一實位字，指表一超越的實體，然它卻不是一知識之對象，用康德的詞語說，不是思辨理性所成的知解知識之一對象，而乃是實踐理性上的一個肯定。說上帝創造萬物，這只是宗敎家的一個說法而已，說實了，只是對於天地萬物的一個價值的解釋。儒家說天道創生萬物，這也是對於天地萬物所作的道德理性上的價值的解釋，並不是對於道德價值作一存有論的解釋。因此，康德只承認有一**道德的神學**，而不承認有一**神學的道德學**。依儒

家，只承認有一道德的形上學，而不承認有一形上學的道德學。此義即由孟子盡心知性知天而決定，決無可疑者。

陸象山云：「孟子云：盡其心者知其性，知其性則知天矣。心只是一個心。某之心，吾友之心，上而千百載聖賢之心，下而千百載復有一聖賢，其心亦只如此。**心之體甚大**，若能盡我之心，便與天同。」「與天同」即函著說知天之所以為天。不但知之，而且心之道德的創造性（由德行之純亦不已而見）即是「天命不已」之創造性，故兩者為同一也。此即心外無物，性外無物，道外無物也。《孟子》下文亦說：「萬物皆備於我矣，反身而誠，樂莫大焉。強恕而行，求仁莫近焉。」不是現實的人與天同，而是心之體與天同，心之道德的創造性與天同，故盡心知性即可以知天之所以為天也。那就是說，天之創生萬物之創造性完全由心之道德的創造性來證實也。天之所以為天之具體而真實的意義完全由心之道德的創造性而見也。此決無誇大處。《孟子》之實義就是如此，因實理本當如此。

程明道云：「只心便是天，盡之便知性，知性便知天。更不可外求。」此所說更透——更為究竟。實理本當如此也。並非誇大了孟子，或歪曲了孟子。象山、明道皆有實會於孟子，因其皆能把握住孟子義理之規路故也。朱子便把握不住，故其註此文全顛倒。陽明良知教雖不違此義，然其視盡心知性知天為生而知之，存心養性事天為學而知之，立命為困而知之，此種比配全無意義，此亦賢者一時之糊塗也。（不知何故有此扭曲之想法）。

其次再看「存心養性事天」一聯。

盡心知性知天是積極的工夫，存心養性事天是消極的工夫，都

是實踐的事，而且每一人都當如此實踐，聖人亦須如此，此是原則性的話。這尚說不到根器的問題，故不能以生知學知來比配。盡心知性知天與「堯、舜性之也」非一義，存心養性事天亦與「湯、武反之也」非一義。下聯「立命」更是一普遍原則，更不能以困知來比配。

存心之「存」即是前〈告子〉篇孟子引孔子語「操則存，舍則亡」之存；養性之養即是前〈告子〉篇孟子所說「苟得其養無物不長，苟失其養無物不消」之養。「存其心」即是操存你的仁義禮智之本心、良心或天心而不令其放失。「養其性」即是保養你的價值上所以異於犬馬的眞性而不使之戕害。本有的天心眞性亦須有操存保養之之工夫始能眞實地呈現。因爲人是有感性的存在，其天心眞性常易因感性之逐物而被蒙蔽，是故須時時警覺而不使之消亡。此雖是一消極的工夫，然而**頓時**即通於**積極的工夫**。因爲存養並不是存之養之把它擺在那裡就算完了，乃是正所以**待盡之也**。（前言盡字重，知字輕。存養中亦有知也，此是存養中的體證。）而且一旦能存養之，其本身即有**能顯發出來**的力量，而這也就是吾人之所以能充分盡之之**最內在的根據**。故雖是消極的工夫頓時即通積極的工夫。

天是一超越的實體，此則純以**義理**言者，而即如其爲一如此之超越的實體，它即須被尊崇；它被尊崇即函著人須奉承之而無違，亦函著說順天者昌，逆天者亡。「**事天**」即是仰體天道生物不測之無邊義蘊而尊奉之而無違之意。你怎樣才能仰體天道尊奉之而無違呢？這不需要你**香花供養**，亦不需要你祈禱崇拜**完全被動地聽祂的吩咐**。你若是這樣地事天那是**人格化方式**的事天。「事」字，字面

上的意義，即如「事父母」之事。在此，雖用類比的方式借用此事字，但卻並不因此即停在這類比上把天人格化，完全被動地聽祂的吩咐，亦不是因著此類比而即如事父母那樣而事天，因為**事天**與**事父母**所依據的**原則**是完全**不同的**。在事天上，「事」字之意義須完全轉化為自道德實踐上體證天之所以為天，而即如其**所體證**，而自**絕對價值上尊奉之**。因此，人格化方式的事天中之純被動地聽吩咐之意完全消逝而不見。依儒家，即使是事父母亦不完全是被動的，亦有價值上之層層轉進，因而有各種不同意義的「事」，如言孝有各種不同意義的孝，但總是以**親親**為**大原則**，此亦是道德理性上有**獨立的意義**的，孟子已言之備矣，如言舜大孝終身慕父母，棄天子位竊父而逃，等義，吾在此不須詳言。而儒家言**事天**則完全服從**尊尊原則**。基督教的人格化方式的事天（祈禱上帝）卻把本應**屬剛性的尊尊原則**之事完全轉化為**屬柔性的親親原則**之事，而上帝又不能是親親中之親也。因此，其為教也，**主體不立**，而完全以**順從為主**，故**價值標準**保不住。無自律的道德即無挺立的絕對價值之標準，而上帝自身亦難保也。天之所以為天，上帝之所以為上帝，依儒家，康德亦然，須完全靠**自律道德**（實踐理性所規定的絕對圓滿）**來貞定**。此即張橫渠所謂「為天地立心」也。因此，孟子說：

> 一個人若能操存其仁義禮智之本心而不令其放失，保養其真性而不使之被戕害，這便是他所以事天而無違之道〔所以仰體天道生物不測之無邊義蘊而尊奉之而無違之道〕。

為什麼存心養性是事天底**唯一道路**呢？蓋因存心養性始能顯出

心性之道德創造性，而此即體證天之所以爲天：天之創生過程亦是一道德秩序也。此即函著說宇宙秩序即是道德秩序，道德秩序即是宇宙秩序也。天之所以值得尊奉即因它是心性之道德創造性所體證之天命不已之道德秩序也。最後，心性之道德創造性即是天道之創造性。故程明道云：「只心便是天」，又云：「只此便是天地之化，不可離此個別有天地之化。」「只此」之此字即指心性之道德創造性之顯爲「德行之純亦不已」言。**心外無物，性外無物**，心性之創造說到其最具體之無邊功化即是**天地之化**。是故〈盡心〉篇下文孟子曰：

> 霸者之民驩虞如也，王者之民皞皞如也。殺之而不怨，利之而不庸，民日遷善而不知爲之者。夫君子**所過者化，所存者神**，上下與**天地同流**，豈曰小補之哉！

所過者所以能化，所存者所以能神，即因其心性之道德創造之純亦不已也。以「王者之民皞皞如也」爲例作**具體的徵驗**。皞皞純潔自得之貌，與「皜皜」同。（〈滕文公〉篇：「江漢以濯之，秋陽以曝之，皜皜乎不可尙已。」）「王者之民皞皞如也」言王者所治理的天下，其人民個個皆是純樸無華悠然自得的樣子；有了罪過，即使殺了他，他亦無所怨恨；你行事有功於民，民亦不以之爲功；民自然轉變爲善而亦不知所以使之者。此蓋是王者之德化也。何以而能有此德化耶？蓋君子以其德行之純亦不已，故能所過者化，所存者神，上下與天地同流，與天地**無心而成化**同一極致，這豈是頭痛醫頭，腳痛醫腳，這裡補一補，那裡修一修，那種瞎湊合的行爲所

能至的嗎？這種具體的徵驗即示程明道所云「只**此便是天地之化，不可離此個別有天地之化**」爲不虛妄，而其所言好像很玄，好像是理學家的誇大，非儒者原有之義，其實不然，皆是孟子所**原有者**，惟程明道更能**透闢地說出來**而已。

其實亦不只孟子義理原有此函義，程明道能透闢地說出之，即朱子註亦云：

> 君子，聖人之通稱也。所過者化，身所經歷之處，即人無不化，如舜之耕於歷山，而田者讓畔，陶於河濱，而器不苦窳也。所存者神，心所存主處，便神妙不測，如孔子之「**立之斯立，導之斯行，綏之斯來，動之斯和**」，莫知其所以然而然也。是其德業之盛乃與天地之化同運並行，舉一世而甄陶之，非如霸者但小小補塞其罅漏而已。

如朱子所引，孔子**即有此境界**，舜之事例亦**表示此境界**。孟子所說即**本此已有**之境界而言也。吾人如想了解何以有此境界，則孟子之**義理規路**不可不知也。此並非是**無端而降**之神秘。心性道德創造之**極致**本應如此。此是儒家前聖後聖所共契之**義理規範**。故《易傳‧乾文言》云：

> 大人者與天地合其德，與日月合其明，與四時合其序，與鬼神合其吉凶，先天而天弗違，後天而奉天時。天且弗違，而況於人乎？況於鬼神乎？

案：此所謂大人意同于聖人。大人或聖人即是能將本心眞性充分體現出來的人，也就是德行之純亦不已的人。他與天地合其德即合其**同一創造之德**：在大人處即是心性之道德創造（德行之純亦不已）之德，在天地或天處即是天命不已（天道創生萬物）之德：天命不已（天地或天之生德）即是本心眞性之**客觀而絕對**地說，本心眞性即是天命不已之**主觀而實踐**地說（只就人或一切理性的存有之實踐說），就其爲體言，其實一也。天命不已是天之體（天之所以爲天），本心眞性是人或一切理性的存有之體。但在人處有**體現**與**被體現**之別：人是能體現，體是被體現。在天處卻無此分別：天命不已即是**天自己**，此只是一**創造性自己**。人之體、天之體之平行的說法只是**圖畫式的語言**之方便。本心眞性是就人說，這是因爲唯有人始能特顯此道德創造之心性。旣顯出已，此道德創造之心性便不爲人所限，因爲它不是人之**特殊構造之性**，依生之謂性之原則而說者，它有**實踐**地說的**無外性**，因而即有**無限的普遍性**，如此，吾人遂可**客觀而絕對**地說其爲「**創造性自己**」，而此創造性自己，依傳統之方便，便被說爲「天命不已」，或簡稱之曰「天」。此則便不只限於由人所顯的道德創造、所顯的德行之純亦不已、所顯的一切道德的行事而已，而且是可以創生天地萬物者。其可以創生天地萬物之創生乃即由其於人處所特顯的道德創造、德行之純亦不已而**透映**出來，而於人處所特顯的道德創造乃即其**精英**也。現實的人是一個已有的存在，而此已有的存在之所當有而現實上尚未有的一切行事旣可由此心性而顯發（創造）出來，則此心性即可**轉而潤澤**此已有的存在而使之成爲**價值性的存在，眞實的存在**，而且可使之繼續存在而至於**生生不息**。此「轉回來潤澤已有的存在」之**能返潤者**與

那在此已有的存在身上向前起創造而**能顯發應有之德行者**是**同一本體**。由其返潤而擴大之（因其本有無限性）而言其廣生大生之妙用，即創生天地萬物之廣生大生之妙用，這是**實踐地體證地說**，同時亦即是**客觀而絕對地無執的存有論地說**，即對於天地萬物予以**價值意義的說明**，即**無執的存有論的說明**，因此，凡由其所創生者亦皆是一價值的存在，眞實的存在，此是基於德行之純亦不已而來的**誠信**，實踐上的一個**必然的肯斷**。此亦即《中庸》所謂「誠者物之終始，不誠無物」，亦即王陽明所謂「有心俱是實，無心俱是幻」。因此，大人之德與天地之德是合一的；不但是合一的，而且就只有一。因此，始有程明道所云「只心便是天」，「只此便是天地之化」之**究竟了義語**。言「合」者只是就大人與天地之**圖畫**的分別而方便言之耳。就德（**創造之德**）言實即是一也。

　　合德之義既明，則圖畫地言「與日月合明」之義亦類此可明。「與日月合其明」者言大人由心性所發之光明（明透一切之光明）同於日月所發之朗照一切之光明也。

　　「與四時合其序」者言大人之現實生活之出處進退之程序亦同於春生夏長秋收冬藏之自然程序也。

　　「與鬼神合其吉凶」者言大人心靈於或吉或凶之感應同於鬼神之感應也，此即所謂神感神應。（吉凶即函是非。知至至之可與幾也，知終終之可與存義也。皆是神感神應。）

　　「先天而天弗違」者，此就大人心性之創造之德言，此則先乎天地而存在，天亦不能違背之，人與鬼神更不能違背之。此即《中庸》所謂「君子之道本諸身，徵諸庶民，考諸三王而不謬，建諸天地而不悖，質諸鬼神而無疑，百世以俟聖人而不惑。」

「後天而奉天時」者，此就大人之現實生活言。大人之現實生活後乎天地而存在，自亦不能違背自然之序。此則與庶民共之，亦王弼「聖人有情」之義也。天時即四時運化自然之序也。隨順自然之序而行，而不故意違衆以駭俗，即謂奉天時。如該喜則喜，該怒則怒，宜張則張，宜弛則弛，聖人亦不能悖也。（合德、合明、合序等等皆是實踐地無執的存有論地說，非知識義的現象界的自然主義也。）

以上是「盡心知性知天」與「存心養性事天」兩聯所函之主要理境，此已開儒家圓盈之教之規格。以下再進而言「立命」。

※　　　　　　　※　　　　　　　※

「命」是個體生命與氣化方面相順或不相順的一個「**內在的限制**」之虛概念。這不是一個**經驗概念**，亦不是**知識**中的概念，而是**實踐上**的一個**虛概念**。平常所謂命運就是這個概念。這是古今中外任何人於日常生活中所最易感到的一個概念。雖然最易感到，然而人們卻又首先認爲這是**渺茫**得很的，輕率的人進而又認爲這是**迷信**。說它渺茫可，說它是迷信則不可。它所以是渺茫，因爲它不是一個經驗的概念，亦不是一個知識中的概念；它雖是實踐上的一個概念，然而卻又不是一個實踐原則，因爲它不是屬於「理」的，即不屬於道德法則中的事，不屬於以理言的仁義禮智之心性的。它不是「天命不已」那個命，亦不是命令之命，亦不是性分之不容已之分定之定。它既不屬這一切，是故它渺茫得很，因爲凡屬這一切者都很確定，這是理性所能掌握的，不得名曰「命」。它既不屬於理性，它應當屬於「氣化」方面的，但又不是氣化本身所呈現的**變化事實**。客觀的變化事實是可以**經驗的**，也可以用**規律**（不管是經驗

的規律抑或是先驗的規律）來**規制之的**。命不是這變化事實之本身，但卻總是屬於氣化方面的。氣化當然是無窮的複雜，經驗知識無論如何多如何進步也不能窮得盡。雖不能窮得盡，但是「命」一觀念卻不是指陳這**客觀的無窮複雜**。因此，命這個觀念渺茫了，它究竟意指什麼呢？它落在什麼分際上呢？它落在「個體生命與無窮複雜的氣化之**相順或不相順**」之**分際**上。這相順或不相順之分際是一個「**虛意**」，不是一個時間空間中的**客觀事實**而可以用**命題**來陳述，因此它不是一個**知識**。就在這「**虛意**」上我們名之曰「命」。「生」是個體之存在於世界，這不是命；但如何樣的個體存在就有如何樣的一些遭際（後果），如幸福不幸福，這便是命。「死」是一個有限的現實個體之不存在，這籠統的「不存在」不是命，在必然要不存在中如何樣地不存在，或殀折，或長壽，或得其天年，或不得其天年，在不得其天年中遭際什麼樣的偶然而致死，或遭水或遭火，或遭一塊降落的瓦片，這都是命。故曰：「生死有命，富貴在天。」生死是**必然的**，這**不是命**；但在必然的生死中卻有**命**存焉。人生中或富或貧，或貴或賤，或幸福或不幸福，這也有**命**存焉。「在天」即在「你個體如何樣地存在」中即函蘊你有如何樣的遭際。為何有這樣的遭際是無理由可說的，這是一個虛意，即此便被名曰命。因此便說為在天。此即王充所說的「用氣為性，性成命定」。由**遭際**而發生出的**事件**可以用命題來陳述，但**為什麼**在你身上有這遭際，而在他人身上沒有，這不是可以用理由來陳說的，這就是**虛意的命**。吃砒霜可以致死，這是可以用命題陳說的，但**為什麼單單**你在此時此地碰上砒霜，這不是可以用命題陳說的。你說我不知道這是砒霜，我若知道了可以不吃。但這不是你**知不知**砒霜之

問題,而是**為什麼單單你碰上了**。你說我若知道一切境況,我可以避之而不碰上;但氣化無窮複雜,你不能盡知,因此,一切境況不能全在你的**掌握**中。即使你盡心知性知天,存心養性事天,以你**大人的身分**與四時合其序,與鬼神合其吉凶,你也不能沒有這些**順不順的遭遇**,你只能**隨遇而安**,而**安之若命**,還是**有命存焉**,不過你能心境泰然無所怨尤而已。莊子「**無憚化**」即是想把這一切不能掌握的遭遇盡歸之於自然之化而只「**循斯須**」以乘之而轉,這**乘之而轉,轉而無轉**,即是「**獨化**」,此時「**命**」之義即被化掉。但這是一個「**如如**」的境界,儒家亦可有此境界。但到此境界,一切都無可說,不但「**命**」被越過,即正面一切東西亦被忘掉。可是若自**修行過程**上說,那些被越過被化掉的遭遇一個也未**被消除**,仍然**顯原形而被浮現出來**。

因此,命是修行上氣化方面的一個「**內處的限制**」之**虛意式**的概念,它好像是一個幽靈,你捉不住它,但卻是**消極的實有**,不可不予以正視。它首先因著「**修身以俟**」而**被確立**,其次因著孟子下文所說的「**順受其正**」而**被正當化**。此皆屬於「**知命**」,故孔子曰:「**不知命無以為君子。**」再進而它可以因著「**天理流行**」之「**如**」的境界而**被越過被超化**,但不能**被消除**。這個境界,孟子未說及,但未始非其聖人神化境界之所函。茲再歸於孟子之正文。

孟子說:「**殀壽不貳,修身以俟之,所以立命也。**」這是說不論短命或壽考,皆不**懷貳、攜貳**、心中搖動以**改其常度**,只**盡其所當為**以俟或殀或壽之自然之來臨,這便是所依以確立**命限**一觀念之**唯一途徑**。「**不貳**」之貳固有疑惑義,在此即是「**心中搖動,不能守其常度,而離開了常度**」之意。吾人平常所說的「**懷貳**」、「**攜**

貳」即是此「貳」。荀子說「道過三代謂之蕩，法貳後王謂之不雅」，語中之「貳」亦是這個貳，即**歧出**而**離開**義。在此，即是於**常度**有**搖惑**而不免**有所改變**，即**岔出去**而**離開了常度**。若是如此，則是因夭壽而**貳**也。這便不知有命存於其中，所以也不能確立「命」一觀念。反過來，若能「**不貳**」，只修身以俟之，便能確立「命」一觀念。「修身以俟之」即呼應「**不貳**」中所含之「**不改常度**」之意而說者。「以俟之」中之「**之**」字是對應或夭或壽而說，即俟或夭或壽之**自然之來臨**。這明是表示夭壽皆命，不應因夭壽而改常度。若能不因夭壽而改常度，只盡其所當爲，守其故常，以**德潤身（修身）**，以俟夭壽之自然之來臨，這便是你所依以確立命限一觀念之唯一途徑。因爲或夭或壽既是命定，則你無論怎樣憂慮亦無益，即使你改變了常度以妄想期求或多方避免，亦不能因而有絲毫助益，即不能因而於或夭或壽之命定有所改變。因爲「命定」一觀念只屬「**氣化**」方面的事，于理方面不能說命定，只能說**義理之當然**。即使後來道教經過修煉期望長生不老，亦是有限度的，並不眞能長生不老，亦要羽化而登仙，還是要把軀殼脫掉的。佛家了生了死，亦是從涅槃法身來解決，不是從「色身」來解決。色身無常還是不能免的。即使圓教法身有色，色心不二，那亦是常色，不是無常色，是色之意義之轉化：一色一香無非中道。色法，即如其爲色法而觀之，仍是生滅無常的。因此，在氣化上必然有「命」一觀念。儒家即于道德實踐上確立命一觀念。

生死中之或夭或壽只是命一概念之一例。其實現實生活中或吉或凶，或幸福或不幸福，或富貴或貧賤，甚至五倫生活中之**能盡分**或**不能盡分**，皆有命存焉。是以孟子又說：

> 莫非命也，順受其正。是故知命者不立乎巖牆之下。盡其道
> 而死者正命也。桎梏死者非正命也。

一切莫非是命，人自當順而受之，不能違逆於命，即使你想違逆
之，亦違逆不來。雖是如此，然於順受中亦當順而受其**正當者**，不
應受其**不正當者**。受其正當者，其所受之命是「合理合道盡了所當
為」中的命，斯之謂「正命」。若受之而卻受了一個不正當的命，
此便是「不合理合道而未盡其所當為」中的命。既然有正不正之
別，則正不正之如何表示須看是何方面的「命」而定。茲仍落在生
死上說。生死雖有命存焉，但在此方面，知命者卻不因為有命存
焉，即立於危牆之下。康德於此名曰「**理性無用**」。盡道而死，雖
就是要死，亦須盡道。盡道就表示理性有用。盡道而死，則所受之
命是正當的命。不盡道而死，如死於拘禁械繫，戕賊以死，則是死
於非命，是不正當的命。（桎梏死不必是犯罪，凡亂來以戕賊自己
之生命皆是桎梏以死。縱欲敗度，放縱恣肆，行險僥倖，置一己生
命於危地，不順適其生命，皆是桎梏以死。）

　　這是就生死而言。若擴大之，凡榮華富貴，欲望之所及，非我
所能掌握者皆有命存焉，亦皆有正不正之別。是故孟子進而又說：

> 求則得之，舍則失之，是求有益於得也，求**在我者也**。求之
> 有道，得之有命，是求無益於得也，求**在外者也**。

案：此是說：你若去尋求，你就得到它；你若不去尋求，你就得不
到它。這種求是什麼一種求呢？曰：這種求是「有益於得」的求。

那方面的求是這種求呢？曰：在「我所能掌握的」這方面的求就是這種求。在我所能掌握的這方面的求所求的是什麼呢？這於文中未有明言。顯然孟子所隱指的就是**仁義禮智之本心**以及這本心所發的**仁義忠信之德**。就仁義禮智之本心言，你若去求你就得到它，你若不去求你就得不到它，這是呼應〈告子篇上〉孟子所引孔子「操則存舍則亡」之語。就本心所發的仁義忠信之德言，這是呼應〈告子篇上〉孟子所說的「貴於己」的天爵。天爵與仁義禮智之本心都是我所本有的，都是我所**能掌握者（在我者）**。是故你若求之，你就得之，你若不去求它（舍之），你就得不到它（失之）。這是沒有任何限制可以阻止你的。你不能說這是我的力量之所不能及的。是故你若在這裡求，這種求就「有益於得」。你若在這裡不求，就決定無所得。這是「求〔之〕在我者也」（意即這是我所能掌握者方面的求，亦函所求者是我自己所本有的）。這顯然同於孔子所說的「我欲仁斯仁至矣」。只是在仁這方面始如此。我不能說「我欲富貴斯富貴至矣」。（「斯」字即「立之斯立，導之斯行，綏之斯來，動之斯和」之斯，是語助詞，「即」義，「就」義）。故孔子曰：「富而可求也，雖執鞭之士，吾亦為之。如不可求，從吾所好。」「可求」是「**可求而得**」之意，「不可求」是「**不可求而得之**」之意，並不是說富貴根本不可欲求。求是可以求的，但求之而不必其得，是即「求無益於得也」。此即下聯之所說：

　　求之有道，得之有命，是求無益於得也，求**在外者**也。

案：此是說：你雖求之有道（盡其道而求──**正求**），但得不得仍

有命，這種求是「無益於得」的求，這是「求〔之〕在外者也」
（所補〔之〕字是虛繫字，非代詞）。「求〔之〕在外者」意即這
種求是我所不能掌握者方面的求，亦即外於我非我所固有者方面的
求，此如富貴、幸福不幸福等，即是**外於我者**，非我所**能掌握者**。
這種求固不可妄求，即使求之有道，盡其道而求，依道德原則之正
而求，亦不能決定其必得。因為道德原則於這方面之得不得，依康
德詞語說，是**綜和關係，非分析關係**。若依孟子詞語說，即是「得
之有命」；得或不得皆是「命」所決定，非道德原則所能決定。雖
是命所決定，然「欲貴者人之同心也」，亦並非不可欲，惟須盡其
道而欲。盡其道而欲是**正欲**，不盡其道而欲是**妄欲**。妄欲，即使得
之，亦無價值，蓋違犯道德原則故。而何況即使妄欲，亦仍不可必
得。是故無論正欲或妄欲，得不得皆有命，因為這根本是**外於我**而
非我所能掌握者。

　　實踐理性方面是如此，思辨理性（知解理性）方面亦有類此之
情形。康德說，純粹思辨理性方面所表現的那種辯證的假象是可以
通過批判而得解答的。因為這些假象是由純粹理性自身而發，解鈴
還得繫鈴人，是可以通過純粹理性之正確的使用而解消的。這是純
粹思辨理性自身的事，不是「**對象**」的事，故不可藉口人之理性無
能而推託，亦不可藉口人之知識有限而推託。關於「對象」者（在
外者），是可以這樣藉口的；但關於純粹理性自身者（在我者，此
我是純粹理性自身之我）是不可以這樣藉口的。因此，這些辯證的
假象是可以被解消的，而且其被解消是必然的，不是或可試一試而
已也。但是在這裡的可以解答者雖與實踐理性方面之「求則得之舍
則失之」相同，而關於對象方面者（在外者）之不能盡知，有些問

題不能解答，這卻不是「命」之問題，而是知識之問題。康德在這些方面都有清楚的交待。例如**數學**與**道德**方面都是可以充分決定的，因爲都是先驗的故。**對象**之**超越方面者**如上帝之存在、靈魂之不滅等，是理性知識所不能及的。經驗科學中的**對象**方面是**無窮複雜的**，也是人之知識所不能盡的。但純粹理性之背反是可以解決的，那些虛幻的假象是可以解消的，因爲這是**理性自身**之事，非關於「**對象**」者。這方面的問題，以前儒道兩家都未曾意識及之，佛教依印度傳統曾有這些問題，但這是佛所不答的（佛於十四難不答）。康德的《純粹理性之批判》正是費大力以解答之。這是讀哲學者所不能逃避的責任。蓋哲學家與聖人不同故也。數學方面，儒釋道皆缺如，這是希臘傳統中所開發者，儒釋道在以前缺之，而在其向前發展中卻不能不予以正視。超絕方面，康德所說者是就基督教傳統而言的，然而其道理中國傳統是可以贊許的。至於經驗知識方面，中國雖未開出經驗科學，然於經驗知識之性格儒家亦盡知之。王陽明說名物度數雖聖人亦豈能盡知之？人於見聞之知本是有限的，聖人無所不知是無所不知個天理。不知能問就是天理。見聞之知之有無不是天理所能決定的。天理正是道德中之事。於此方面，康德之所說完全同於孟子，而且他們都有充分之意識。求之在我者與求之在外者之言何其若合符節也！此足見實理所在心同理同也。中西哲學會通之道亦於此得之矣。

命是道德實踐中的一個限制概念，必須被正視。道德實踐須關聯著兩面說：正面積極地說是盡心以體現仁義禮智之性，消極負面地說是克制動物性之氾濫以使其從理。在此兩面的工夫中都有命之觀念之出現，因此命亦須關聯著這兩面說。是故〈盡心〉篇孟子又

說：

> 口之於味也，目之於色也，耳之於聲也，鼻之於臭也，四肢
> 之於安佚也，**性也**，有**命焉**，君子**不謂性也**。
>
> 仁之於父子也，義之於君臣也，禮之於賓主也，智之於賢者
> 也，聖人之於天道也，**命也**，有**性焉**，君子**不謂命也**。

這兩聯是性命對揚，意義非常顯豁，古人大體都能得之，惟近人無
道德生活之體驗，只恃其理智的浮薄之知到處橫衝直闖，故不能了
解，不惟年輕人根本無法捉摸（尤其於下一聯），即使年長者，甚
至老師碩儒，亦不能了解。今之老師碩儒實只是民國以來之新知識
分子根本不讀中國書者，晚年偶爾讀之，亦不得其門而入，只是**穿
鑿索解**。是以處於今日，講孔孟義理之精微實倍感困難。須首先使
其通文句，進而使其通義理，如此方可逐漸引之悟入。

　　性命對揚，依孟子，性有兩層意義的性。一是感性方面的動物
性之性，此屬於「生之謂性」，孟子不於此言「性善」之性，但亦
不否認人們於此言「食色性也」之**動物性之性**。另一是仁義禮智之
眞性——人之價值上異於禽獸者，孟子只於此確立「性善」。性既
有此兩層意義，是故在道德實踐中，於此兩層意義的性方面皆有**命
限觀念**之出現。然而若性命對揚，則輕重抑揚之間不可不知。是故
孟子有如上兩聯之鄭重宣示，茲順通之如下：

> 口之於味方面皆喜歡美味，目之於色方面皆喜歡美色，耳之
> 於聲音方面皆喜歡悅耳之音，鼻之於臭覺方面皆喜歡香味，
> 四肢之於安佚方面皆無不悅安佚之舒坦以及觸覺之柔滑：凡

此皆發自感性〔動物性〕之本性自然如此，無人得而否認，然而此中得不得卻有命存焉，你不可藉口説是性便可妄求，是故君子於此便不説是性，而重在命之限制。於此方面説是性，這於性之概念並無多大意義，只表示人之動物性自然如此而已。若特重此動物性之意義，則唯一的後果便是助長人之藉口而縱欲敗度而已，是以君子在此重命不重性。〔政治上使人皆有飯吃，內無怨女，外無曠夫，當然照顧到人之動物性之性，但亦不是要使你縱欲敗度。〕

至於説到仁義禮智之義理之性方面，則仁之於父子方面之表現，義之於君臣方面之表現，禮之於賓主方面之表現，智之在賢者身上之表現，聖人之在天道方面之體證；凡此等等皆有命限存焉，並非一往無阻皆能是全盡而無憾者。此固然也，但此中卻有性存焉，意即此等方面之事皆原是性分中所應當盡之事，你不可藉口説有命存焉，你便可不盡性分之所應當爲去力求盡之而無憾。是以君子在此方面不重在命〔不謂命也〕，而重在説性之不容已。

案：前聯容易了解，此後聯便不甚容易了解，須要詳細說明。「仁之於父子也」意思是說「仁」在父子間之表現。這不是說仁本身（作爲性之德之仁本身），而是說仁在父子間之表現。當然仁不只被表現於父子間，然而父子間之表現仁卻是最直接而親切者，也最容易使人有感受者。但爲什麼說父子間之表現仁「有命存焉」呢？在正常的情況中，父母無不愛其子女，子女亦無不親其父母。在這裏說「命」好像很突兀。其實不然。這裏不都是十全十美的。有多

少缺憾，每一個人都能**存在地實知之**，只因這純是骨肉之間的事，大家不願細說而已。父不得其子，子不得其父者多矣（最古者如舜之與瞽瞍）。欲愛其子而無法成其愛者，欲孝其親而無法成其孝者，亦多矣。亂離之時尤其顯然。兄弟姐妹之間之友愛亦然。至於婚姻夫婦之間更有命存焉，此不待言。然不可藉口有命存焉，便可不盡其親親之實性。君臣間以義合，在這裏義之得不得表現，表現得有多少，這更容易被感到，這與能否「達則兼善天下」同一有命存焉。但一旦處於其間，便不可藉口有命便不盡其義之所當為。賓主之間能不能盡禮亦然（此處稍輕）。是以程明道云：人於五倫有多少不盡分處！至於賢者間多不能相知，此亦氣質限之也。聖人都是體證天道者，但體證得有多少，以何方式來體證（耶穌之方式乎？孔子之方式乎？釋迦之方式乎？），這都有個體生命之限制。是故孟子總說云：凡此皆是命，但有性焉，君子不謂命也。這不是說仁義禮智天道本身是命，而是說它們之能否得其表現，表現得有多少，是命。它們本身皆是性分中之事。其本身，依前文，雖說「求則得之，舍則失之」，然於「得之」之中而在現實生活中表現之卻有命存焉，此是**不同分際**之義理，不可不知也。

※　　　　　　※　　　　　　※

　　命是道德實踐中一個嚴肅的觀念。只彼有道德實踐、於道德生活有存在的體驗的人始能凸顯出這個觀念，其凸顯之也即如凸顯罪惡之意識與無明之意識一樣。西方道德哲學家不曾有這個觀念，因為他們只是哲學地分析道德之基本概念，而不曾注意個人**存在的實踐之工夫**。康德《實踐理性之批判》中的方法論實即是一種工夫論，但他這一種工夫論只注意到訓練人如何使其更接近於道德原

則，與儒家愼獨操存之工夫相比實不可同日而語，因此，他亦無
「命」之觀念。儒家自孔孟立教，講**本體**（道德哲學中之基本原
則）必函著講**工夫**，即在工夫中**印證本體**；講工夫必預設本體，即
在本體中**領導工夫**。依前者，本體不空講，不是一套懸空的理論，
而是**實理**，因此，即**本體便是工夫**。依後者，工夫不飄浮而無根，
而有本體以領之，見諸行事，所有行事都是**實事**，因此，即**工夫便
是本體**。工夫與本體扣得很緊，永遠存在地融一以前進，因此，得
凸顯出**命限**一觀念。在此種實踐中，亦凸顯出「**罪惡**」之意識與
「**無明**」之意識。道德意識愈強，罪惡意識亦愈眞。於體現本體
中，凡違犯本體之所命令者皆是「惡」；稍有偏差而不盡如理者亦
是惡。凡違犯本體而只利欲熏心者，其生命全是**無明**；體現本體而
不盡者，或有偏差或稍有偏差者，其中亦有**無明作祟**。全化盡無明
者即是佛（**究竟卽佛**）；在過程中而根本未接觸至無明者，其第一
步是**理卽佛**，第二步是**名字卽佛**，第三步是**觀行卽佛**，第四步是**相
似卽佛**；其已接觸**至無明而**未全斷者爲第五步**分眞卽佛**。**究竟卽
佛**是第六步，即最後一步也。此爲依佛家天臺宗六即位而說。儒家
未有此等步位之詳分，然在道德實踐中化除罪惡而至天理流行之境
是一無窮無盡之歷程，雖是一無窮盡之歷程，而亦可頓至之而非永
不能至者（此兩者，並非矛盾須注意），因此，若方便分階位亦可
分之，劉蕺山即已作出其規路。即在佛家，六即位之分，甚至五十
二位之分（十信、十住、十行、十迴向、十地、等覺、妙覺），亦
是大略分之，嚴格言之，亦是無窮無盡者，雖是無窮無盡，而終可
成佛，非永不能至者。（依西方基督教傳統而言，神聖乃永不能至
者，只可無限地向之而趨。）罪惡或無明之意識，說實了，都是實

踐中由氣化邊事之障礙而顯者。「命」亦是由氣化邊之限制（感性之限制、氣質之限制、遭遇之限制）而顯者。罪惡與無明可以**化除（斷盡）**，而命限則只可以**轉化**其意義而不能**消除之**。命限通於一切聖人，即於佛亦適用。佛家有**無明**之觀念，而無**命限**之觀念。實則只是不意識及而已，理上並不能否認之也。事實上，若一個體生命即九法界而成佛，十界互融而為佛，凡所成者皆是圓佛，凡圓佛皆是一，此一**是質的一**（法身之一）。若就其色身之色的成分（根身器界）而言，則必有種種差異。此種種差異即是其命限，因此，必有**種種形態之圓佛**。雖色心不二（在圓佛中是必然的不二），無常色亦可轉為常色，然此是意義之轉化，作用之轉化，而色法之種種形態之差別仍不能消除，只於其中無**無明之執**而已，此即天臺宗所謂「**除無明有差別**」。此種差別即成了圓佛中的那不起障礙作用、順之而通的非命限之命限：差而無差，無差而差，**命而無命，無命而命**，此即命可轉化而使之無礙（成為正命）而卻不能消除之之意也。因此，命之觀念即在佛家亦可適用。若在儒家，聖人是一，這也是質的一（亦如金子，一錢是金子，一兩也是金子，純金是一，這是質的一），然而卻有孔子與堯舜之別。以前人說堯舜萬斤，孔子九千斤。同是聖人，何以有斤兩之差？正因個體生命之氣稟不同故也。因氣稟不同而示現出命限之差，此無可奈何也。**無可奈何而安之若命**，然則**命**者即是你氣化方面**所無可奈何者**。雖無可奈何，然而重性不重命，君子進德修業不可以已也。

　　西方道德哲學家無命之觀念，以不講實踐之工夫故也。基督教只神話式地講原罪，而無真切的罪惡意識，亦以其有宗無教（只有一個空頭的上帝），主體之門不開，無慎獨之實踐工夫故也。一切

都交給上帝來決定，這眞成了命定主義，亦無實踐上命之觀念乃至正命之觀念也。

因此，道德實踐中命之觀念是儒家所獨有者。此一嚴肅之觀念旣不使儒家成爲**命定主義**，亦不使儒家成爲**樂觀主義**，而只使之成爲誠敬於「**進德修業之不可以已**」者。

命定主義是「理性無用」者，結果不是懶漢，就是亂來。西方宗教家看了儒家說人人皆可以爲聖人（孟子說爲堯舜），便以爲儒家是樂觀主義。其實儒家旣不是樂觀主義，亦不是悲觀主義，因爲道德實踐之事乃是**超越了**那「可以用悲觀或樂觀字眼去說之」的**問題之上者**。何以故？因爲它是一個「求之在我，求有益於得，而又知其爲無窮無盡」的問題。求之在我，求有益於得，則無所用其**悲觀**。知其爲無窮無盡，則無所用其**樂觀**。悲觀者希望達到某種特定目的，或期望解決某種特定的問題，而主觀上卻以爲**無法達到**或**解決之**之謂也。樂觀者則反是，儘管他亦不知如何解決之或達到之，然而他主觀上卻**相信**總有法可以解決之或達到之。因此，悲觀樂觀乃是對於無辦法的客觀之事之一種主觀的態度，這種態度不能用之於**道德實踐**之問題。因此，說儒家爲樂觀主義乃是無謂者。因爲他雖知「求則得之，舍則失之」，然並非不知有險阻者，即他同時亦知「有命存焉」。他雖知有命存焉，卻不是命定主義，因此亦無所謂悲觀。基督教認自己不能克服罪惡，一切交排給上帝，你得救不得救只有訴諸上帝來決定，這才徹底落於命定主義，因而亦是悲觀主義。結果只靠盲信（空頭的信即是盲信）來維持其激情利欲之生命，其激情利欲之生命所以不至使社會混亂崩潰者乃在客觀的社會制度（法治、民主政治）之制衡與疏通以及科學技術之不斷增進與

不斷的解決問題。西方文化固有其精采，其精采即在此。宗教不能說沒有其作用，但其作用只成消極的；積極的作用乃在科學、法制與民主政治。因此，西方文化，整個以觀，有許多實點，只有一個點是**虛點**，即作爲人世之**核心**的**道德實踐**成了**虛點**，因爲是虛點，所以亦成了**盲點**。這裡既成了盲點，是故其宗教亦**虛而不實**。道德既盲，宗教既虛，是故科學技術與民主政治亦未能使社會達至其善成之境，此是西方文化之弊也。或者說，你們儒家既這樣重視道德實踐，使道德實踐成爲**睜眼點**，何以你們中國如此之殘暴？你們中國人又有多少道德實踐？答曰：此爲**問非其類**。因爲實理之本質既如此，你就當正視此作爲核心的實理之本質，至於某時某處有若何結果或成敗利鈍出現乃是第二義的問題或其他方面的問題，不能一概而論。因爲道德實踐固是文化之核心，然不是萬能的，即只是**必要條件**，而不是**充足條件**。

道德既成了盲點，如是人們便轉而迷信**科學萬能**，以爲科學知識若達到了某種程度，即可解決一切問題，至此，亦無所謂命。此爲淺薄的**理智主義者**之**愚妄**，乃根本無道德生活之體驗者也。此不足言。

第三章　所欲、所樂與所性

孟子曰：「廣土眾民，君子欲之，所樂不存焉。中天下而立，定四海之民，君子樂之，所性不存焉。君子所性，仁義禮智根於心，其生色也睟然見於面，盎於背，施於四體，**四體不言而喻**。」（〈盡心上〉）

案：「四體不言而喻」之四體，俞樾謂為衍文，非是。此「不言」明是指四體說，不指人說。此句與《易・繫辭傳上》「默而成之，不言而信，存乎德行」不同，此後者是指人說。「四體不言而喻」言四體不言而自能**使人喻之**，或自能**令人曉喻**——曉喻這是仁義禮智之流露於人之四體之動作（人之儀容周旋之際）。喻是**自動詞**。「不言而信」之信字亦是自動詞，不假言說而自能使人相信，蓋默成「存乎德行」，有德行作證，何待言乎？惟此「不言」是指人說，而此處之不言則指四體說。「四體不言而喻」亦如孔子言「天何言哉？四時行焉，百物生焉。天何言哉？」天自不會言語，四體亦自不會言語，雖不會言語，卻可令人曉喻這即是仁義禮智之流露或著見，當仁義禮智**施於四體**時。視為衍文者是把四體之為主詞改為以人為主詞，視為與「不言而信」同。然這裏明是言根於心之仁義禮智之生色；見於面，盎於

背，施於四體，都是仁義禮智之**生色（著見）**。「施於四禮，四體不言而喻」，同樣亦可說「見於面，面不言而喻」，「盎於背，背不言而喻」。此皆甚顯然也，如何可說是衍文？作此說者只知人可不言，不知於天亦可說其無言也。於天旣可說其無言，於四體亦可說其無言也。朱註云：「四體不言而喻，言四體不待**吾言**，而自能曉**吾意也**。①」此則根本不通。

案：此段文言所欲與所樂不同，而不管是所欲抑或是所樂，又皆與所性不同。此則層層進顯──進顯價值之層級，以及最後進顯價值之標準，即進顯絕對價值。所欲與所樂，其價值之不同是在級度中者，而所性之價值則不在級度中，此即相對價值與絕對價值之不同，有條件者與無條件者之不同。

　　就所欲者而言，此欲是低級的。如欲榮華富貴，欲權力，此或大體可說是屬於感性的。就政治統治而言，如廣其土地，衆其人民，這當然是君子之所欲，因爲人皆喜歡地廣人多，這足以表示他之富有，又足以表示他所指揮者之多，所謂貴爲天子富有四海者是也。但若只是如此，這並無多大道德上的價值，這只滿足人之感性欲望或權力欲望而已。因爲這只是利己之私而無利人之公。是故君子可以欲此廣土衆民，但卻並不以此爲足樂。照孟子此處所言之樂而言，樂必是較高於利己之私者，決不只是感性之滿足，即是說，所樂者必須有點道德上的價值才行，吾人必進至於有利人之公之功德才可以說所樂。「中天下而立，定四海之民」（人皆歸之而居天

---

　　①編者註：牟先生於吾言、吾意也，五字旁加×記號。

子之正位以安定四海之民使天下之人皆能安居樂業而各得其所）便是一種功德，即有功德於斯民也。這便於廣土衆民上加上了一點道德價值，故君子以王天下而有功德於斯民爲可樂也。若不如此，即使貴爲天子，富有四海，亦只能成得一個夏桀或商紂，只能滿足你感性的放縱，毫無功德於人民，故亦毫無價值可言。

　　但是所樂雖在此，所性卻不在此。因爲這不是人人所可強求而得的，這是屬於「求之有道，得之有命，是求無益於得也，求在外者也。」這不是屬於性分中所必然有者，雖然人可樂有之。性分中所必然有者是屬於「求則得之，舍則失之，是求有益於得也，求在我者也。」君子所性（所以之以爲吾人之性者）是在「求在我者」處建立。君子所以之以爲其性者不在於其得志不得志。因爲現實人生中之得志不得志是不可得而必的，故吾人必須先有不依於「不可得而必者」之可得而必者以爲絕對自足之標準。因此，就此標準（所性）而言，人之得志不得志不是其行事之決定成分，亦不是此標準之決定因素。人就使是大行其道，處處順適，亦於其所性不能增加一點，就使是窮居陋巷，處處不得申展，亦於其所性不能減損一點。這是何故？這是因爲你所以之以爲性者所定之**本分**已經**決定**了之故，即你的本分決定你必須只依義理之當然而行。這是定然如此的，決無其他交替之可能。什麼是你所以之以爲性者而能定你的本分必如此呢？你所以之以爲性者是根於心的仁義禮智。根於心的仁義禮智，或直說仁義禮智的本心，決定你必須順此本心而動而表現爲仁義禮智之行。你只要如此而動而毫不顧及窮通順逆，你便有一具有絕對價值之人格，因此，你的窮通順逆皆不能於你的人格價值有所增損。因爲你如此而動是你的性體所定之本分就是如此的，

你不能妄想於此可有任何交替之可能，這就是你的本分已經決定了
是如此的。

　　君子所以之以爲性者旣是根於心的仁義禮智，則此根於心的仁
義禮智之彰著於外（**生色**或**顯現而爲可見者**）不只是人之依此仁義
禮智之原則而行，而且此仁義禮智旣是根於心，或說它們就是仁義
禮智之本心，是故此本心就是**具體的眞生命**，不只是一個**抽象的原
則**，因此，它必然要在形體生命處而爲具體的**著見**——著見於**啓口
容聲**，著見於**揚眉瞬目**。這種**著見**，孟子說爲「**生色**」，而其生色
是這樣的，即「睟然見於面，盎於背，施於四體——四體不言而
喩」。這意思是說：根於心的仁義禮智其彰著於一身也恰是這樣
的，即：它淸和潤澤地（睟然）著見於己身當前之面容（見於
面），復淸和潤澤地充盈於己身後面之脊背（盎於背），並亦淸和
潤澤地展布於四肢百體之動作，而四肢百體並**不會言語**，是故即使
四肢百體**無言**而人們自能**曉喩**——曉喩其動作是仁義禮智之流露於
人之儀容周旋之際，而人之儀容周旋亦無不是仁義禮智之著見。因
爲仁義禮智之本心是眞生命，眞生命自然有其周足、貫徹、流露、
潤澤於實處（具體處）之力量。這種生色著見就是《大學》所謂
「德潤身」，亦就是《中庸》所謂「誠則形，形則著，著則明，明
則動，動則變，變則化：惟天下至誠爲能化。」

　　以上所說就是依「君子所性」而說的德性人格之格範。這是每
一人所必須如此而且亦能如此的，這是「求則得之，舍則失之，是
求有益於得也，求在我者也。」

　　所性是與所欲所樂根本不同的。所性是無條件的必然，是人之
絕對價值之所在，是判斷行爲價值之標準；依所性而行以成德是無

待於外的，是我自己所能掌握的。所欲與所樂皆有待於外，不是我自己所能掌握的，而且得不得皆有命存焉。雖然人之道德實踐不排除所欲與所樂，然必「求之有道，得之有命」始可。廣土衆民是可欲求的，但必須求之有道，不是可以搶奪劫撂的；而且即使求之有道，亦不能保其必得，這是所謂「得之有命」者；即使無道妄求，亦不能必得，總有限制存焉。行險僥倖者亦不能保其所僥（徼）之倖必降臨也。即使你已得到「中天下而立定四海之民」（王天下），你也必須以所性之道德標準爲必要條件始能如此。若無此必要條件，你即使已得「中天下而立」，你也不必能安四海之民，四海之民終必「望望然而去之」，你所已得之「中天下而立」之地位亦必不能保。即在此情形下，始顯出「王天下」雖是所樂者，然卻不即是所性者之本身。顯「所性者」之本身正是爲的要顯出一切其他有待於外的行事之**判準**。所欲所樂者正是這所性者之**所評判者**。所性是**能評判者**（判斷之標準），所欲所樂是**被評判者**。是故所性並不存於（繫於）所欲所樂者之有無。所欲所樂必須**預設**所性爲條件。這並不是說所欲所樂**不重要**或不是人生之**所需要**。

　　所欲所樂都是有條件的，有待於外的。這嚴格講是屬於**幸福原則**下的事，富貴榮華都屬於幸福原則下的事。「王天下」是富貴之極，然富貴之極不必是幸福之極。是故〈盡心上〉：

　　　　孟子曰：「君子有三樂，而王天下不與存焉。父母俱存，兄弟無故，一樂也；仰不愧於天，俯不怍於人，二樂也。得天下英才而教育之，三樂也。君子有三樂，而王天下不與存焉。」

案：此三樂乃君子之所最重視者。王天下雖是富貴之極，亦可以藉之以表現德業或功業，固是君子之所樂，然卻不是君子之所最重視而珍貴之者，故不與於此三樂之中。君子何以重視此三樂而珍貴之？蓋以此三樂中之第一樂「父母俱存兄弟無故」是屬於**天倫**的；第二樂「仰不愧於天，俯不怍於人」是屬於**修身**的；第三樂「得天下英才而教育之」是屬於**文化**的：這都是最基本的，而王天下則只是政治的。王天下固重要，乃君子之所不廢，而且內聖必然函著外王之要求（雖在個別之人不能保其必得），然而總就人間文化整體以觀，**輕重本末**之間不可不知。

此三樂雖是所樂中之最基本的，然仍是所樂而不是所性。那就是說它仍是屬於**幸福**的。子女對於父母固不能期其長生不老，然正因為不能長生不老，是故有生之年得長承歡膝下，享天倫之樂，總是最幸福的。父母之年不可不知，一則以喜，一則以懼；父母在不遠遊；養生不足以當大事，送死乃足以當大事：凡此云云皆足以表示「父母俱存」之不易得，得之必為最幸福、最足樂者——此樂即是**天倫之樂**。兄弟亦是天倫之一。兄弟之間無變故，常能和樂友愛，得享天叙之常，亦是天倫之樂。父子兄弟分屬天倫，乃親情之本，若於此而能得無憾，豈不是最足樂者？然得不得俱有命焉，故此天倫之樂亦屬於幸福者。

修身是修天爵之事。順性分之所命而行即謂修身。修身即在成德。然則此屬於「求在我者」之事，何以亦屬於幸福？「求則得之，舍則失之」是一義，而「求則得之」得到什麼程度則又是另一義。在「得之」之經過中真能無愧怍乎？此中亦有命存焉。苟非至聖人之境，皆不能言毫無愧怍也。即使未臻聖人之境，若能在有限

度範圍內，粗略言之，心安理得，便可說仰不愧於天，俯不怍於
人。然愧不愧，怍不怍，雖屬盡其在我者，苟非至聖人之境，究隨
時可有愧怍出現。是故在命限之中，一時之俯仰無愧實是最大之幸
福，人生之至樂。蓋隨時可有愧怍，而我竟免於愧怍，此固由於意
志之堅定，非純偶然幸致者，然亦由於主觀面之**善根宿植**以及客觀
面**種種條件之順適**而足以**助成此堅定**，因此而得免於愧怍，即此而
言，免於愧怍是一種福。須知看得透忍不過而竟作惡事而有愧怍之
苦者多矣。此即其**福緣薄而慳**也。故此無愧怍之樂固是跟着心安理
得而來，然而助成此心安理得者亦繫於**氣命之順適**，即助成意志之
堅定而於理無違亦有繫於氣命之順適。德之所在即是福之所在。此
福是成德中之主觀心境，即自得自足之樂。此如斯多噶所說有德即
有福，此福無獨立的意義（被吞沒於德），然若自助成此德，照顧
着氣命而言，則無愧怍之樂便是一種有獨立意義的福。推之，殺身
成仁，舍生取義，固心安理得矣，然世之不能至此者何其多也！在
此說一種心安無愧之**理樂**，固甚爲**悲壯**，究非最高之**圓善**，然甘之
若飴，究亦因有一種**非凡之氣命**而然也。自此而言，無愧怍是一種
福，是難得之樂。此可曰**悲劇之福**，亦如言**缺陷之美**也。故無愧怍
之樂總是君子之所最重視而珍貴之者。因爲一有愧怍，良心不安，
便減低其人格之價值，雖貴爲天子，於我何加焉！故在現實人生過
程中，必須重視此種樂，否則價值不立，人道不尊。最高之圓善非
可輕易言者，蓋此屬於圓教境也。此三樂中之第二樂最鄰近於所
性，然仍不是所性之本身，而是於體現所性中吾人之氣命之順適或
不順適，能否助成行爲之無違於法則：順適者易有無愧怍之樂，不
順適者不易有也。

至於第三樂「得天下英才而教育之」，其爲屬於幸福者更爲顯然。蓋育英才使其成爲眞才以有所擔當，不管所擔當者爲立德，爲立功，抑或爲立言，皆是凸顯生命之精英，促進人間之價值，而有助於參天地贊化育者。但自古有才難之嘆。才不才天也，英才否尤其是天。旣已是才矣，能否得而教育之，亦是天（遇合或緣會）。佛家言佛法難聞，遇佛亦有緣。無緣遇佛，則佛亦無從而渡之，是佛之渡衆生亦有緣也。這後面根本有一種生命之**相契**與**不相契**。相契者爲有緣，不相契者爲無緣。相契者是一種福，不相契者則爲無福。人生得一知己而可以無憾，人之相知貴相知心。是則相契知心，相勉以進德成才，乃人生之至樂，蓋得之不易也。此可名曰師友之樂。旣知得之有命，故此樂亦屬於幸福者。

以上**天倫之樂**，**無愧怍之樂**，以及**師友之樂**，乃君子之三樂，最爲純淨而無私者，故雖王天下亦不與焉。蓋因王天下只是政治的，一方旣不能如此之純淨而無私，一方又專在一時之功業。其樂爲外部的，而功業之價值只是一時的。是故程明道云：「雖堯舜之事，亦只是如太虛中一點浮雲過目。」人可曰：堯舜事業畢竟是堯舜事業，非幸得者，乃因有堯舜之德而然。旣因堯舜之德而然，則根本是在德，可以爲型範者是堯舜之德，而不是那一時之事業。事業早已過去了而爲陳迹。而何況王天下者不必皆有堯舜之德。即使亦須有德，但爲政治功業所限，其德遂亦爲種種條件所限，故不能如三樂之純淨，故其樂亦不能如三樂之根本而持久。是則廣土衆民之可欲不及王天下之可樂，而王天下之可樂不及基本之三樂。基本之三樂雖極鄰近於所性，然尙不是所性之本身，因有命存焉，故仍屬於幸福者。如此層層進顯，顯出「所性」以爲一切價值之判準。

　　如識所以爲「性」者，則知盡性（率性而行）即在成德。德者得也，將本有之善性體之於己身之言行即是德。《大學》云：「德潤身」，即潤己身之言行也。孟子云：「君子所性，仁義禮智根於心，其生色也睟然見於面，盎於背，施於四體，四體不言而喻。」「生色」以下亦是「德潤身」，即本心善性之被體現於己身之言行也。此則屬於「求之在我者也」。盡性成德是屬於內聖之事，這是我之所能掌握者（求則得之，舍則失之）。所欲、所樂，乃至基本三樂乃是「得之有命」者。（無愧怍之樂一般言之，固是我所能掌握者，然究極言之亦是得之有命者，生命駁雜的人並不易得。亦如盡性是我所能掌握者，然盡至何度亦是有限制者，有限制即是有命，雖君子不謂命也。）既是得之有命，故非我所能掌握者，是求之在外者也。雖非我所能掌握，然亦君子所不廢，亦即人生之道德施展上所必然要求者。然必須以德爲條件，此即所謂「求之有道」也。依儒者之敎，內聖必然函蘊著外王，因無隔絕人世獨立高山之頂之內聖。然外王之事必以內聖中之德爲條件。（不是說先成了聖人才可以爲王。聖人不必是王者，王者亦不必是聖人。內聖與外王的關係是**綜和關係**，不是**分析關係**。內聖必然函蘊著外王，這必然是**綜和的必然**，非**分析的必然**。故只說外王之事必以內聖中之德爲條件。）如是，吾人在此必須注意，即，吾人不能因爲內聖必然函蘊著外王，就說外王之可樂就是所性，就是說，不能因爲外王之事必預設內聖中之德爲條件，內聖中之德亦存在於外王之事中，便說外王之事就是所性。我們只能說外王之事是性分之所綜和地函蘊者，但不能說就是性分之本身。凡所樂者（基本的三樂亦在內）都是性分之**間接地綜和地**所函者，而不是性分之本身。性分之**直接地**

分析地所函者就是**成德**。修天爵即是性分（仁義禮智之心）之直接地分析地所函者，「其生色也」云云（德潤身）亦然。修天爵而人爵從之，這「從之」便是間接地綜和地從之。從「間接地綜和地從之」（即間接地綜和地所函蘊者）這方面說，我們甚至可有如孟子所說「萬物皆備於我矣，反身而誠，樂莫大焉」之境，甚至又可有如陸象山所言「宇宙內事即是己分內事」之境。但不可因此便說萬事、萬物皆是「所性」，只能說萬事萬物皆是性分之**間接地綜和地**所函蘊者。「備」者即是此種**函蘊**之謂。

如是，吾人不能因為所性是「求之在我者」，便認為只是這「求之在我者」便已足夠窮盡一切，而不須要求於所樂（幸福）；復亦不能因為凡所樂者皆以所性者為條件，便認為所樂者即是所性。言所性者旨在成德，所性與德之關係是分析的；言所樂者旨在幸福，所性與福之關係是綜和的。在此，吾人不能**以分析的代綜和的**。所樂者以所性者為條件，萬事萬物皆以所性者為條件，盡皆統攝於此條件下，這是**綜和地備**於所性者，不是**分析地備**於所性者。我們不能因此綜和地備便認為萬事萬物都是所性。在此，我們不能**以綜和的為分析的**。

我們既不能以**分析的代**或**為綜和的**，亦不能以**綜和的為分析的**，是故所性與所樂是兩個既獨立而又相關的概念——這相關卻是**本末的相關**。（相關即是綜和的相關——本末的綜和之相關。）

如是，我們再進而言何以必要求於所樂。

所欲、所樂，乃至基本之三樂，總歸是屬於幸福者。然則何以必要求於幸福？幸福是屬於「**存在**」（個體存在）之事，不屬於「**理性**」之事。就個人言，我既有此生（個體存在），我即應保全

之而使之暢遂。人不應自殺，即是「尊生保命」之義。「身體髮膚受之父母，不敢毀傷」。父母全而生之，即應全而歸之。儒者以此為大孝。此亦是尊生保命之義。身體髮膚都不敢毀傷，而何況自殺？（殺身成仁，壯士斷腕，是另一義，與此不同。）然尊生保命需要種種條件。得之則為幸福，不得則為無幸福。保全生命既屬應當，故要求於幸福亦屬應當。蓋幸福者所以資助生命而使之暢遂者也。故幸福屬於「存在」之事，既屬於存在之事，則不能保其必得，是故得不得有命存焉。

就個人言需要幸福來資助其存在，就社會之全體言亦需要幸福來資助其存在。此不屬於各個人之事，乃**公共地**屬於全體之事，故王天下足以從政治上使社會全體得到其生命之安定而使之暢遂。王天下既有此功效，故王天下之可樂亦屬於幸福者，既是王者個人之幸福，亦有利於**社會全體**之幸福。社會全體有此王者所致之幸福之必要，故王天下亦君子之所樂也。王天下不是為自己之尊榮，乃是為全體社會之幸福。一夫一婦不得其所，若己推而納諸溝中，此亦仁者之所不忍。故政治為必要，而王天下所成之事亦必要，此總歸屬於公共幸福之事。至於誰能得此權位，或某個人之能得不能得，則有命存焉，故此亦屬於幸福者（屬個人之幸福）。

不論就個人言，或就社會全體言，其所需要之幸福皆直接屬於**個體存在**者，即有關於尊生保命者。至於基本之三樂則比較屬於精神生活者，亦即屬於較高級之幸福。雖是較高級之幸福，但既亦屬於幸福，故亦涉及**存在**方面之**限制**。天倫之樂依親親而定，是涉及父母兄弟之**存在**方面之**限制**者。無愧怍之樂依進德而定，是涉及**個人自己**之**存在**方面之**限制**者。育英才之樂依文化價值而定，是涉及

能教育被教育**雙方之存在方面**之**限制**者。旣皆涉及存在方面之限制，故得之有命，因而亦屬於幸福。此種幸福亦是人生之所需要者。

總之，有存在，即有護持與滋長存在之幸福之要求。「**存在**」有**獨立**之意義，**不可化除**，幸福亦有獨立之意義，不可**化除**。但人生有「**存在**」之**實然**，同時亦有「**理性**」之**當然**。「**所性**」即是屬於理性之當然方面者。幸福屬於「**存在**」之事，所性即屬於「**理性**」之事。道德是屬於所性者，故道德屬於理性之事。故道德亦有獨立之意義。就人生而言，依康德詞語說，依一切**理性的存有**而言（人亦是理性的存有之一），道德不但有獨立的意義，而且是一切價值之標準。康德說：「自然中每一東西皆依照**法則**以動轉。惟有理性的存有獨有一種『依照對於法則之想法，即，依照**原則**，以行動』之機能，即是說，它有一個意志。」（《康德的道德哲學》第42頁）。「自然中每一東西」即所謂「物」（自然物）。物只依法則（自然法則）以動轉，而無所謂**原則**。只有有意志的理性存有（人）始有原則。意志用原則決定行動。其所用之原則有是假然的（有條件的），有是定然的（無條件的）。假然的中有是技巧的（技術的），有是精審的（屬於幸福者）。惟定然的原則是屬於道德的。由定然的原則而引出的法則即被名曰道德法則。依孟子，定然原則與道德法則皆由所性而發，決不能由經驗與幸福而立。故道德不但有獨立的意義，而且是一切價值之標準，其自身是絕對價值，是評判其他一切有價值的東西之標準。此完全是屬於理性的事。因此，「存在」（尊生保命）以及屬於存在者（幸福）固屬重要，但必須以道德爲本。

　　吾人不能因為尊生保命重要，便說「所欲無甚於生，所惡無甚於死。」若真是如此，則吾人雖有意志，而意志之原則必只是假然的（只是技術的與精審的兩種），而並無定然的（道德的）原則。因此，吾人之生命必因著**假然的原則**而交付給**自然之因果法則**，一切皆只是**他律的**，**被決定的**，而並無自律之實踐原則，因此亦並無真正的道德法則。因此，吾人雖有生命，雖有理智，雖有種種技巧，雖有種種審思熟慮，最後總必只**為利害而打算**。因此，吾人之生存在價值上總必與「**物**」無以異，並無高於「**物**」者，最後總必只依機械的自然之法則而動轉。然而人作為理性的存有，總不只是這一層，他還有理性之一層（由所性而言的理性）。若只是「存在」之一層，而無「理性」之一層，則必成為人自身之否定。是故「存在」雖重要，而所性之道德面亦必有其獨立的意義而不可被化除。故必總有「所欲有甚於生者，所惡有甚於死者」。

　　同樣，所性之道德面雖是絕對價值之所在，然存在亦有其獨立的意義而不可被化除，是以幸福亦不能被化除。存在與幸福而被化除，則人即不復是人，而成為神。神之存在是**永存**，不是吾人（有限存有）之存在。人之存在是**偶然的存在**，函著**不存在**之可能。神之存在是**必然的**，不在時間中，其**不存在**是不可能的。復次，神亦無幸福不幸福之可言，因而神亦無所謂「**命**」。是故就人而言，存在與幸福有獨立的意義，不能被化除。人既不只是「物」，亦不只是「神」，乃是神性與物性之綜和。

　　就人而言，所欲所樂之幸福與所性之德既兩不可化除，則此兩者必須關聯起來。其關聯不是**對立並列**之關聯，乃是**隸屬**之關聯，既**本末**之關聯。本末是就人生之**價值意義**說，不是就**時間先後**之**實**

然說。價值意義之本末意即幸福必須以道德爲條件。不可逆其序而說道德以幸福爲條件。

這兩者之本末關係，就**現實人生**說，是**綜和的**本末，不是**分析的**本末。那就是說，德雖爲本，然有德者不必即有福；反過來，有福者當然更不表示其即有德。此兩者並不是分析此一個之概念便可得到另一個。然此兩者既皆必須被肯定，則雖**一時**有此不必有彼，然吾人總希望「**兩者皆有**」方是最好。兩者皆有而被綜和起來，康德名之曰「**最高善**」。「**最高**」有兩義，一是**究極**，一是**圓滿**。在此取圓滿義。因此，康德道德哲學中之「**最高善**」最好譯爲「**圓善**」，意即**整全而圓滿**的善。依孟子，天爵與人爵之綜和，所性與所樂之綜和，便是**整全而圓滿**的善。孟子對此未詳言，而康德詳言之。茲引康德之言以明其義：

> 「最高」可以或意謂**究極**〔至上〕，或意謂**圓滿**。前者是那種條件，即「其自身不是被制約」的那種條件〔是無條件的條件〕，即是說，「其自身不是隸屬於任何其他東西」的那種條件（即是最根源者）；後者是那種全體，即「它不是那同類的較大全體之一部分」的那種全體（即它是最圓滿或最整全者），在〈分析部〉中已表示：**德性**（由於使幸福爲有價值）是「那一切對我們顯現爲可欲的東西」之**究極條件**，因而結果也就是說，是「一切我們的對於幸福之追求」之**究極條件**，因此，它也就是**究極的善**。〔案：此究極的善是分解地單指德性一面說。德性是使幸福有價值者，是價值之標準，因此，是究極至上的善。〕但是這並不函著說：它是**整**

全而圓滿的善，即那「作爲理性的有限存有底欲望之對象」的那整全而圓滿的善；因爲這整全而圓滿的善也需要有幸福；這需要有幸福不只是在那「使其自己爲一目的」的個人之偏面眼光中需要之，而且甚至也在一無偏的理性之判斷中需要之，此無偏的理性把一般說的各各人皆視爲其自己即是一目的。因爲「需要於幸福，而又值得有幸福〔使幸福有價值〕，而同時卻又不去參與於幸福」，這不能與「同時具有一切力量」的理性存有〔無所不能的理性存有——拜克譯〕之圓滿意志相一致，如果爲試驗之故，我們思議這樣一個存有時。〔如果我們只爲論證之故而認定這樣一個存有時。——依拜克譯〕現在，因爲德性與幸福合起來構成一個人中的最高善之所有物，而幸福之分配之「準確的比例於道德」（道德是一個人之價值，亦是他的值得有幸福者）又構成一可能世界底最高善，是故這最高善即表示這整全的善，這圓滿的善。但是在此圓滿的善中，作爲條件的德性總是這極善者，因爲它沒有條件復在其上；而幸福，雖然它對於具有之者爲可欲悅，然而它卻並不以其自身即是絕對地善的並在一切方面是善的，它總預設道德地正當的行爲爲其條件。（《康德的道德哲學》第350頁，《實踐理性批判・辯證部》第二章首段）

案：依此文，德性之爲極善是善之標準。德性與幸福合起來而成的最高善（summun bonum），依其表示整全而圓滿的善而言，最好譯爲圓善。圓善（整全而圓滿的善）之所以爲圓善正因爲它亦應含

有幸福（它亦需要有幸福）。這應含有幸福，需要有幸福，不只是依個人（即使其自己爲一目的的個人）之偏面眼光看起來需要之，而且甚至依一無偏的理性之判斷而言亦需要之，無偏的理性把一般說的**各各人**皆視爲**其自己即是一目的**。前者如吾前文言就個人所言的需要有幸福；後者如吾前文言就社會所言的公共地需要有幸福，如王天下之政治上所致成者。此後者是純粹依無偏的理性而客觀地言之者。一切人，一切理性的存有，既需要有幸福，又值得有幸福，就應去參與於幸福。若需要有幸福，而又值得有幸福，而卻不去參與於幸福，這並不能與具有一切力量的理性存有之圓滿意志，即無限存有之圓滿意志（依康德即神的意志），相一致。（在此說無限存有只是爲由圓善而論證上帝之存在之故而去假定之或去思議之，意即不能思辨地證實之。拜克譯爲「論證」較好，阿保特譯爲「試驗」不顯明。所謂試驗蓋即以圓善試驗證實上帝之存在之意。）既從實踐理性上由圓善而去假定或思議一無限存有，則若需要有幸福，而又值得有幸福，而卻不去參與於幸福，這便圓滿不起來，因而亦與無限存有之圓滿意志不一致。無限存有之圓滿意志具有一切力量，當然能把某事圓滿起來，若任其有缺陷而不能圓滿之，這當然與神之圓滿意志相違反，即其意志是圓滿而又無力去圓滿某事，這便又不是圓滿的意志。在現實的人生上，人的意志處，雖需要有幸福，又值得有幸福，然而卻不必能得幸福，即不必能參與於幸福。此即是說，在現實的人生處，德與福之綜和關係不能保其必然，即不能保德福間的綜和連繫爲必然的連繫（一如經驗不能保因果連繫爲必然的連繫）。但是在無限存有之圓滿意志處，則能保此綜和爲必然，即保此圓善爲可能。無限存有能看到一切有限的

理性存有之有德者，必能得其應有之幸福（必能參與於幸福），因
為祂創造了「自然」，祂能使自然王國與目的王國相配合，因而成
為一上帝王國。在那兩王國之相配合中即含有幸福之分配之「準確
的比例於道德」，即幸福之準確的配稱於道德。幸福與道德之準確
的配稱即是上帝眼中一可能世界底最高善，即整全而圓滿的善。是
故只有一無限存有之圓滿意志始能保證圓善之真實的可能，即圓善
之實現。在德福一致（準確的配稱）中，德與福雖是兩個異質的成
分，然而卻又有一種必然的連繫，此只有靠「上帝存在」始可能。
這是西方基督教傳統下的說法。但若依照中國傳統，則當從圓教處
說。依圓教說圓善之真實可能，則德福一致不靠上帝來保證，而此
時之德福一致（準確的配稱）似乎也不好再說為綜和關係，它當然
仍舊不是分析關係。然則它是什麼一種關係呢？這頗不好說。此中
有甚深微妙處。這必須俟圓教明白了，始可明白。以下我們先詳細
介紹康德的說法，然後再依佛家天臺宗之判教先說明圓教之切義，
依次及於道家之圓教，最後及於儒家之圓教。圓教明，則圓善亦明
矣。須知康德之說法並非圓教也。

第四章 康德論善與圓滿的善

Ⅰ 善是實踐理性底直接對象──直接所欲之對象

道德底目標是善,而善繫屬於道德的行動,而道德的行動繫屬於善的意志,依孟子,是發之於性,是性分之不容已。康德名此「不容已」曰行動之必然,或亦曰實踐的必然。

寬泛言之,目標可轉爲對象。康德用「對象」說。如是,可這樣表示,即:屬於道德範圍內的對象是善與惡。「善」是所好者,惡是所惡者。所謂「好善惡惡」是也。用康德的詞語說,善惡是實踐理性底對象。善是依照一理性底原則而必然地被意欲(被渴望)的對象,惡是依照一理性底原則而必然地被避開(被厭惡)的對象。

實踐理性底對象與思辨理性底對象(即知識之對象)不同。後者由經驗來供給,是外在的,不屬於行動。前者繫屬於行動,是通過意志之因果性而可能者。意志決定你去行動,行動就是結果。實踐理性底對象即從這結果處說。是故康德云:

所謂實踐理性底一個對象之概念,我理解之爲這樣一個對象

之觀念，即此對象，作爲一個結果，是通過自由而被產生而
爲可能者。因此，「成爲實踐知識底一個對象」，此語，即
如其爲如此而觀之，它只指表意志對於行動之關係，因著此
行動，對象或此對象之反面可被眞實化；而「去決定某物是
否是純粹實踐理性底一個對象」，這只是去辨識「意欲一行
動」這「意欲之」之可能或不可能，因著此所意欲的行動，
如果我們有所需要的力量時（此力量經驗必能決定之），某
種一定的對象必可被眞實化。（《康德的道德哲學》第206頁，
《實踐理性批判・分析部》第二章首段）

案：所謂「被眞實化」即是通過行動而被實現出來，不只是一個概
念虛懸在那裡。是故實踐理性底對象必繫屬於行動，意志所決定的
行動。行動即產生某種結果，此就是實踐理性底對象。是故此對象
不是思辨理性（知解理性）知識之對象，即使說知識，亦是實踐的
知識，是實踐的知識之對象。繫屬於行動，而行動由意志決定。但
是意志之被決定至於行動，大分言之，可有兩路：一是以**對象爲首
出**，空頭地以對象爲意欲之決定原則；一是以**法則爲首出**，以法則
爲行動底決定原則。前者並不眞能表明實踐理性之對象——眞正地
道德的善或惡者，只有後者始能之。因此，康德繼上文又言曰：

如果對象被取來以爲我們的**意欲之決定原則**，則在「我們裁
決它是否是實踐理性底一個對象」以前，「它是否因著我們
的力量底自由使用而爲**物理地可能的**」這須首先被知道。
〔案：如果事先不能知道此對象在我們的力量之內是實際上

可以使之實現的，則它決定我們的意欲，使我們的意欲去意欲之，亦只是空意欲，因而它亦不能眞是實踐理性底一個對象。〕

可是另一方面，如果**法則**能**先驗地**被視爲**行動底決定原則**，而因此，這行動亦被視爲爲純粹實踐理性所決定，則「一物是否是純粹實踐理性底一個對象」這判斷並不依待於與我們的力量相比較；這問題只是：是否我們一定意欲一「指向於一對象底存在」之行動，如果這對象眞是在我們的力量之內時。〔案：此種實踐理性之對象是爲道德法則所決定，對象即是「法則決定你去行動」這種行動之所指向，而這種行動即是行善，實現一個善。這是孟子所說「求則得之，舍則失之，是求有益於得也，是求之在我者也」，是在我的力量之內的，故判斷善之爲對象不必依待於與我們的物理力量相比較。〕

因此，上說之問題〔即**一物**是否是純粹實踐理性底一個對象這問題〕只是關於「行動底道德的可能性」之問題〔因此，行動底道德的可能性是佔先的。——依拜克譯〕，因爲在此情形中，那作爲行動之決定原則者並不是**對象**，而乃是**意志之法則**。

因此，實踐理性底唯一對象就是那些屬於善者與屬於惡者之對象。屬於善者之對象意謂依照一「理性底原則」而**必然地被意欲**〔**被渴望**〕的一個對象，屬於惡者之對象意謂亦依照一理性底原則而**必然地**要**被避開**〔**被厭惡**〕的一個對象。〔屬於善者之對象，一個人理解之爲一個**必然的**意欲之對

象，而屬於惡者之對象，則是一個人理解之爲一個**必然的**厭
惡之對象，兩者皆依一理性底原則而然。——依拜克譯〕
（同上）

案：若**法則**決定行動（作爲行動之決定原則），則「一物是否是純
粹實踐理性底一個對象」，此中所謂「物」當即是所謂「事」。
「物」是很鬆泛的說法。行動即是按照道德法則去作某件事。吾人
即以此某件事作爲純粹實踐理性之對象，對象亦是很鬆泛的詞語。
如陽明所謂「意在於事親，事親即是一物」。「事親」是行爲。以
此爲物即以此爲對象（以此爲意之所在，亦即爲意所指向者），吾
曾名此曰「行爲物」。此種物或對象純由**內出**，亦即純由**內決**，這
只是行動之道德的可能性之問題（亦可說爲道德的行動底可能性之
問題）。

若**對象**決定行動（作爲意欲之決定原則），則外在的對象爲首
出。此對象或是自然物，或是由物上生起的自然事件。此等物或事
件引起我們的感性的欲望，由感性的欲望發爲行動以去取得此物或
事；而我們之這樣行動亦是事，亦可爲意欲之對象，亦可曰「行爲
物」；但此行爲物是由外引起者，而此行爲所欲取得之物或事亦皆
是外在者。凡此皆不由**自主**，皆是**求之或欲之在外者也**。在此情形
下，實踐理性之對象——所欲之善與所惡之惡是無定準的，而且必
以苦樂爲準。凡引起快樂者爲善，引起痛苦者爲惡；而苦樂之感純
是主觀的，各人不同。如是，行動之道德的可能性（或道德行動之
可能性）即無可能。即使以「存有論的圓滿」（此爲純理性所默識
者）來規定善，這也是以對象爲首出，也不能決定道德行動之可能

性。康德說：「存有論的圓滿這一概念無疑是**空洞而不確定**的，因而對於我們在這可能的實在之無邊廣野中去尋求那適合於我們的最大綜集（最高實在）亦是無用的；復次，在想特別去分清我們現在所要說及者之實在與每一其他實在之不同上，它亦不可免地要落於**兜圈子**中，它不能避免默默預設它所要去說明的那道德。」（《康德的道德哲學》第89頁）。以存有論的圓滿規定善既空洞而不確定，由此以言道德亦是他律道德。康德進而又說：「縱然如此，它還是比神學的觀點較為可取，首先，因為我們對於**神的圓滿**並**無直覺**，我們只能從我們自己的概念中（其中最重要的就是道德之概念），把神的圓滿推演出來，這樣，我們的說明必陷於一**惡劣的循環**中；其次，如果我們想要避免這惡劣的循環，則所剩留下給我們的那唯一神的意志之概念便是一個『以欲求**榮耀**與**統治**這種**欲望之屬性**而造成』的概念，並且是一個『**與可怕的威力**和**報復**之觀念相結合』的概念，而凡建築在這基礎上的任何道德系統皆必直接**相反於道德**。」（同上）。由神的意志之絕對圓滿來引申出道德亦是以對象為首出，亦是他律道德，既落於循環中，亦直接相反於道德。

　　如是，凡以**對象為首出**，無論最低的以苦樂為準，或較高的以存有論的圓滿為準，或最高的以神的意志之絕對圓滿為準，皆是他律道德，皆不能建立眞正的道德原則——自律之原則。眞正的道德原則（決定行動之原則）必須以**法則爲首出**，由此以決定實踐理性之對象，決定什麼是善，什麼是惡，這是有定準的。凡依無條件的命令而行者即是善的行動，凡違反無條件的命令者即是惡的行動。善由自律的道德法則來決定，不是由外面的對象來決定。康德這一步扭轉在西方是空前的，這也是哥伯尼式的革命。但在中國，則先

秦儒家孟子早已如此。

　　道德的善以道德法則來決定。凡依道德法則，無條件的命令，而行者即是善。並沒有一個現成的東西叫做善擺在那裏以便決定我們的意志，以便使我們的意志去意欲之，意欲之而發爲行動以取得之以使我們的行動可爲道德的行動。凡憑空從外面去決定善者，他決不能知道究竟什麼是善。在此情形下，善決無法被規定，而道德亦決無法可講。是故康德云：

> 　　如果善之概念不是從一先行的**實踐法則**而引生出，但反之，卻是用之以充當**實踐法則之基礎**，則此善之概念只能是這樣的某種東西之概念，即「其存在足以**許諾快樂**因而並**足以決定主體之因果性**去產生此快樂，那就是說，其存在足以決定**意欲之機能**」這樣的某種東西之概念。現在，因爲「要想**先驗地**去辨識什麼觀念將被伴以快樂，什麼觀念將被伴以痛苦」，這是不可能的，所以「要去找出那根本上或直接地是善或惡的東西」，這將只有依靠於**經驗**。主體底特性（單只涉及此特性，此經驗始能被作成）是苦與樂底情感，此情感是一「屬於內部感取」的接受性；這樣，只「快樂底感覺與之相連繫」的那東西必即基本上是善者，而那「直接地引起痛苦」的東西必簡單地即是惡者。但是，因爲這一說法甚至相反於語言之使用，語言之使用將**快樂**與**善**區別開，並將**苦與惡**區別開，而且要求善與惡將總是**爲理性所判斷**，因而也就是說，爲那「共通於每一人」的**概念**所判斷，而不是爲那「限於個人主體以及個人主體之感受性」的**純然感覺**所判

斷；又因爲縱然如此，快樂與痛苦也不能與任何先驗對象之觀念相連繫，所以那「認其自己被迫著必須以快樂之情感爲其實踐判斷之基礎」的哲學家必將叫那「爲快樂之工具」的東西曰善，而叫那「是不樂或痛苦之原因」的東西曰惡，因爲「基於工具〔手段〕與目的之關係」的判斷確然是屬於理性的。但是，雖然單只是理性能夠辨別工具〔手段〕與目的之連繫（這樣，意志甚至亦可被規定爲目的之機能，因爲目的總是意欲之決定原則），然而那從上面所說的「善只是一工具」之原則而來的實踐格言必不能含有任何「其自身爲善」的東西以爲意志之對象，但只含有某種「對某物爲善」的東西以爲意志之對象；善必總只是有用的，而「善對之爲有用」的那個東西必總是處於意志之外，那就是說，處於感覺中。現在，如果這作爲快樂感覺的感覺真要與善之概念區別開，則在此情形下，必無什麼「根本上或直接地是善的」東西，善只能在對某種別的東西即某種快樂爲工具中被尋求。（《康德的道德哲學》第208頁，《實踐理性批判》第二章）

案：若善之概念由先行的實踐法則而引生出，這便是以法則爲首出。若以善之概念作爲實踐法則之基礎，這便是以對象爲首出。凡此皆是康德之扭轉語。這種扭轉正合乎孟子之所說。康德是從義務之分析入手，由此悟入道德法則，無條件的命令，以及意志之自律與自由。他是環繞這些詞語來建立他的「以法則決定行動」的道德哲學。孟子是從「仁義內在」之分析入手，由此悟入仁義禮智之本心以建立性善，由此心覺性能發仁義禮智之行。仁義禮智之行即是

「順乎性體所發之仁義禮智之天理而行」之行。天理（亦曰義理）即是道德法則，此是決定行動之原則，亦即決定行動之方向者。天理從性發，不從對象立，即是仁義內在，內在是內在於心，即內在於性，本心即性也。心創闢地湧發仁義禮智之理，即是心悅理義，亦即康德所說之「意志之立法性」。「心悅理而立理」即是吾人之義理之性。人既以此爲其**義理之性**，他當然能發**義理之行**。此在以前名曰「性分之**不容已**」。「不容已」即是義不容辭，即是義務。「性分之不容已」即是義務從性發，因此，人**必然能**踐履義務。只要其本心性能一旦呈現，他即能有義理之行。其本心性能**必然能**呈現乎？曰必然能。蓋豈有既是**心**而**不活動**者乎？豈有既是**性**而**不呈現**者乎？其所以一時不呈現者只因私欲利害之雜間隔之。故孔子曰「操則存，舍則亡」；孟子曰：「求則得之，舍則失之，是求有益於得也，是求之在我者也。」人是必然能有仁義之行的，亦即必然能修其天爵的，蓋因其仁義之心必然能呈現故。此是孟子之思路，在此層上，孟子比康德爲圓熟而有力，蓋因康德無孟子之心性義並不以「意志之自律」爲人之性故，而自由又爲設準故，又不能說「心悅理義」故，實踐之動力不足故。（詳見拙譯《實踐理性之批判》中之諸案語）。

　　仁義之行就是善，這是實踐法則所規定的。這樣意義的善就是**純德**意義的善，絲毫無有私利底夾雜；亦曰**無條件的**善，不是爲達到什麼其他目的之工具。如孟子所說往救一將入井之孺子不是爲要譽於鄉黨也，不是爲納交於孺子之父母也，不是爲惡其聲而然也。這便是**無條件的純善**。依康德，這純善就是實踐理性之對象，亦就是所謂德。好善即是好此德，惡惡就是去掉那有私意者。人只應依

無條件的命令而行，其他決不應顧及，即使得不到幸福，亦應如此行。善惡是實踐理性之對象，禍福不是實踐理性之對象。幸福固亦是人之存在上之所需要者，但一方面它是得之有命者，一方面它又必須是以純善之德爲條件者。然則綜和德與福兩者使它們之間有一種準確的配稱關係，以成爲德福一致，這德福一致之**圓滿的善**是否也是實踐理性之對象呢？康德答曰是。但是這圓滿的善之作爲對象與上說無條件的純善（極善）之作爲對象，其意義並不相同。茲進而詳細說明之。

Ⅱ 圓滿的善是實踐理性之對象

康德說德是無條件的純善極善，但這並不表示說它是整全而圓滿的善，即「作爲理性的有限存有底**欲望之對象**」的那整全而圓滿的善。（《康德的道德哲學》第35頁）整全而圓滿的善既是理性的有限存有底欲望之對象，它當然是實踐理性之對象。他又說：道德法則通過那「作爲**純粹實踐理性之對象**與**最後目的**」的圓善之概念，它可以引至宗教。（同上，第379頁）這是明說圓滿的善（圓善）是純粹實踐理性之對象與最後目的。他在《實踐理性之批判》〈序文〉中說：上帝之理念與靈魂不滅之理念是道德地決定了的意志之應用於其對象之條件，此**對象**是**先驗地**給與於意志的，此即**最高善（圓善）**是。（同上，第128頁）整全而圓滿的善既是先驗地給與於意志的對象，它當然就是實踐理性底對象。圓善所以是先驗地給與於意志者，因爲圓善不是一個經驗的概念。康德表示「圓善是實踐理性之對象」的話頭隨處有之，不必詳舉。

但是圓滿的善之爲實踐理性底對象與純德之善之爲實踐理性底

對象並不相同。後者是屬於「我欲仁斯仁至矣」者，是「求之在我者也」，是我所能掌握的。前者因爲它包含有幸福在內，而幸福之得不得不可必，是故它亦非我所能掌握者。因此，圓善中德福兩成分在現實人生中常是不能一致的，不但不能一致，且常相違反。因此之故，圓善雖是實踐理性之對象並是其所追求之終極目的，然事實上在現實人生中是很難得到的，縱或可能偶一得之，然亦不能保其必可得。因此，我們先籠統地說德福兩成分間的關係是綜和關係，並非同一概念之分析關係。現在，且就其爲綜和關係分析其相順相違之情況。

純德之善（例如天爵）是吾人的意志通過一種行動，即通過其「依照無條件的命令而決定去行動」這種行動，而爲可能。這行動對所想的幸福而言就是一個原因。它既是一個原因，它當然有一種結果與之相連。但是這結果卻不一定就是幸福。行動須用著我的個體存在即四肢百體去行動。在我的個體如此這般去行動之時即在我的個體存在上有一種影響，這是**分析地必然的**。這影響或是與我的個體存在（即心身之具體狀況）相順適而有助益——助其調暢順適，或是不相順適而相逆違以使之處於極端困苦之中。此蓋因爲我的個體存在其自身是一套機栝，與純德之行完全**異質**而**異層**——前者是實然的，後者是應然的。價值上之應然不一定能與自然之實然相符合。如果相符合而使個體存在（實然）能順適調暢，這便說爲是**幸福**，如果不相符合而使個體存在不順適調暢而處於困境之中，這便不是幸福。「純德之行對於個體存在有一種影響」這是**必然的**，但是「這影響是幸福」卻不是必然的，而實是**偶然的**。但是幸福卻必須從個體存在上說。因此，在個體存在上，德與福底綜和結

合是一**偶然的特稱命題**，即**存在命題**。它既是一特稱命題，則它的反對面不結合而與禍（苦）結合也是可能的，這可能仍然是一偶然的特稱命題。兩者既都是特稱命題（即 I 與 O），則它們兩者可以同眞而不能同假。因爲純德之行雖與或禍或福爲異質，然純德之行卻決不是個體存在之**毀壞**，即是說，決不是**自殺**。（縱使在非常之時殺身成仁，這亦不是自殺。）既不是自殺，則德與禍苦之結合雖可能，然決不是否認個體存在，自然亦決不能成一全稱命題。若成一全稱命題（E），則德與福之偶然結合（I）便不可能。若此而不可能，則圓善亦不可能。但吾人既肯定個體存在（尊生保命），否認自殺爲合理，是故雖一時不必能有福，德福之結合爲偶然，但因純德之行可使吾之存在更有價值，故吾人對此作爲特稱肯定命題（I）的德福偶然結合可期其爲一必然的結合，即期望德與福之結合爲一全稱肯定命題（A），此則爲實踐理性所許可，即是說，圓善實可爲實踐理性之對象與終極目的。當此對象由可能（與實踐理性不衝突）而至實現時或至有一根據使之爲眞實的可能時，則德與禍苦之偶然結合（O）便不可能，因 A 與 O 爲矛盾故，而德與禍苦之必然結合（E）更不可能，因 A 與 E 不能同眞故。

因此之故，在個體存在上，德福之結合雖是偶然的，因而德與苦之結合亦是可能的，因此，如若不從德說起，單只禍福相對而觀，則禍福俱無定憑，你也可以說：「福兮禍所依，禍兮福所依。」但若從德說起，有德以冒之，則理性上吾人只能期望德福之間有必然的結合，而不能期望德苦之間有必然的結合，蓋因爲此爲**非理性**故。因此，雖說「福兮禍所依，禍兮福所依」，然而吾人決不能憑此語而說行善行惡都無所謂，蓋這樣說便只是自然主義故。

吾人必須站在「應然」之立場將禍福統屬於**行動**（由**意志決定之行動**），而期望行善向福走，行惡向禍走。縱然禍或福之自身皆可引致其反面，所謂「塞翁失馬焉知非福」，又所謂「匹夫無罪，懷璧其罪」，然而我們總期其皆隨行動轉。普通所謂「禍福無門，唯人自招」，既是自招，則行善理性上自然向福走（致福），不能向禍走，雖事實上有時不必有福，因為善肯定他人亦為目的，有**成全性故**；行惡理性上自然向禍趨，不能向福趨，雖然事實上不必有禍，因為惡否定他人，有**破壞性故**。因此，在現實人生過程上，只要堅心行善，則雖一時不必有福，而且即使受點苦，倒反而能致更大的福。下引孟子語為證：

> 故天將降大任於是人也，必先苦其心志，勞其筋骨，餓其體膚，空乏其身，行拂亂其所為，所以**動心忍性**，**增益其所不能**。（〈告子下〉）

案：此承「舜發於畎畝之中」云云而來，順通如下：

> 是故上天要想把一種大任賦給這個人，它〔祂或她〕必須先困苦這人的心志〔下文所謂困心衡慮〕，辛勞這人的筋骨，饑餓這人的體膚使其四肢百體皆在凍餒之中，空乏這人之一切所需使其一無所有〔所謂孑然一身，所謂貧無立錐之地〕，並於這人之行事皆使之背戾不順以惑亂其所為。天之所以如此磨練之乃因為：蓋如此，它便可使這人能**竦動其心**，使其心有所警覺，並可使這人能**耐住其性**〔不管是氣

性、才性、或義理之性〕使**其性能忍受種種拂逆**，不因拂逆
而被沉埋或被放失，於種種拂逆之中仍能放光而有所表現
〔仍能發德行之純正〕，如是，它便可對於這人之於平素所
無能以爲之者，因磨練而增益其能力，使之**更能爲之**。
〔「增益其所不能」不是增益他的所不能爲者使之更不能
爲。若如此，便成大悖。〕

案：「忍性」，忍者耐也，如耐性、耐煩之耐，是「忍住而能勝
任」之謂。耐性是耐住性子而能勝任或當得起種種拂逆之挑戰，不
隨便跳起來（浮躁）。耐煩是能耐受麻煩之困擾而有辦法處理之，
或順通以化解之。

又案：「動心」之動是竦動義，竦動函著警覺。此與「四十不
動心」中之動或不動完全不同。該處的「動」是搖動義，不動是不
搖動。此處的動是竦動警覺義，朱註不誤。其例證是「舜居深山之
中，與木石居，與鹿豕遊，其所以異於深山之野人者幾希！及其聞
一善言，見一善行，若決江河，沛然莫之能禦。」「居深山之中」
與「發於畎畝之中」並無差別。惟在此處重在說處境之貧困，而在
「居深山之中」處，則重在表示舜有聖人之資，故能一覽全覺。最
與此處相同的例證則是〈盡心上〉：「獨孤臣孽子，其操心也危，
其慮患也深，故達。」這就是此「動心忍性增益其所不能」之諦
解。此處下文言「困於心，衡於慮，而後作〔作者興起義〕」，所
謂「動心忍性」即「困心衡慮」也。雖困心衡慮，然而不搖動，此
即含著忍也、耐也。由磨練而能忍，故能達能作。若不能忍，則是
下劣之輩，經不起考驗，是棄才也。即使有才，有心、性，亦須有

待於磨練，始更能放光。

「性」如指氣性、才性說，亦須磨練挫折方能成為眞氣性，眞才性。氣質之性亦須磨練挫折方能變化之而使之正。如孟子所謂本心即性之義理之性亦同樣須生活之磨練挫折方能使之更放光而發德行之純亦不已。能經得起磨練挫折而能盡你的性便是有才。否則是無用之輩，是所謂「棄才」也（棄是廢棄之棄，所謂報廢）。「才」是生命之強度，是天生之資。無論對應那一種性說，總有與之相應之才。對義理之性說，性是一，才有等級，故性之「表現」有差度。對氣性才性說，才有等級，性亦有等級。

康德亦說：

> 一善的意志之為善，並不是因為它所作成的或所致生的而為善，亦不是由於它的適宜於達成某種擬議的目的而為善，而乃單是因著決意之故而為善，那就是說，它是其自身即是善的，而且以其自身而論，它是被估價為比它在偏愛任何性好中，不，甚至在偏愛一切性好之總集中所能做到的高過甚多。縱使有這樣情形發生，即：由於幸運之特別不眷顧，或由於繼母般之虐待惡遇，這意志必完全無力去完成其目的，即使盡其最大的努力，它亦仍毫無所成，此時只剩下了一個善的意志（此善的意志確然並非只是一願望，但卻是能聚集我們的力量中的一切工具的意志），縱然如此，它也好似珠寶一樣，必仍以其自己之光而照耀，好似一在其自身即有全部價值者。（《康德的道德哲學》第16頁，《道德底形上學之基本原則》，第一節〈論善的意志〉）

康德是說「善的意志」自身為絕對的善。這是說本體。至於說到這本體之呈現，亦須有磨練挫折。幸運不眷顧，繼母般之虐待，都是磨練。康德在此不說工夫之磨練，只說縱有此虐待，亦無損於其自身，又康德亦不視此「善的意志」為吾人之性——義理之性。

〈告子下〉接上引文又云：

> 人恆過，然後能改；困於心，衡於慮，而後作；徵於色，發於聲，而後喻；入則無法家拂士，出則無敵國外患者，國恆亡：然後知生於憂患死於安樂也。

此當順通如下：

> 人常歷試於過錯之中而心感不安，然後始能精進不息，期於改之而無過。〔孔子曰：「過則無憚改。」「過而不改，是謂過矣。」〕
> 人常有難解之疑困惑於其心，使其心不安〔困於心〕，常有拂逆之事橫擾於其思慮，使其思慮不順〔衡於慮〕，然後他始能憤悱振作，有所興發而至通達。
> 人於事理必徵驗之於形色，發之於聲音，然後他始能通曉而明徹之。〔佛家所謂聲聞，孔子所謂「託諸空言不如見之行事之深切著明」，陽明所謂事上磨練，凡人皆須如此，不限於中人。〕
> 就一國言〔在當時諸侯有國〕，若內而無有法度之大夫〔在

當時大夫有家，故法家之家即是有法度之大夫〕與能輔弼之
賢士，外而無敵國之對抗與外患之警惕，則此國必流於悠忽
恬嬉而終致於魚爛而亡。

由此等等觀之，可知人實是生全屹立於憂患之中而常枯萎敗
亡於安樂之際。

案：「生於憂患死於安樂」，此是一實踐上的原則，亦可視作一警
戒之格言，表示人必須於缺陷之中精進不息‧，必須在困苦中奮鬥，
必須在事上磨練，必須在有對抗上警覺（於國於人皆然）。憂患即
「作易者其有憂患乎」之憂患，即所謂憂患意識，是好的意思。
「憂辱」是壞的意思。《孟子‧離婁上》云：「苟不志於仁，終身
憂辱以陷於死亡」。安樂有好壞兩義，此處是壞的意思，即「宴安
酖毒」之意。因此，此處之生死是實踐中對於生命作價值之判斷，
是就人之價值生命之成壞而言，不是就自然生命之自然的生死而
言，是由上文正面說的改、作、喻，以及反面說的亡，而賅括成
的。故生死二字是就改、作、喻、亡而言的，不是泛論自然生命之
生死，故知是指實踐中價值生命之成壞而言。屬於實踐中價值生命
之成壞是此生命之立得起與立不起的意思，亦是此生命之生全（朱
註語）屹立與枯萎敗亡的意思。立得起即是生，立不起即是死。此
生死是實踐中價值之判斷。當然，立得起亦不表示自然生命之永不
死，但可以提攜自然生命而使之歸正並使之一代一代繼續下去。立
不起亦不表示自然生命立刻即會死亡，但價值生命立不起，自然生
命可順其自然而氾濫以至加速被淘汰。自然生命之生死雖與價值生
命之存亡有關係，然而其自身總是另一會事。

　　故此一原則不是獨立地泛論自然生命之生死之原則。生死二字在此是有所特就而言的，是有分際之限制的，即就改、作、喻、亡而言者。若明其分際之限制，而說：「實踐中人之價值生命之成壞端視乎有無磨練的警覺而定」，則這便是人生一獨立的普遍實踐原則。孟子由「舜發於畎畝之中」歷歷說下來，正在指點此**原則**也。這是由生活之體驗而啓發出的。後來張橫渠於〈西銘〉中亦說：「富貴福澤將厚吾之生也，貧賤憂戚庸**玉汝於成**也。」前句是幸福，後句是沒有幸福。但這無幸福之困心衡慮正是一種磨練，因此而可以「**玉汝於成**」，亦即孟子所謂「生於憂患死於安樂」之義也。富貴福澤若有德以提之是「厚吾之生」；若無德，則亦是「宴安酖毒」也。故福必以德爲條件；而若動心忍性，堅心行善而不搖動，則雖貧賤憂戚亦必終致於福。但這終致於福在現實上仍不可得而必，也許只是成德價值之增大，而不必眞有配稱於德之幸福。「玉汝於成」亦然，「玉成」也許只是玉成你的德，而不必能使你眞有福。如是，在孟子與橫渠所說之情形中，福也許只是德之別名，並無獨自的意義。「生於憂患死於安樂」與「玉汝於成」這種普遍的實踐原則也許只是一種警戒與鼓勵——鼓勵你堅心成德，而「配稱於德」之幸福仍不可得而必。如是，那圓滿的善雖可能（即由德福之間的 I 命題可期望一 A 命題，此爲實踐理性所許可，因而亦爲實踐理性之對象與終極目的），然而仍無保障——保障其眞實的可能，保障其必然。儒者在以前不甚措意於此。如是，吾人仍就康德所說之圓善而思量此問題。

Ⅲ　康德論圓滿的善

康德說：

在最高善〔圓善〕中（此最高善對我們而言是**實踐的**，即是說，是因我們的**意志**而成為**真實的**），德性與幸福被認為是**必然地**相結合的。因此，這一個設無其他一個附隨之，它便不能為純粹實踐理性所認定。〔案：拜克在其《康德實踐理性批判之疏解》245頁中說：「最高善之概念決不是一個實踐的概念，而是理性底一個辯證的理想。」案：此語可怪，決非康德意。〕現在，這個結合（亦如每一其他結合一樣）或是分析的，或是綜和的。它不能是分析的，這是已經表明了的；因此，它必須是**綜和的**，更特殊地言之，它必須被思議為是**原因與結果之連繫**，因為它有關於一實踐的善，即那「因著行動而可能」的一個善；因此，結果，或者幸福底欲望必須是德行底格言之動力，或者德行底格言必須是幸福底有效因。第一種情形是**絕對不可能的**，因為如在〈分析部〉所已證明的，格言，即把意志底決定原則置於私人幸福之欲望中的那些格言，畢竟不是道德的，亦沒有德行能夠基於它們之上。但是，第二情形亦是不可能的，因為在世界中原因與結果底實踐連繫，作為意志底決定之成果看，並不依於意志底道德意向，但只依於**自然法則之知識**以及「為一個人的目的而去使用這些法則」的**物理力量**；結果，我們不能因著對於道德法則之小心翼翼的遵守〔最拘謹的遵守〕，便在世

界中期望那「適合於最高善〔圓善〕」的幸福與德行間底任
何必然的連繫。現在，因爲最高善之促進（此最高善之概念
含有這種連繫，即幸福與德行間之必然連繫）是我們的意志
之一先驗地必然的對象〔目的〕，而且是不可分離地附隨於
道德法則，所以前者〔最高善之促進〕底不可能必證明後者
〔道德法則〕之假。因此，如果最高善不是因著實踐規律而
爲可能的，則「命令著我們去促進最高善」的那道德法則必
亦被引至徒然無益的空想的目的，因而結果亦必須是假的。
〔因此，如果最高善是依照實踐規律而爲不可能的，則命令
著「最高善必須被促進」的那道德法則必須是幻想的，是被
引至於空洞想像的目的上去，因而結果亦必須是固自地假
的。——依拜克譯。案：此譯較佳。〕（《康德的道德哲學》
第354-355頁。《實踐理性批判·辯證部》第二章〈Ⅰ實踐理性底背
反〉）

案：以上康德文原爲一整段，茲方便分爲三段。首說「在圓滿的善
中，德性與幸福被認爲是必然地相結合的，因此，這一個設無其他
一個附隨之，它便不能爲純粹實踐理性所認定。」這句話是單就圓
滿的善說。若只就純德意義的「極善」說，則德即使無福以隨之，
亦仍可爲實踐理性所認定。惟福無德以隨之，則無論如何總不能爲
實踐理性所認定，雖可爲感性或氣質之性好所認定。

　　次說，在圓滿的善中，德福間的必然結合或是分析的，或是綜
和的。它不能是分析的，它必須是綜和的，意即它必須被思議爲是
原因與結果之連繫，因爲它有關於一「因著行動而可能」的實踐的

善（即圓善）。「因著行動而可能」，此中之行動，是原因，而幸福是結果。結果隸屬於原因，這隸屬之關係是綜和的連繫而又是一必然的連繫，只如此方是一圓滿的善。此種必然的連繫，若不慎審諦視，只籠統地平看，則它便於實踐理性上發生一種背道而馳的相反主張：「或者幸福底欲望是德行底格言之動力，或者德行底格言必須是幸福底有效因。」前者根本不可能。（伊璧鳩魯屬此前者，但他不知德福關係為綜和的，但只視之為分析的，因此，德無獨立的意義，此更不對。）後者亦不可能，但不是絕對不可能，只就綜和言不可能。（斯多噶屬此後者，但他亦不知德福關係是綜和的，而只視之為分析的。因此，福無獨立的意義。）何以故此後者就德福之關係為綜和言亦不可能？蓋「因為在**世界**中原因與結果底**實踐連繫**，作為意志底決定之**成果**看，並不依於意志底道德意向，但只依於**自然法則之知識**以及『為一個人的目的而去使用這些法則』的**物理力量**；結果，我們不能因著對於道德法則之小心翼翼的遵守（最拘謹的遵守），便在**世界**中期望那『適合於最高善〔圓善〕』的幸福與德行間底任何**必然的連繫**。」案：康德此長句底前半句中的諸詞語須諦認。在圓滿的善中，德福間的關係既為原因與結果式的綜和關係，則德行便是原因，幸福便是結果。此兩者因著行動而被連繫起來，故曰實踐的連繫；因為在圓善中被連繫起來，故此實踐的連繫亦曰必然的連繫。德行是由於依照道德格言而行而成者。是故雖是德行，亦須行動。行動不能不靠個體生命底動作，即四肢百體底動作。動作，依康德，就是現象。例如事親之孝，此孝行之德之實現須靠溫凊定省之動作以及供養之誠敬，並須對於父母身體之狀況以及供養所需之物資有所知。至於幸福，吾已說它是屬於個

體生命之存在之事，這並不是由德行概念之分析所能分析得出者。因此，在現實世界中，德行這個**原因**與幸福這個**結果**之實踐而必然的綜和連繫這個成果並不是意志之道德意向所能決定，須靠自然法則之知識（溫凊定省之動作，供養所需之物資，父母身體之狀況，以及有關於存在的那幸福，皆有自然法則存焉）以及爲達目的而使用自然法則之**物理力量**（須有足夠的物理力量，否則德福俱不能實現，而其必然連繫亦不能完成）來決定。既然如此，則只嚴格遵守道德法則決不能期望在現實世界中便有德福間的必然連繫這種成果。在現實世界中，德福間也許可能有一種**偶然的連繫**，即吾所謂 I 命題，但決不能期望其有**必然的連繫**，即吾所謂 A 命題。既然如此，則「德行」之格言是幸福之有「效因」，如斯多噶之所主張者，在現實世界中，自無可能。他之所以認爲可能，是因爲他把德福關係看成是分析的。在此情形下，福無獨立的意義，結果只是一個德而已，因此，其所謂最高善決不是圓滿的善，只是偏面的純德意義之**極善**而已。

但是，若異質的德與福這兩者間的綜和而必然的連繫所成的圓滿的善完全不可能，則最後「命令著我們去促進圓滿的善」的道德法則必落空，意即無實效而只成幻想，只是虛假的東西。因此，最後，康德說：「因爲含有德福間的必然連繫的那**最高善（圓善）之促進**是我們的意志之一先驗地必然的對象（目的），而且是不可分離地附隨於道德法則的，是故**前者**（最高善之促進）底不可能必證明**後者**（道德法則）之假。因此，如果**最高善**不是因著實踐規律而爲可能的，則命令著我們去促進最高善的那道德法則必亦被引至徒然無益的空想的目的，因而結果亦必須是假的。」案：此中所謂

「道德法則之假」，這個假字是虛假義，幻想義，落空而無實效義。康德直說爲「假」（false），容易使人生疑，至少不合普遍使用此字之用法。其實只是虛假義。但是，這幾句，康德說得總不甚周足。人們可說：道德法則只命令我們行善，並不必涉及幸福；因此，圓滿的善並不必是實踐理性之對象，而「圓滿的善之促進」亦不必是意志之一先驗地必然的對象（目的），亦不必是不可分離地附隨於道德法則。這樣說當然很夠英氣，在扭轉一關上是可以的，但這究竟並非了義，亦非究竟義，只是權法，非實法。因此，必須說明以下三義：第一，道德法則之實行必須涉及幸福，雖一時不必得，甚至今生亦不必得，但在理性上必須涉及，否則無法尊生保命，亦無法增長個體生命之圓滿發展與價值，而行善必無福，因此行善必等於自毀。但行善不是自毀，行善可以助成個體生命之發展與價值。行善終必有福，雖一時不必能得福。因此，我們必須首先說明「道德法則之實行必須涉及幸福」這必然性。**第二**，再說明在現實世界中德福間必然連繫雖屬不可能，然而 I 命題所表示之偶然連繫必須可能。即在現實世界中，道德法則之實行偶然地與幸福相連繫必須可能。因爲道德法則之實行這個行動必於個體生命之存在有或順或逆之影響，決不能證明其只有逆而無順，當然亦不能證明其只有順而無逆。或順或逆既兩可，不相矛盾，則 I 命題必須可能。此而可能，而行善又不是自毀，則由 I 命題期望一 A 命題亦必須可能，爲實踐理性所允許。因此，第三，A 命題所表示的德福間的必然連繫即圓滿的善必須是實踐理性底對象（終極目的），而其促進亦必須是我們的意志之一先驗地必然的對象（目標），而且是不可分離地附隨於道德法則者。因此，圓滿的善之促進必須可

能。否則那命令著去促進之的道德法則必虛假而無實。由此進而可說：圓滿的善之促進既可能，則此圓滿的善本身亦必須可能。若此而不可能，只是一妄想，則命令著我們去促進之的那道德法則豈不是被引至一徒然無益的空想的目的上，因而這道德法則豈不是虛假而無實？此足反證圓滿的善必須可能。

但是圓滿的善之可能不能只在現象界（感觸界）被期望。吾人必須在智思界中尋求其可能性之根據。

康德說知解理性有它的背反，實踐理性亦有它的背反。一派說：追求幸福產生一有德性的心靈。另一派說：一有德性的心靈必然地產生幸福。此是實踐理性之背反。康德說：

> 前者是絕對地假的，後者不是絕對地假的，但只在「德性被看成是感觸世界中的因果性之一形態〔意即被看成是感觸世界中的一種因果性〕」這一限度內，它才是假的，因而結果也就是說，只在「我設想感觸世界中的存在是一理性的存有之唯一的一種存在」這限度內，它才是假的。因此，它只是有條件地假的，但是，因為我不只是在想「我在一智思世界中當作一智思物而存在」為有據〔為正當〕，且甚至在道德法則中，我對於我的因果性（感觸世界中的因果性）復有一純粹理智的決定原則，因此之故，所以「心靈底道德性〔意向底道德性──拜克譯〕作為一原因對於幸福（作為感觸世界中的結果看的幸福）必定有一種連繫」，這並非是不可能的，而這連繫如若不是直接的，猶可是間接的，即通過一睿智的「自然之創造者」而

為間接的，而且抑又有進者，這連繫不但是**間接的**，而且亦是**必然的**。可是在那「只是感取之一對象」的一自然之系統內，這種結合〔連繫〕除**偶然地發生**外從不能以其他方式而發生（意即只能偶然地發生），因此，這種結合對**最高善**〔圓滿的善〕而言，並不**足夠**。」（《康德的道德哲學》第356頁，《實踐理性批判》第二章〈Ⅱ實踐理性底背反之批判的解答〉）

依康德這段話，我們可知「追求幸福產生一有德性的心靈」絕不可能（絕對假）。但「一有德性的心靈必然地產生幸福」卻不是絕對假，而是有條件地假。此即是說，只當德行底因果性（亦可說因著行動而表示的德性底因果性）只是感觸界中的一種因果性時，它才是假的。德行是現象，屬於感觸界。德行作原因它能產生一種結果（幸福），此即是德行之因果性，也即是德行作因幸福作果這因與果間的綜和連繫。若把這連繫只視為感觸界中諸現象之連繫，則「有德性的心靈必然地產生幸福」這當然是假。蓋因為從德行裏並分析不出幸福來，而今你說「有德行的心靈必然地產生幸福」這當然是假。這層意思，康德又換另一種說法來表示之，即：如果理性存有底存在只是感觸界中的存在，即感觸界中的存在是一理性存有底唯一的一種存在，則「有德性的心靈必然產生幸福」便即是假。蓋因只是感觸界中的理性存有底存在之行動只是感觸界的現象，並無智思界中的**超越原則**以決定之，是故德福之間並無必然的關係。斯多噶那個主張只在感觸界中的諸現象間想，並未在智思界中找其可能之根據。但是，依康德，作為一理性存有的我之存在不

只是感觸世界中的一種存在，而且想「我在一智思界中當作一智思物而存在」這也是甚有理據而正當的。而且不只如此，「且甚至在道德法則中，我對於我的感觸世界中的因果性（即德行行動之因果性）復有一**純粹理智的決定原則**（即以無條件的命令作原則來決定你去行動）。因此之故，所以心靈底道德性（意向底道德性）作為一原因（智思界中的原因）對於幸福（作為感觸中的結果看的幸福）必定有一種連繫，這並非是不可能的。而這連繫如若不是**直接**的，猶可是**間接**的。即通過一睿智的**自然之創造者**而為**間接**的，而且抑又有進者，這連繫不但是間接的，而且亦是**必然的**。可是在那只是感取之一對象的一自然之系統內，這種結合（連繫）除偶然地發生外，從不能以其他方式而發生，因此，這種結合（即偶然的結合）對最高善而言，並不足夠。」這明是說德福間的綜和而必然的連繫（即幸福之準確地比例或配稱於德行）只有靠智思界中的上帝（自然之創造者）之存在而可能。在感觸界之自然系統內決無可能。

　　因此，康德繼上而言曰：

　　　這樣，不管「實踐理性與其自己」底這種表面的衝突，最高善〔圓善〕總是一道德地決定了的意志之一必然的終極目的，因而亦是意志底一**真正的對象**；因為它〔最高善〕是**實踐地可能的**，而意志底諸格言（此等格言，就它們的材料說，它們涉及此最高善）亦有**客觀的真實性**；此客觀真實性開始為那顯現於因著一般的法則而成的「道德與幸福這兩者之相連繫」中的**背反**所威脅；但是這種威脅只由於誤想而

生，因爲諸現象間的關係已被**誤認爲是**「諸物自身對於這些現象」底一種關係。（《康德的道德哲學》第356-357頁，《實踐理性底批判‧辯證部》第二章〈Ⅱ、實踐理性底背反之批判的解答〉）

案：圓滿的善雖因兩派相反的主張而錯誤地被處理，處理得不得當，因而顯示出實踐理性自身之衝突，然而它總是道德地決定了的意志之一必然的終極目的，眞正的對象。它是實踐地可能的。其可能如吾前文之說明（依道德法則而決定的行動對於個體存在必有一種正面的影響，相順的影響，由Ⅰ命題期一A命題必可能）是可理解的。在其可能中，意志底格言有其客觀的眞實性。此時意志底格言，就其**材料**說，即就其**內容**說，必涉及圓滿的善，則涉及德福之結合。如果德全無福以隨之，或福之隨之全無可能，即意志之格言（決定意志之原則，就其材料說涉及圓滿的善者）必落空而無客觀的眞實性，一如康德前面說：如若圓滿的善不可能，則這必證明命令著去促進圓滿的善的道德法則爲虛假。但如伊壁鳩魯與斯多噶那樣的主張，圓滿的善必不可能，因而意志底格言，就其材料說涉及圓滿的善者，亦無客觀的眞實性。因此，康德說：「此客觀的眞實性開始爲那顯現於因著一般的法則而成的道德與幸福這兩者之相連繫中的背反所威脅。」案：此句中「因著一般的法則」一片語是形容「道德與幸福之相連繫」者，吾原譯誤置爲形容幸福者，當照改。此句是說涉及圓滿的善的意志底格言所應有的客觀的眞實性開始爲那背反所威脅，那背反即是顯現於「德福連繫」中的背反，而此德福之連繫乃即是因著一個一般的法則而成者。案：此所謂「一

般的法則」似當說為一般的規律或原則，此則較好。如伊壁鳩魯以「有福即有德」為原則（為規律），以此原則而達成德福之連繫；斯多噶以「有德即有福」為原則（為規律），以此原則而達成德福之連繫。這樣，便有背反。所謂「一般的法則〔原則〕」即是未能精簡諦審而自智思界說行動之法則（原則），但只在感觸世界中的現實生活上而說之。只如此而說之，便只藉賴著一般性的原則而去連繫德與福，這樣，便有背反發生。意志底格言，就其材料說涉及圓滿的善者，其客觀的實在性開始即為此種背反所威脅。但是康德說：「這種威脅〔拜克譯為這種困難，即由背反而成的困難〕只是由於誤想而生，因為諸現象間的關係已被誤認為是『諸物自身對於這些現象』底一種關係。」案：此語說得別扭而隱晦。依康德，德福間的必然關係是一種綜和的必然關係，而且須由智思界對於感觸界之關係而視之。行動固屬感觸界之現象，行動之因果性而至於幸福亦屬感觸界之現象；但是決定這行動之決定原則卻是純粹理智的，因此，屬於智思界，而作為一理性存有的「我」之存在亦不只是屬於感觸界之存在，而且亦屬於智思界而當作一智思物而存在，當作一「我之在其自己」而存在。這樣拉開，便無背反，而圓善可能。正如在純粹思辨理性處，「自由」與「自然」如同屬於一感觸界中之主體，則必衝突，而自由不可能；如拉開而屬於兩界，則無衝突，而「自由」一理念可能。是故圓善之可能本屬智思界中的理性存有之為智思物對於行動之為感觸界中的現象之關係，而康德說為是「諸物自身對於這些現象底一種關係」。此處所謂「物自身」即指我之在智思界中為一「智思物」，為「我之在其自己」而言。本當如此實說，而康德卻用「物自身」一泛語而說之，因此，看起

來很難理解。圓善既是如此，而伊壁鳩魯與斯多噶卻只視之爲感觸
界中的現象之關係，以爲這樣，圓善即可能。這實是一種誤認。故
說他們是把現象間之關係（在此圓善不可能）誤認爲是「智思界中
的智思物（我之在其自己）之對於那作爲現象的行動之關係」（只
在此圓善始可能）。這種說法是別扭的，而又把那所誤認成的說成
是「物自身之對於現象之關係」，故既別扭而又隱晦難解（因爲物
自身一詞太泛故，又是認識論中之詞語故）。實當該這樣說：把
「圓善於其中**不可能**」的關係視爲「圓善於其中**可能**」的關係，把
「圓善於其中**可能**」的那智思界中的智思物（我之在其自己）之對
於作爲現象的行動之關係誤認爲「圓善於其中**不可能**」的那感觸界
中的諸現象間之關係。這樣倒過來說方順適而顯明。何以當這樣
說，看下文即明。

> 當我們見到我們自己被迫著走得如此之遠，即走到與一**智思**
> **世界**相連繫那麼遠，以去尋求最高善〔圓善〕之可能時，
> （此最高善，理性把它呈現給一切理性的存有以爲一切他們
> 的道德願望之目標），則以下之情形必似乎是奇怪的，即：
> 縱然我們走得如此之遠以尋求最高善〔圓善〕之可能，而古
> 今哲學家卻自以爲已能見到**幸福**之準確**的比例於德性**，即使
> 在**今生**（在感觸世界中的今生）亦能見到之，或至少他們自
> 信他們已**意識**及之，這一點必似乎是奇怪的（《康德的道德
> 哲學》第357頁，《實踐理性底批判·辯證部》第二章〈Ⅱ、實踐理
> 性底背反之批判的解答〉）

案：此明說圓善只能在與**智思世界**相連繫中始可能，而圓善中「幸福之準確地比例於道德」這種準確的比例或配稱亦只有在**智思界**中肯定**上帝**（自然之創造者）**之存在**始能保證之——保證其真實的可能。然而古今哲學家（伊壁鳩魯與斯多噶自亦在內）卻自以爲在感觸世界中的今生即能見到之，至少已能意識及之，此則甚可怪也。所謂「在感觸世界中的今生即能見到之」意即在感觸界中作爲現象的德行行動之因果性中即能見到之。據此即可知上面之改說爲正當。

康德於〈實踐理性底背反之批判的解決〉這一段中，最後作結束云：

> 依對於純粹實踐理性底背反底這種解決，隨之而來者便是：在實踐原則中，我們至少可以思議「道德底意識與作爲道德之結果的那相稱的幸福之期望這兩者間的一種自然而必然的連繫」爲可能，雖然並不因此可思議隨而即可說：我們能**知道或覺知**〔理解〕這種連繫；另一方面，隨之而來者亦可說：幸福底追求之原則不可能產生道德；因此，道德是極善（圓善底第一條件），而幸福則構成圓善底第二成分，但是只當它是道德地被制約的，然而卻又是前者〔即道德〕底必然結果時，它始能是圓善底第二成素。只有依此**隸屬關係**〔即幸福隸屬於道德這種隸屬關係〕，圓善始是純粹實踐理性底整全對象，此對象，純粹實踐理性必須必然地思議其爲可能，因爲實踐理性命令著我們去把我們的力量貢獻給「此對象〔圓善〕之實現〔真實化〕」貢獻至最高度。但是因爲

「被制約者〔有條件者〕與制約之之條件底這樣的連繫之可能性」完全是隸屬於**事物之超感性的關係**，而且它不能依照感取世界底**法則**而被給與，雖然這個理念底「**實踐的後果**」，即「**意在於實現圓善**」的那些**行動**，是屬於感取世界的，因為是如此云云，所以我們想努力去建立那可能性之根據，即第一，就那**直接存在於我們的力量之中者**，第二，就**那不存在於我們的力量之中者**（雖不存在於我們的力量之中，但理性卻可把它當作「我們的無能──無能於那『依實踐原則而為必然的』的『圓善之實現』，這種無能之補充」，而呈現給我們），就此**兩方面**去建立那**可能性之根據**。（《康德的道德哲學》第363頁，《實踐理性底批判・辯證部》第二章〈Ⅱ、實踐理性底背反之批判的解答〉）

案：此段話中有些詞語須點明。**第一**，德福間的自然而必然的連繫雖可能，然不因此即可說：我們能知道或覺知（理解）這種連繫。依康德，有直覺的地方，始可說知。但圓善不是可直覺的，故於此不可說知道或覺知。即使方便地說知之，亦是實踐地知之，而不是知解地（思辨地）知之，故此知無實義。實踐地知之只是依實踐原則而思議其為可能，亦實是依實踐原則而來的誠信，一如上帝存在與靈魂不滅之為誠信。**第二**，德福間之自然而必然的連繫（即制約者與被制約者間之連繫）完全是隸屬於**事物之超感性的關係**，且不能依照感取世界之法則而被給與，雖然實現圓善之行動屬感取界。此即是說，德福一致不是可直覺的，不是感取界中的關係，而是超感性的關係。因此，其真實的可能性必須轉至超越域而求超越者來

保證。因此，**第三**，我們想努力就那直接存在於我們的力量之中者
與那不存在於我們的力量之中者這兩方面而去建立其可能性之根
據。所謂「直接存在於我們的力量之中者」當即指在尊敬法則以努
力使我們的心意符合道德法則中肯定靈魂不滅而言。尊敬法則云云
是我們的力量所能者，而靈魂不滅之肯定即是那直接存在於我們的
力量所能者之中者，即在我們的力量所能者之中，肯定之，雖然不
能思辨地證明之。至於那「不存在於我們的力量之中」者當指肯定
上帝之存在而言。上帝存在不存在於我們的力量所能者之中，但我
們卻必須肯定之──肯定之以保證圓善之眞實的可能，以補「我們
之無能於圓善之實現」這種無能。就靈魂不滅之肯定而言，我們期
意志之神聖性，完成圓善中純德一面；就上帝存在之肯定而言，我
們期德福一致之保證，作爲我們的無能於圓善之實現之補充。由此
兩者始足以建立圓善底可能性之根據。

第五章　康德論圓滿的善所以可能之條件

　　圓滿的善中德福間的必然連繫（如因與果間那樣綜和而必然的聯繫，必然的隸屬關係）是超感性的關係，而且不能依照感取世界底法則而被給與，因爲它是屬於意志因果的事。因此，圓滿的善在現實的人生中，在感觸世界中的今生中，是得不到的，縱或偶爾得之，亦不能保其必得。但是圓滿的善既是道德地決定了的意志之一必然的對象，而促進之使其實現又是此意志之一終極目的，是故它必須是可能的。但是我們必須在**智思界**中尋求其**可能性**之**根據**。我們之這樣尋求其可能性之根據可從兩方面想。

　　第一是從我們的努力方面想。我們的努力是努力於成德，即力求我們的心靈或意向之**完全符順**於道德法則。心靈之完全符順於道德法則即爲道德的善，此是圓善中德一成分之所基。但吾人有感性，吾人之作意**常不能符順**於道德法則，即或**偶爾**符順之，亦**常不能完全符順之**，更**不能永遠無疵地**符順之。**完全**而且**永遠無疵地**符順之是圓善之最高條件，此是純德意義的極善或純善；而此極善或純善便是意志之**神聖性**（亦曰生命底神聖性或道德品行底神聖性）。可是此一神聖性，吾人的現實意志不能具有之。因此，吾人必須在一**無限的進程**中具有之，因而亦必須需要吾人的生命之無限

拉長，而此無限拉長則有待於「**靈魂不滅**」之肯定。力求「心靈之完全符順於道德法則」或力求「生命之神聖性」，求之以爲行爲之模型而向之而趨，這是我們的**力量之所能者**。現實的人生雖總不能完全無疵地符順於道德法則，但是以之爲模型而向之而趨，這總是**可能的**，即在今生亦是**可能的**，且是**必然的**。是故這是我們的力量之所能。只是若想完全無疵地符順於道德法則，這便需要生命之無限拉長，因此，便需要有靈魂不滅之肯定。是故靈魂不滅之肯定便是那「**直接存在於我們的力量之中**」的事，雖這肯定只是一個設準，一個需要。這需要是直接就我們的力量之所能者而說，故說它是直接地存在於我們的力量之中的事。（孔子說：「我欲仁，斯仁至矣。」「我欲仁」是我的力量之所能者，但是「我欲仁」是否是完全無疵地欲，而「仁之至」是否是圓滿無偏地至，這卻有問題。照康德說，你是能欲仁的，而仁亦可在你的「欲之」之中能有一點呈現；但你是否能完全無疵地純依道德法則而欲仁，而仁是否能在你的「欲之」之中圓滿無偏地呈現，這卻有問題，這或許只能在一無限進程中始可能，而此便需要有靈魂不滅之肯定。這肯定便是那「直接存在於我之能欲仁之能力中」的事。平常說「我之能欲仁」是我的力量之所能者，也就是存在於我的力量之中者。但是康德在這裡是進一步說靈魂不滅之肯定是存在於我們的力量之中者，不是說「能欲仁」是存在於我的力量之中者。這當然是依基督教的傳統說。若就儒家言，即使在「是否完全無疵地欲」這一問題上亦不涉及靈魂不滅這一設準。說完全無疵的欲在「無限進程」中可能可，說它「頓」時可能亦可。兩者並不衝突。）

　　第二是從圓善所以可能之根據即那保證圓善之可能者方面說。

德福一致既是超感性的關係，不是感觸世界中所能有者，然則誰能
保障其可能？曰：只有上帝（自然之創造者）能保之。上帝之存在
是我們的力量之外者。圓善中，德是屬於**目的王國**者，福是屬於**自
然王國**者。這兩王國底合一便是上帝王國。因此，唯人格神的上帝
這一個體性的無限存有始能保障德福一致。因此，在此問題上，我
們必須肯定「上帝之存在」。靈魂不滅之肯定使圓善中純德一面為
可能，因而亦主觀實踐地或偏面地使圓善為可能者；而上帝存在之
肯定則是客觀而完整地使圓善為可能者。以下引康德文分別說明
「靈魂不滅」與「上帝存在」這兩個設準。

I　靈魂不滅

康德論靈魂不滅為純粹實踐理性之一設準云：

「圓善底實現於世界」是那「因著道德法則而為可決定的」
的一個意志之一必然的對象〔目標〕。但是在這樣的意志
中，「心靈與道德法則之完全的相符順」是圓善之最高條件
〔究極條件〕。因此，「心靈之完全的符順於道德法則」必
須是可能的，恰如此意志之對象〔案：即「圓善之實現」這
一對象或目標〕之為可能的，因為「心靈之完全的符順於道
德法則」是包含在「促進此對象〔圓善之實現〕」之命令
中。現在，「意志之完全的符順於道德法則」就是**神聖性**，
神聖性這一種圓滿，沒有感觸世界中的理性存有能夠在其存
在之任何時〔在其有生之日〕具有之。縱然如此，但是因為
它被要求為「實踐地必然的」，所以它只能被發見於一**無限**

的進程中，即「朝向那完全的符順而趨」的無限進程中，而
依據純粹實踐理性底原則，去認定這樣一種**實踐**的進程以爲
我們的意志之一**眞實**的對象〔目標〕，這乃是必然的。

現在，這種無底止的進程只有在「**同一理性存有底存在
與人格性**之無底止的延續」〔譯註〕之假設上才是可能的；
「**同一理性存有底存在與人格性**之無底止的延續」即被名曰
靈魂不滅。依是，圓善，實踐地說來，是只在「靈魂不滅」
底假設上才是可能的；結果，這靈魂不滅，由於其不可分離
地與道德法則相連繫，是故它是純粹實踐理性之一設準。
（所謂純粹實踐理性之一設準，我意謂是一**知解的或理論的**
命題，此命題即如其爲一知解命題而觀之，它不是可證明
的，但它卻是一無條件的先驗實踐法則之一不可分離的結
果。）〔但它卻是一先驗無條件地妥當的實踐法則之一不可
分離的系理。──依拜克譯。〕（《康德的道德哲學》第368
頁，《實踐理性批判・辯證部》第二章〈Ⅳ、靈魂不滅是純粹實踐
理性之一設準〉）

〔譯註〕：《康德的道德哲學》中原譯爲「存在之無底止的延續
　　　與同一理性存有之人格性」，此誤，當依此處之譯照改。

案：以上兩段，首段是由**意志之神聖性**這一**圓滿**逼到非要有一無限
的進程不可。蓋意志之神聖性這一種圓滿不是感觸世界中的有限理
性存有所能有之的。意志之神聖性就是意志之完全符順於道德法則
（在此說爲心靈或意向之完全符順於道德法則）。意志之神聖性即

意謂這意志是神聖的。神聖的意志，康德在別處說為其格言不可能與道德法則相衝突，此亦就是意志之完全符順於道德法則，此亦等於孟子所謂「堯舜性之也」，後來理學家所謂純合天理的意志，天理流行的意志。這樣的意志，康德以為不是現實的理性存有（人）在其有生之日所能有的；人只能**無限地向之而趨**，而卻**永遠達不到**。但是，「意志之完全符順於道德法則」是圓善中之究極條件，蓋這樣才是純德意義的極善──制約幸福者。若無這樣的純德，圓善亦不能被構成。此恰如若無與德配稱的幸福，圓善亦同樣不能被構成。是故純淨而神聖的意志，純德意義的極善，雖吾人現實上不能有之，然必須是可能的，一如「圓善之實現於世界」之為意志之必然的對象是可能的，因為它正被包含在「促進圓善之實現」之命令中。然則它如何可能，如何能被見到？你不能說它在這時或某時即可能，它只有在**無限的進程**中始可能，始可被見到。這是首段之所說。

次段即說：此種無限的進程，即向意志之神聖性（完全符順於道德法則）而趨的無限進程，只有依據「靈魂不滅」之假設才可能（實踐地可能，不是知解地或思辨地可能）。靈魂不滅即是一理性存有底**存在**之無底止的延續以及這同一理性存有底**人格性**之無底止的延續。因此，這靈魂不滅是純粹實踐理性之一設準，蓋由於它是與「意志之完全符順於道德法則」不可分離地相連繫。（原文是「與道德法則不可分離地相連繫」，此晦不明，須補。）

這裏面有幾點須點明。㈠靈魂不滅是以「同一理性存有底存在之無底止的延續以及這同一理性存有底人格性之無底止的延續」來說明。案：在《純粹理性之批判‧純粹理性之誤推》章中，康德表

明理性心理學預設靈魂有四性而期證明之，一曰**純一性**，二曰**實體性**，三曰**人格性**，四曰**不滅性**。這樣便即表示靈魂是一常存而不可破滅的人格性的單一實體，今生與吾之形軀合一而存在，即使未來脫離形軀亦仍獨自永永存在。然而理性心理學之思辨的證明實是誤推，因此，靈魂不滅當作一知解命題看，是不能被證明的。（一物之滅不滅是客觀存在的事，因而是知解底事，而若說不滅而需要證明亦是知解理性底事，但不滅是超經驗的事，故知解理性亦不能證明之。）因此，㈡康德在這裏說靈魂不滅是實踐理性之一設準，而且註明之云：「所謂實踐理性之一設準，我意謂是一知解的命題，此命題即如其爲一知解命題而觀之，它不是可證明的，但它卻是一無條件的先驗實踐法則之一不可分離的結果。」案：此最後一語亦當改爲：它卻是「意志之完全符順於一無條件的先驗實踐法則（即道德法則）」之一不可分離的結果。此而若可視爲一證明，則亦是實踐的即道德的證明（此實不是證明而是需要），而不是知解的（理論的或思辨的）證明。知解地說來，它不是可證明的。因此，㈡把它說爲實踐理性之一設準，此設準之意，康德在《實踐理性批判》序文中之一註云：

> 純粹實踐理性底設準，這設準一詞，倘若讀者把它與純粹數學中的設準之意義相混時，則它很可引起誤會。在純粹數學中，諸設準是有「**必然的確定性**」的。它們設定一種活動之可能〔案：即構造一幾何命題這構造活動之可能〕，此活動之對象（即所欲構造者）是早已在理論上（理論地或知解地）先驗地被承認爲是可能的，而且它具有**圓滿的**（**完整**

的）確定性。但是，實踐理性底設準卻是依必然的實踐法則而設定一對象自身之可能性（即上帝與靈魂不滅之可能性），因而也就是説，只爲一**實踐理性之目的**而**設定之**。因此，「**此被設定的可能性**」之確定性總不是**理論的**（知解的），因而也就是説，總不是**必然的**〔案：意即不是**客觀地決定了的必然的**〕，那就是説，它不是就「**對象**」而説的一種**已被知的必然性**，但只是就「**主體**」而説的一種**必然的設定**，即對此**主體之服從**（或遵守）其**客觀而實踐的法則**而爲一**必然的設定**。因此，它只是一必然的假設。我對於這種「**既是主觀的但卻又是眞正的而且是無條件的**」合理的必然性，找不到比「**設準**」一詞爲更好的詞語以表達之。

案：此註文非常重要。

　　合首段而觀之，此種設定靈魂不滅以使無限進程爲可能，在無限進程中使「意志之完全符順於道德法則」爲可能，此相連而生的兩義是東西方宗教根本不同的地方。依儒釋道三敎說，第一，即使說無限進程亦不必靠靈魂不滅之設定，他們有另一種講法；第二，說在無限進程中始可達到意志之完全符順於道德法則，這實等於說永遠不能達到，因爲康德無**頓悟**義故，而依儒釋道三敎，則**頓漸**兩義同時成立故。這兩點即顯出儒釋道三敎義理模式之特異，此將在下章中詳細說明之。茲仍歸於康德。康德繼上文進而復言，無限進程之作用云：

　　關於我們的本性底道德分定〔道德使命〕**之原則，即是説，**

只有在一無底止的進程中，我們始能達到「完全的符順於道德法則」，這個道德分定之原則〔或信條〕，是有很大的用處的，不只是在「補充思辨理性之無能」這現在的目的上有很大的用處，即就宗教說，亦有很大的用處。設無此原則，則或者道德法則完全從它的神聖性被貶抑下來，因著由於「成為放縱而且屈從於我們的方便」之故，而減低它的神聖性，或者人們濫用他們的天職之觀念以及濫用他們的期望——期望於一不可達到的目標，希望去獲得意志之完整的神聖性，這樣，他們便迷失他們自己於幻想的接神論的夢想中，此則完全與自我知識〔自知〕相矛盾。在這兩種情形中，不停止的努力，努力於去嚴格地而且徹底地服從一個嚴格的、不可屈撓的理性之命令（此命令不是理想，但是真實），這種不停止的努力，顯然只是被阻礙了的。因為就一個理性的但卻是有限的存有說，那唯一可能的事便是一無底止的進程，即「從道德圓滿底較低級進到其較高級」這個無底止的進程。無限的存有（時間之條件對此無限的存有是無），祂在此從較低級到較高級底進程中（此進程對於我們是無底止的相續），看見一全部的符順——符順於道德法則；而神聖性，即「祂的命令堅決地要求之」的那神聖性，（要求之以便忠實於祂的公道，即在「祂所指派給圓善中的德性成素與幸福成素這每一成素」的股分中忠實於祂的公道），則是見之於一獨一的智的直覺中，即對於「理性存有底全部存在」之一獨一的智的直覺中。就德性與幸福底股份分配之希望說，一切所能期望於被造物者乃是他的試驗過的

〔確實可靠的〕品格之意識，因著這試驗過的品格，依據他迄今以往所已作成的「從較壞到道德地較好」之進程以及那「因此前進之進程而被知於他」的那企圖〔意向〕之不變性，他可以希望這同樣進程之進一步的不間斷的連續，不管他的生存可以維持多久，他總可以如此希望，甚至超出今生以外，他亦可以如此希望，既如此，他又可以希望成爲**圓滿地適合於他的意志**〔成爲充分地適合於**上帝**的意志——依拜克譯〕，而沒有任何放縱或原諒（放縱與原諒不能與公正相諧和），他之希望成爲圓滿地適合於他的意志，實在說來，不是**在這裡**〔在眼前〕**希望之**，亦不是在其將來的存在之任何可想像的〔可預見的〕點位上希望之，但只是在他的久歷〔延續〕之**無底止中希望之**，其無底止的久歷只有**上帝能通覽**之。（同上，第369-370頁）

案：此段結束語，康德首先表示說：「吾人只有在一無底止的進程中始能達到完全的符順於道德法則」，此一義可以看成是關於「我們的本性底**道德分定**」之原則或信條。其意是說：依我們之爲被造物（有限的理性存有）而言，我們的道德分定就理當是如此。因此，這句話可以看成是我們的道德分定之原則或信條。「分定」，康德原文是 Bestimmung。案：此字本由動詞「決定」來，平常名詞亦譯爲決定。但在此，這個字之最恰當的意義就是孟子所說的「分定」，意即你的本分注定你如此。英文譯爲 destination 或 destiny，在此亦當是注定或定數義，「使命」便不甚恰。此字，康德有廣泛的使用，在別處，英譯亦將此字譯爲「天職」

（vocation），或隨文譯爲目標（goal）。在此譯爲中文之「分定」是最恰當的。孟子說：「君子所性，雖大行不加焉，雖窮居不損焉，分定故也。」眞了不起。康德用那個字是與孟子之思想相同的，雖然內容不同：孟子是以「所性」爲分定，而康德在此則是以「無底止的進程或前進」爲分定。英文的 destiny 尙不能恰當地傳達此分定之意，因爲 destiny 之爲注定或定數尙有命運之意，而此分定卻無命運之意。至於「天職」一詞在此更不恰，有時在別處可用。

此一**道德分定**之原則，康德認爲有兩種很大的用處，一、就靈魂不滅說，它可以補充思辨理性之無能——無能於證明靈魂不滅，意即思辨理性不能證明之，但在實踐理性處，依此道德分定之原則，我們卻可以必然地設定之，意即若想在無底止的進程中力求意志之完全符順於道德法則，則吾人即須必然地設定靈魂不滅，此則完全是合法的。若視此爲證明，則亦是實踐的（道德的）證明，而不是知解的（思辨的）證明。二、在關於宗教方面，它亦有很大的用處，即它可以使道德法則維持其神聖性而不被貶抑，並可以保持道德與宗教信仰間之距離，使宗教信仰維持其純粹的信仰性、超絕性，不至使吾人氾濫爲**通神之夢想**，此自是依基督敎傳統而說。因此，康德說：「設無此原則，則或者道德法則從它的神聖性被貶抑下來，因著由於『成爲放縱而且屈從於我們的方便』之故，而減低它的神聖性，或者人們濫用了他們的**天職**之觀念以及濫用了他們的**期望——期望於一不可達到的目標**（goal, Bestimmung），即**希望去獲得意志之完整的神聖性**，這樣，他們便迷失他們自己於幻想的接神論的夢想中，此則完全與自我知識相矛盾〔相違反〕。」若無

此道德分定之原則，則在無限進程中不停止的精進便鬆懈了，因此，便有兩種結果出現：或者貶抑了道德法則底神聖性，因為不停止的努力一鬆懈，便不免於放縱或屈從於方便，因而道德法則底神聖性便被喪失而被打了折扣；又或者人們可濫用或過用強用其**天職**（履行道德法則之所命）之觀念並同時可濫用或過用其**期望**——期望於一不可達到的目標，即希望去獲得意志之完整的神聖性。關於此後者，康德以為吾人之踐履盡分只能作到成德這一步，成德是我們的天職之恰當的目標，並不能通神，一下子便達到那意志之神聖性。吾人之踐履固期望此神聖性，但只能在**無限進程**中期望之，而卻永不能達到而實得之。若以為吾人之踐履盡分（天職）即能達此神聖性，則為天職觀念之濫用，過分張大之用；若以為那在無限進程中所可期望者可由盡分而期其可被實得，這便是對於期望之濫用，過分張大之用。這兩步濫用便是所謂**通神**之夢想，因為只有通神始能完成這種神聖性。但人作為有限的理性存有，當有**自知之明**，人實無這種**通神之能**，通神之能實是違反於自我之知識者。因此，康德云：「在這兩種情形中（即上述之兩種歸結中），不停止的努力，努力於去嚴格地而且徹底地服從一個嚴格的、不可屈撓的理性之命令（此命令不是理想而是**眞實**），這種不停止的努力，顯然只是被阻礙了的。因為就一個理性的但卻是有限的存有說，那唯一可能的事便是一個無底止的進程，即『從道德圓滿底較低級進到其較高級』這個無底止的進程。」

就有限的理性存有說，其成德方面那唯一可能的事便是「從其較低級的道德圓滿進至其較高級的道德圓滿」這種無底止的前進。這一種努力前進是一種無底止的相續，高而又高而又永遠達不到那

絕對的圓滿，即**神聖性**。可是**無限的存有**在這對我們是無底止的相續的無限進程中看到了**全部的符順**——符順於道德法則之符順。因爲在無限存有身上，沒有**時間之相續**，時間條件對於祂是無，什麼也不是。在祂面前，實亦無所謂**進程**，無限進程即**永恆**，亦即**一整全**。故在人（有限理性存有）處是一無底止的相續，由此以期完全符順於道德法則而又永遠達不到，然而在無限存有處，則無底止的**相續轉而**爲**一整全**，爲一**非相續之永恆**，因此，祂即於此整全或非相續之永恆中看到了**完全的符順**，因而也就是說，看到了**意志之神聖性**。祂是怎樣看到的呢？祂是在對於「有限的理性存有之**全部存在**」之獨一的**智的直覺**中看到的。在祂的智的直覺中，那無底止的相續轉成一整全、一非相續之永恆，此即是「理性存有之**全部存在**」。因爲智的直覺並非如感觸直覺那樣以時間爲條件。在有限存有處，以感性與時間故，其存在乃至其踐履活動拉成一長串、一無底止的相續，然而在無限存有處則無這一套。是故祂一眼即看到了理性存有底那全部存在，此即是祂的智的直覺。智的直覺都是**當下即全的**。祂所「智的直覺地」看到的那神聖性，即吾在無底止的相續中所黽勉以期而永遠達不到的那神聖性，即是祂的命令（道德法則亦可視爲是祂的命令）所堅決要求的那神聖性，要求之以便忠誠於祂的公道，祂的在使德福一致中的公道，祂的在派給德與福以恰當的股份中的公道，也就是說，祂的那使德福間有準確的比例或配稱的公道。那就是說，道德法則堅決地要求這意志之神聖性，而吾人只能在無底止的相續中黽勉以期者，而無限存有卻能在其對於吾人（有限理性存有）之全部存在之獨一的智的直覺中一眼看到之，即看到這神聖性。由此即進而以上帝之存在保證德福一致。祂的保

證、祂的公道、祂的智的直覺，皆在人的分上的無底止的相續以期意志之完全符順於道德法則（意志之神聖性）這一關節上被引出。而使吾人之努力之無底止的相續（無限進程）爲可能者即在靈魂不滅之肯定。

　　上帝雖能很公道地把德福之股份分配得恰好，然而在吾人則只是一希望。希望之根據即在吾人之努力以進德。因此，康德最後云：「就德性與幸福底股份分配之希望說，一切所能期望於被造物者乃是他的試驗過的〔確實可靠的〕品格之意識，因著這試驗過的品格，依據他迄今以往所已作成的『從較壞到道德地較好』之進程以及那『因此前進之進程而被知於他的那企圖（意向）』之不變性〔案：「完全的符順」即是其不變的企圖或意向〕，他可以希望這同樣進程之進一步的不間斷的連續，不管他的生存可以維持多久，他總可以如此希望，甚至超出今生以外，他亦可以如此希望，既如此，他又可以希望成爲圓滿地適合於他的意志而沒有任何放縱或原諒，（放縱與原諒不能與公正相諧和），他之希望成爲圓滿地適合於他的意志，實在說來，不是在這裡〔在眼前〕希望之，亦不是在其將來的存在之任何可想像的〔可預見的〕點位上希望之，但只是在他的久歷（延續）之無底止中希望之，其無底止的久歷只有上帝能通覽之〔能一目了然之〕。」

　　案：此一長句一氣下來，都是說的被造物，即有限的理性存有，而於行文中以人稱「他」代之。他根據他以往的精進以及因此精進而被知於他的那不變的意圖，他可以希望他未來甚至今生以外也可以有同樣的精進連續下去。夫既如此，他又可以希望在他的久歷之無底止中成爲圓滿地適合於他的意志。他希望成爲圓滿地適合

於他的意志即適合於其意志之完全符順於道德法則，這須在其久歷
（延續）之無底止中（此久歷之無底止惟上帝能一目了然之）希望
有此適合，不是在其今生或在其未來的存在之任何點位上希望有此
適合。康德行文之語脈是如此。惟此中「適合於他的意志」，拜克
譯爲「適合於上帝的意志」，此則歧出。「適合」原文是 adäquat
（adequate）。「他的意志」原文是 “ dem Willan desselben ”。那
個所有格代詞，阿保特以「他的」譯之，拜克以「上帝的」譯之。
就「適合」言，拜克譯讀起來好像較順；但何以忽然又說到上帝的
意志？因爲前後主文說無限進程，無底止的相續，都是就希望意志
之完全符順於道德法則即希望意志之神聖性而說，不曾說及要合上
帝的意志，而且上帝一詞之出現只在註明「久歷之無底止惟上帝能
一目了然之」這註明中出現，主文代詞似不應指此。因此，仍以阿
譯爲是。但說「適合於他的意志」似不甚顯明，其實是適合於他的
意志之神聖性（完全符順於道德法則）。「適合」譯爲「足稱」也
許較好。此則不甚相干。

又關於「甚至超出今生以外，他亦可以如此希望（希望不間斷
的連續）」，康德有註云：

> 縱然如此，在朝向善而前進的進程中，要想去得有「心靈之
> 不搖動的堅固性之確信」，這對於一被造物似乎是不可能
> 的。因此之故，基督教使這確信只從那「造成聖潔化」的同
> 一精神而來，即是說，只從此固定的目標〔意向〕以及與此
> 目標〔意向〕相連的道德進程中的堅定性之意識而來。但是
> 自然地〔坦白地〕說來，一個人，他若意識到在向較好而趨

的進程中，通過其生命底久長部分，他已堅持到〔其生命之〕終結，而此種堅持又是依真正的道德動力而堅持，則他很可以有這有安慰作用的希望（雖然不是有這確定性），即：縱使在一延長至今生以外的存在中，他亦將仍然繼續堅持於這些原則；而雖然在他自己的眼光中，他從未能在這裡〔在眼前〕**有理由「將繼續堅持於這些原則」**，他亦**不能希望**在他所期望的其本性之增加的圓滿連同〔其〕義務之增加於一起中「將繼續堅持於這些原則」，可是縱然如此，在這進程中（此進程，雖然它是指向於一無限邊遠的目標上，然而在上帝的眼光中，它卻是被視為**等值於已得的所有物**），他可對於一「有福的〔有天福的〕未來」有一展望；因為「天福」一詞乃正是理性使用之以指表一「**圓滿的幸福**」，即獨立不依於世界底一切偶然原因的「**圓滿的幸福**」者，此圓滿的幸福就像「神聖性」一樣，它是一個「只能**被含在一無底止的進程以及此進程之綜體中**」的理念，因而結果亦就是說，它從未能為一被造物所**充分地達到**。（《康德的道德哲學》，第370-371頁，《實踐理性批判·辯證部》第二章〈Ⅳ、靈魂不滅是純粹實踐理性之一設準〉）

案：此一註文亦甚重要。於今生以外（來生）繼續前進之希望有進一步的說明。此種前進需要有「心靈之不搖動的堅固性之確信」。有此確信，始能擔保繼續前進之真實可能，否則亦只是一希望而已。但對於被造物而言，要想得有這種確信，似乎是不可能的，因為人隨時有搖動。孔子說：「造次必於是，顛沛必於是。」這亦只

是一種勸勉而已。但人必須有這種堅定性。康德在此說到基督教。依基督教，此種堅定性之意識即是那「造成聖潔化」之精神。「心靈之不搖動的堅固性之確信」即從此精神而來。堅定性之意識，造成聖潔化之精神，即如亞伯拉罕之遵上帝命而奉獻其子於祭臺，雖然上帝並不眞要其如此（此雖足以表示亞伯拉罕之堅定性，但儒家聖人決不說這種詭譎話）。通過此堅定性，人可以希望：縱使在一延長至今生以外的存在中，他亦將繼續堅持這些道德原則。這只是一希望，並不是一確定性，即他並不能確定地必如此。依康德，這希望是一有**安慰作用**的希望，即由於此堅定，你可以有一「有天福的未來」之**展望**。此即是說：一個人，雖然在其自己的眼光中，他從未能在這裡（在眼前今生）**有理由**或**證明**「將繼續堅持於這些道德原則」，他亦不能**希望**在「他所期望的其**本性之增加的圓滿**連同其**義務之增加**於一起」中「將繼續堅持於這些道德原則」，可是縱然如此，他在一無限進程中可有一「有天福的未來」之展望。對人說，始須此一無限進程，然而在上帝眼光中，這無限進程卻等於已得的所有物，即前所說轉成一整全而以智的直覺頓得之，一目了然之。此天福的未來之展望即是「圓滿的幸福」之展望。「圓滿的幸福」正如「神聖性」一樣，只是一個理念，此理念只能被含在一無底止的進程中以及此進程之綜體中，因而亦從未能爲人所達到。

讀者讀至此，可看到這說法，依儒釋道三教觀之，顯然是消極的，並非究竟了義。他只說一堅定性，但並未能明此堅定性究何以可能。雖肯定靈魂不滅，說無限進程，然神聖性與天福究不能爲人所達到。這顯然與說實踐理性之動力有關。動力，如康德所說者那樣，是並不足夠的，一如唯識宗之以無漏種爲動力之爲不足夠，如

朱子之只說性即理不說心即理之爲不足夠。但康德系統中，已有了**靈魂不滅**，有了**無底止的相續**，並有了上帝之**智**的**直覺**之**一目了然**。凡此，俱可依儒、釋、道三敎之模式而重新予以消化與重鑄，以期**究竟了義**之達成。此將在下章中詳言之。茲仍歸於康德進而肯定上帝存在以保證德福一致。

Ⅱ　上帝存在

康德繼上肯定靈魂不滅進而復就德福一致（福之準確地比例於德）肯定上帝存在云：

> 依以上的分析，道德法則引至這樣一個實踐的問題，即「此問題單爲純粹理性所規定，而無任何感性動力之幫助」這樣一個實踐的問題，即是説，此問題是「圓善中第一而又是主要的成分即道德性這一成分之**必然的完整**」之問題；而因爲這問題只有在永恆中始能圓滿地被解決，所以它引至靈魂不滅之設準。現在，這同一道德法則亦必須引我們去肯定圓善中第二成分即「比例於道德性」的幸福這一成分之可能，而它之引我們去肯定這一成分之可能是依據這樣一個根據，即其爲公正而無偏一如前時規定「道德性之必然的完整」一問題時所依據者之爲公正而無偏，這樣的根據，而然者，而且是單依無私的理性而然者；此即是説，這同一道德法則必引至一個「適合於這個結果即幸福之比例於道德性這個結果」的原因之存在之假設；換言之，它必須設定**上帝之存在**以爲圓善底可能之必要條件（此圓善是那「必然地與純粹理性底

道德立法相連繫」的意志之一對象）。我們將依一可使人信
服的樣式進而去展示這種連接〔即上帝存在爲圓善可能之條
件這一種連接〕。（《康德的道德哲學》第371-372頁，《實踐理
性批判‧辯證部》第二章〈Ⅴ、上帝存在是純粹實踐理性之一設
準〉）

案：此是說道德法則引至「圓善中道德性一成素之必然的完整」這
一實踐的問題。此問題單爲純粹理性所規定而絲毫用不著感性動力
之參助。因爲既依無條件的命令式的道德法則而行方爲德，則吾人
之意志「如何完全符順於道德法則而無一毫之雜」一問題自然單爲
理性所規定而無須任何感性動力之幫助。意志之完全符順於道德法
則而無一毫之雜即是這裏所說的道德性一成素之**必然的完整**，亦即
是前文所說的意志之**神聖性**。此問題，依康德，只有在無限進程
中，在永恆中，始能圓滿地被解決；而無限進程必依據靈魂不滅之
肯定始可能，因此，必引至肯定靈魂不滅爲實踐理性之設準。

　　德性一面既如此，幸福一面呢？在此一面，道德法則亦必須引
我們去肯定圓善中幸福一成素之準確的比例於道德性爲可能。此一
可能之肯定也是依據一公正而無偏的根據，即單依無私的理性，而
被作成。這單依無私的理性，公正而無偏地去肯定圓善中之幸福
——幸福之準確的比例於道德，即是前文所說的「整全而圓滿的善
也需要有幸福，這需要有幸福不只是在那使其自己爲一目的的個人
之偏面眼光中需要之，而且甚至也在一無偏的理性之判斷中需要
之，此無偏的理性把一般說的各各人皆視爲其自己即是一目的」
（《康德的道德哲學》第350頁）。這樣地要求的「幸福之比例於

道德」必須有一個原因使之爲可能。這一個原因，知解地言之，必須是一超絕的原因，因爲它完全超出我的力量之外，此即是上帝。蓋此圓善並不是我之努力進德即可獲得者。故於「德之必然完整」一面既須肯定靈魂不滅，於「幸福之比例於德」一面又須肯定上帝之存在。是以上帝存在之設定必須是繫屬於圓善者，即在圓善之可能這一關節上吾人接上了上帝存在之肯定，肯定之以爲圓善底可能之必要條件。

　　我們如何能從幸福之比例於道德一面即能接上上帝存在之肯定呢？康德繼上文進而說明云：

　　　　幸福是世界中這樣一個理性存有之狀態，即在此理性存有身上，每一東西皆依照他的願望與意志而進行——幸福即是這樣一個存有底狀態；因此，幸福是基於「**物理的自然與此理性存有底全部目的並亦同樣與此理性存有底意志之本質的〔基要的〕決定原則之相諧和**」上的。現在，道德法則，作爲自由底一個法則，它是經由如下所說的有決定作用的原則而命令著〔指揮著〕，即此等有決定作用的原則應當是完全獨立不依於自然以及此自然之與我們的作爲衝力的欲望機能之相諧和的。但是，世界中的這活動著的理性存有並不是**世界底原因**，亦不是**自然本身之原因**。世界中的活動著的理性存有是屬於這世界而爲其中一部分，因而亦是依靠於這世界者，而亦正因此故，他不能因著他的意志而成爲這自然底一個原因，而當他的幸福被論及時，他亦不能因著他自己的力量使這自然徹頭徹尾地與他的實踐原則相諧和。因此，對於

如此一個存有中的「道德與相稱的幸福」間的必然連繫，在
道德法則中，並無絲毫根據。縱然如此，可是在純粹理性底
實踐問題中，即是說，在圓善底必然追求中，這樣的一種連
繫卻被設定爲是必然的：我們應當努力去促進這圓善，因
此，此圓善必須是可能的。依此，「一切自然」底一個原因
之存在也必須被設定，此一原因乃不同於自然之本身者，而
且它亦含有這種連繫之原則，即「幸福與道德這兩者間之準
確的諧和」之原則。現在，這個最高的原因必須含有這原
則，即「**自然不只是與理性存有底意志之一法則相諧和，而
且只要當這些理性存有使此法則成爲意志底究極的有決定作
用的原則時，自然亦與對於這法則之想法相諧和，因而結果
亦就是說，自然不只是與諸道德行爲之形式相諧和，且亦與
諸道德行爲底道德性**（作爲諸道德行爲底動力的道德性）**相
諧和，即是說，與諸道德行爲底道德品質**〔道德意向〕**相諧
的**」這個原則。因此，圓善是只有依據一「**最高存有**」之假
設才在這世界中是可能的，此**最高存有**有一種「與道德品質
〔道德意向〕相應和」的因果性。現在，一個存有，即那
「**能夠依對於法則之想法而活動**」的存有，他即是一個審智
體（一個理性的存有），而這樣一個「**符順於對於法則之想
法**」的存有之因果性就是他的意志；因此，自然底最高原因
（此必須預設爲圓善之條件）就是一個「**經由審智與意志而
爲自然之原因，因而也就是說，爲自然之創造者**」的存有，
此即是上帝。依此，隨之可說：「**最高的派生出的善（最好
的世界）**」底可能性之設準同時亦就是「一最高的根源的

善」底**實在性**之設準，即是說，是「上帝底存在」之設準。
現在，我們已知「去促進圓善」這對於我們是一義務；因
此，隨之可說，「我們必須預設這圓善之可能」，這不只是
可允許的，而且是一種「當作一必需者而與義務相連繫」的
「必然」；而因爲「預設圓善之可能」這一預設是只依「上
帝底存在」這條件才是可能的，所以「上帝存在」這個條件
便把「圓善之假設」**不可分離地連繫於義務**；那就是說，
「去認定上帝之存在」這乃是**道德地必然的**。（《康德的道
德哲學》第372-374頁，《實踐理性批判‧辯證部》第二章〈Ⅴ、上
帝存在是純粹實踐理性之一設準〉）

案：這一大段話，客觀地說，即就康德所呈現的思理說，已很周至
而明白。但是主觀地說，即就吾人之理解說，其所由以表現其思理
的諸辭語卻並非容易明白，因此仍需要有說明以疏通之。

首先，圓善既是幸福之配稱於道德，是故吾人必須先說明幸福
之意義。依康德，幸福是這樣一個理性存有，既「在其身上（在其
全部存在中）每一東西皆依照其願望與意志而進行」這樣一個理性
存有之狀態。這樣一個理性存有即是我們中國人所說的「事事如
意」的存有。「事事如意」的存有其生活狀態（其存在之狀態）當
然是很舒適的。這種舒適的狀態即被名曰「幸福」。因此，幸福是
個體存在之「**存在**」方面的事。而存在（現實的存在）是屬於「物
理的自然」的。因此，康德說：幸福是基於「物理的自然與此理性
存有底全部目的並亦同樣與此理性存有底意志之本質的（基要的）
決定原則之相諧和」上的。簡單言之，幸福就是一個個體（一個

人，一個理性的存有）之物理的自然與此個體之全部目的以及其意志之道德原則之相諧和。物理的自然有其自身之因果，此曰自然因果，亦曰機械的因果，用理學家的詞語說，此是屬於「氣」的。個體之全部目的以及其意志之道德原則（本質的原則）是屬於「自由」的，用理學家的詞語說，是屬於「理」的。在個體底現實生命上，這兩方面不一定能相諧和，因此幸福不可必，孟子說「得之有命」。因此，意志底本質原則只決定**道德的應當**，並不能決定「**物理的自然**」**之存在**。

意志底本質原則既不能決定物理自然底存在，因此，康德隨之就說：一個理性存有身上的德福一致（道德與相稱的幸福間的必然連繫）在道德法則中並無絲毫根據。其所以不能在道德法則中有根據，康德是如下那樣來辯說。康德說：「道德法則，作爲自由底一個法則，它是經由如下所說的**有決定作用**的**原則**而命令著〔指揮著〕，即，此等有決定作用的**原則**應當是完全獨立不依於**自然**以及此自然之與我們的作爲衝力的欲望機能之相諧和的。」即是說，此等有決定作用的原則既完全獨立不依於「自然」，同時亦完全獨立不依於「此自然之與我們的作爲衝力的欲望機能之相諧和」。道德法則即是經由這樣的一個有決定作用的**原則**而命令著或指揮著——指揮著吾人之活動。可是它雖經由這樣的原則而指揮吾人之活動，然而「世界中的這活動著的理性存有並不是世界底原因，亦不是自然本身之原因。世界中活動著的理性存有是屬於這世界而爲其中一部分，因而亦是依靠於這世界者，而亦正因此故，他不能因著他的**意志**而成爲這自然底一個原因，而當他的幸福被論及時，他亦不能因著**他自己的力量**使這**自然**徹頭徹尾地與他的**實踐原則**相諧和。因

此，對於如此一個存有中的道德與相稱的幸福間的必然連繫，在道德法則中，並無絲毫根據。」這就是說，人之道德法則雖經由一個「獨立不依於自然以及此自然之與作為衝力的欲望機能相諧和」的原則而指揮著其活動，然而由於他是世界中一部分而依靠這世界，他不能創造這世界，亦不能創造這自然，是故他亦決不能因著他的意志而為自然之原因，而當他的幸福被論及時，他亦不能因著他自己的力量使**自然**徹頭徹尾地與他的**實踐原則**相諧和。是故在道德法則中決找不到德福一致之根據。

在道德法則中雖找不到德福一致之根據，然而純粹實踐理性卻迫使我們必須追求這德福一致之圓善，因此，這圓善必須是可能的，即是說，德與相稱的福間的必然連繫必須被預設為是可能的。其可能之根據既在道德法則中找不到，然則在什麼地方可找到呢？康德說在「一切自然底原因」處可找到。因此，圓善──德福間的必然連繫既被預設為是可能的，則「一切自然底一個原因之存在也必須被設定。」「德」由於行為之符合於道德法則而成，而道德法則源於意志之自律。若光說德，則不必涉及「一切自然之原因」。但是福則必須涉及個體之存在，即必須涉及自然，因此德福間的必然連繫亦必須涉及自然。因此，若就圓善之可能言，必須涉及「一切自然底原因之存在」。此一「自然之原因」必不同於自然之本身。因為自然是被造者，自然之原因是能造者。因此，此一「自然之原因」必須即是自然底「創造者」，那就是說，是一最高的原因。此一最高的原因，當其創造「一切自然」時，必須含有德福間的必然連繫之原則，即是說含有「幸福與道德這兩者間之準確的諧和」之原則。再詳言之，「這個最高的原因必須含有這原則，即

『自然不只是與理性存有底意志之一**法則**相諧和,而且只要當這些理性存有使此法則成爲意志底究極的有決定作用的**原則**時,自然亦**與對於這法則之想法**相諧和,因而結果亦就是說,自然不只是與諸道德行爲之**形式**相諧和,且亦與諸道德行爲底**道德性**(作爲諸道德行爲底動力的道德性)相諧和,即是說,與諸道德行爲底**道德品質**〔道德意向〕相諧和』之原則。」案:這個句子不是容易理解的。此中有法則與原則之不同,復有「對於法則之想法」一辭語。這都是理解此句之關鍵。法則在此即是道德法則。法則是客觀地、靜態地說。原則是提起來通於意志說。法則即如其爲法則而客觀地靜態地說,它只是道德行爲之**形式**(行爲符合道德法則而具有合法則性之形式)。但法則源於意志之自律,故法則亦可提起來通於意志。理性存有亦可使此法則成爲意志之究極的有決定作用的原則因而轉而即以此原則來決定此意志。這個提起來說的決定意志之究極原則靜下來客觀地陳述之即是一法則。所以這個法則不是如自然法則之規則自然物那樣,自然物只依照自然法則以動轉,其自身並無原則。人(理性存有)有原則,即經由其意志設原則以立法則。此設原則以立法則即是「對於法則之想法」。「想法」康德原文是Vorstellung,在此不譯爲表象,英文譯爲 conception 或 idea,是擬想義,或擬立、擬提義,即你應當「想想你依據什麼原則來立你的實踐法則」,即你如何立你的法則始能使你的法則成爲道德的法則。這樣擬想一下,你的意志始能是道德的意志(自由自律的意志),你的行爲始有道德性(道德品質)。若想歪了,如依技術原則或幸福原則以立法則,則那法則便不是道德的,只是自然的法則。如是,你的意志便不是道德意志,而你的行爲亦無道德品質。

法則、原則、對於法則之想法（擬想），這幾個辭語弄明白了，則
那個句子，即表示「最高原因所含有的原則」的那個句子，便可被
理解。那個句子先提綱挈領地來理解只是如此：這個最高的原因必
須含有「自然與理性存有對於法則之想法相諧和」之原則，因而結
果亦就是說，必須含有「自然與道德行爲之道德性（道德品質）相
諧和」之原則。這樣說即表示最高原因所含的原則不只是「自然與
理性存有底意志之一法則相諧和」之原則；而且是「自然與理性存
有對於法則之想法相諧和」之原則；不只是「自然與道德行爲之形
式相諧和」之原則，而且是「自然與道德行爲之道德性（道德品
質）相諧和」之原則。這個原則從那裡想呢？即從最高原因之**睿智**
與**意志**來想。最高原因只是形式地說，必須具體化而爲人格神，因
此，它不只是一「理神」，且須是「智神」。它是自然之創造者，
因而它就是上帝。只有如此之智神始能含有如上所說之原則，即祂
能使自然適合於道德法則並適合於道德行爲之道德品質，因而祂始
能保證德福間的必然連繫，即使圓善爲可能，是圓善可能底根據。

　　因此，康德說：「圓善只有依據一最高存有之假設才在這世界
中是可能的，此最高存有有一種『與**道德品質**（道德意向）**相應
和**』的**因果性**。現在，一個存有，即那『**能夠依對於法則之想法而
活動**』的存有，他即是一個**睿智體**（一個**理性的存有**），而這樣一
個『**符順於對於法則之想法**』的存有之**因果性**就是他的**意志**；因
此，自然底最高原因（此必須被預設爲圓善之條件）就是一個『**經
由睿智與意志而爲自然之原因**，因而也就是說，爲自然之創造者』
的存有，此即是上帝。依此，隨之可說：**最高的派生出的善**（**最好
的世界**）底**可能性**之設準同時亦就是一**最高的根源的善**底**實在性**之

設準，即是說，是『上帝底存在』之設準。現在，我們已知『去促進圓善』這對於我們是一**義務**；因此隨之可說，『我們必須預設這圓善之可能』，這不只是可允許的，而且是一種『當作一必需者而與義務相連繫』的『必然』；而因為『預設圓善之可能』這一預設是只依『上帝底存在』這條件才是可能的，所以『上帝底存在』這個條件是把『圓善之假設』不可分離地連繫於**義務**；那就是說，『去認定上帝之存在』這乃是**道德地必然**的。」這是最後的結論。

　　以上是關於「康德就圓善可能之根據而認定上帝之存在」的那一大段話的疏解。經過這樣的疏解，我們對於那段話始可有一落實的理解。顯然上帝這一個最高而絕對的存有（無限的存有）之概念就是一個最高而絕對的（無限的）神智與神意之概念。這個概念是純粹理性之概念。它所示的無限存有被意許為人格意義的智神（不只是理神）。這個智神經由祂的無限的智與無限的意（神智與神意），祂有一種「與道德品質（由人或有限的理性存有對於法則之想法而顯的道德品質即因其有意志而且有原則而顯的道德品質）相應和」之因果性，如是，祂照顧了「德」這一面；而因為祂的因果性又創造了「自然」，是故祂又照顧了「福」這一面。祂憑藉祂的神智與神意，祂創造了「自然」，祂又能使「自然」與人或有限理性存有底意志之本質原則相諧和，因此，祂使德福一致（圓善）為可能。「德福一致」的世界是個最好的世界，亦名「最高的派生出的善」，而上帝（智神）則是「最高的根源的善」。設定最高的派生出的善底**可能性**就等於設定最高的根源的善底**實在性**，等於設定「上帝之存在」。「設定上帝之存在」是道德地必然的，因為「上帝之存在」這個條件把圓善之假設不可分離地連繫於義務。（促進

圓善是我們的義務。圓善之假設即圓善可能之假設。若圓善根本不可能，我們還促進什麼呢？我們沒有義務促進一個根本不可能的東西。）

　　設定上帝之存在既是道德地必然的，是故康德進而又對於這種設定底**道德的必然性**有所說明。他作如下之說明：

　　在此，以下一點必須被注意，即：〔認定上帝之存在是道德地必然的，這「道德地必然的」所示的〕這種道德的必然性是**主觀的**，即是說，它是一種需要，而不是**客觀的**，即是說，它本身不是一義務，因為茲不能有一**義務去設定任何東西之存在**（因為這種設定只有關於理性之**知解的使用**）。復次，這道德的必然性亦不是意謂：「去設定上帝之存在以為一般說的一切責成〔義務〕之基礎，這是必然的」（因為一切責成，如所已充分證明過的，只基於理性本身之自律）。在這裏，凡所屬於義務的只是努力去實現並去促進這世界中的圓善，因此，此圓善之可能可以被設定；而因為我們的理性已見到除基於一最高的睿智體之假設上，這圓善不是可思議的，所以這最高的睿智體之存在之許可〔認定〕是與我們的義務之之意識相連繫的，雖然這許可〔認定〕本身是屬於**思辨理性**之領域。單就此思辨理性之領域而論之，作為一**說明之原則**，它〔最高睿智體之存在之許可〕可以叫做是一假設，但是就「道德法則所給與於我們」的一個對象（圓善）之可理解而言，因而結果也就是說，就實踐目的上的一個需要而言，它可以叫做是**信仰**，即是說，是一純粹理性的信

仰，因爲純粹理性（在其知解的使用與實踐的使用兩面）是
「它所由以出現」的唯一源泉。（《康德的道德哲學》，第374
頁，《實踐理性批判・辯證部》第二章〈Ⅴ、上帝存在是純粹實踐
理性之一設準〉）

案：這是說凡設定某某東西之**存在**以爲「說明其他某某東西」之原
則或根據，這原本是**知解理性**的事。知解理性所作的這種設定只是
一種假設，原無客觀的必然性，知解上的確定性。如依知解理性之
路數設定靈魂不滅或上帝存在，這只是知解理性所作的假設，假設
之以求知解理性自身之滿足，這原無客觀的必然性，知解上的確定
性。縱然如此，可是設定**某某之存在**總是**知解**上的事。今說設定上
帝存在是道德地必然的，這「道德地必然的」所示的這種設定之道
德的必然性並不是**知解**的，但只是**實踐的**。是故這道德的必然性只
是主觀的，不是客觀的，是實踐上的主觀**需要**，不是知解上的**客觀
確定**——客觀地斷定上帝確實存在之確定。此義見於《實踐理性之
批判》序文中關於「設準」一詞之註語。該註語云：「實踐理性底
設準卻是依必然的實踐法則而設定一對象自身之可能性（即上帝與
靈魂不滅之可能性），因而也就是說，只爲一實踐理性之目的而設
定之。因此，『此被設定的可能性』之確定性總不是理論的（知解
的），因而亦就是說，總不是必然的〔案：意即不是客觀地決定了
的必然的〕，那就是說，它不是就『對象』而說的一種已被知的必
然性，但只是就『主體』而說的一種必然的設定，即對此主體之服
從或遵守其客觀而實踐的法則而爲一必然的設定。因此，它只是一
必然的假設。」（《康德的道德哲學》第138頁）。這「必然的」

即是道德地必然的，主觀地必然的，不是知解地，客觀地必然的。這「不是客觀地」中之「客觀」是就知解說。

　　但是這裏康德說「設定上帝存在」這設定之道德的必然性不是客觀的，這「不是客觀的」中之客觀是就義務說。說這設定有道德的必然性不是就義務說。義務是客觀的。但我們卻不能有一義務去設定某某東西之存在。某某東西之存在或不存在不是義務底事，這只是知解底事，即知解上客觀實然底事。設定上帝存在之道德的必然性既不是一義務，亦不是知解上的客觀實然，是故它總不是客觀的，它只是實踐上的**主觀需要**。

　　這裡，康德又說：「這設定之道德的必然性亦不是意謂：『去設定上帝之存在以為一般說的一切責成（義務）之基礎，這是必然的。』因為一切責成，如所已充分證明過的，只基於理性本身之自律。」如若說必須設定上帝存在以為一切義務之基礎，這正好是把道德基於宗教，這乃是他律道德，不是自律道德；是神學的道德學，不是道德的神學。康德從實踐理性上說設定上帝存在有道德的必然性，這正好是基於自律道德以說上帝存在，是道德的神學，不是神學的道德學。

　　設定上帝存在原是知解理性底事。從知解理性上說，這設定只是一假設，並無知解上的客觀必然性。但是從實踐理性上說這設定有道德的必然性，則這設定只是一種信仰，它是實踐上的需要，其必然性是實踐地主觀的，不是知解地客觀的。這信仰是純粹理性的信仰，因為它基於自律道德，又因為純粹理性（知解使用與實踐使用兩面說的純粹理性）是這設定所由以出現的唯一源泉。從純粹理性之知解使用面可以使吾人去設定上帝存在以為說明萬物存在之原

則（根據），雖然這設定只是一假設，並無客觀的必然性，即並不能知解地被證明。從純粹理性之實踐使用面說，則可以使吾人去說那知解地所設定的上帝之存在有道德的必然性，在這裡，那作為知解上之「假設」的設定變成一種實踐上的「需要」，一種純粹理性性的信仰，這設定之道德的必然性只是實踐地主觀的，不是知解地客觀的，其本身亦不是一義務，因為不能有一義務去設定某某東西之存在。

※ ※ ※

以上，康德從純粹實踐理性上建立起圓善以為意志之一必然的對象，至於此圓善所以可能之根據，則依基督教的傳統，肯定「上帝之存在」以充當之。其表達這一思路甚為明白。但是上帝是一人格化的智神，不只是純邏輯思辨之理神。原初只是一個無限而絕對的實體性的心體，即一個無限而絕對的智與意，一個**無限而絕對的智心**包括純粹而自由的意志之作用。只因依宗教的傳統，遂把這樣的智心**人格化**而為一有無限性的**個體存有**即神或上帝。顯然，這樣地人格化之是理性外的**情識作用**，或說是依附於理性的一種**超越的情識**。因此，就這樣的個體存有（神）**擬人化**而說神智神意，這同樣也是理性外的情識作用——超越的情識作用（雖是**超越的**，仍然還是**情識**，不是**理性**，不是**智**）。上帝這個概念，自其形成而言，本就有虛幻性。（見《純粹理性批判·辯證部》第三章第二節〈論超越的理想〉）雖經批判的考察，其「存在」之證明中的虛幻可以剝掉，然而歸於實踐理性以肯定之，這人格化與擬人化的情識性之虛幻仍不能免。圓善所以可能之根據放在這樣一個起於情識決定而有虛幻性的上帝上本是一**大歧出**。祂的智與意（即神智與神意）經

由其「與在人處而顯的道德品質相應和」的因果性而創造了自然並能使自然與在人處而顯的道德行為之道德品質相諧和，因而使人所期望之德福一致為可能，這一義也只是**這麼說**而已，並不能使人有**落實**而可信服的理解，即並不能使人有**坦然明白**的理解。因為人之德與有關於其「存在」（即物理的自然）的福既不能相諧一，何以與人絕異的神智神意就能**超越而外在地**使之相諧一，這是很難索解的。存在就是這同一的存在，物理的自然亦是這同一的物理自然，何以因安上一個上帝以創造之，就能使那本不相諧一者成為相諧一？上帝所創造的那個「自然」就是我原有的那個「自然」。安上個上帝只是為的**說明**之，並未**重新調整**之使其適合於吾人之德。若有一番**重新調整**，猶可說也，若我本無那個自然，上帝**重新創造**一個異樣的自然來配稱之，此尤可說也。現在，既無**重新調整**，又未**重新創造**，則光說神智神意底因果性就能使那不諧和者成為諧和，這豈非難解？若說因著擬人而於那個無限而絕對的個體存有（神）可賦之以智與意，因而可說神智神意，是故既擬人而說智與意，則與人為同質，故有「與人之道德品質相應和」的因果性，又是神智與神意，與人為絕異，是故祂既能創造自然，又能使自然與我之道德品質相諧一。若如此，則吾人可說：其有智與意，雖在某方面與人之智意為同質，有類似處，然因上帝無所謂「應當」，則其智意之因果性不必能與成人之道德品質的因果性相同，因而亦不必能與人之道德品質相應和。因此，其智意只應是神智與神意，而神智神意底最顯著的特點只在其能**創造自然**，因此，其智意總歸與人為絕異。既如此，則祂只創造了我那本有的自然，而吾人之德仍如故，吾人之自然亦如故，既未重新調整吾人之德成為**異樣的德**，亦未重

新調整吾人之自然,更未**重新創造另一個自然**,以配稱吾人之德,如是,則難解如故,並未因是神智神意而得豁然。若說這是神底事,祂自能使你的德福相配稱,你只要信祂祈禱祂就可以了。若如此,這等於未說明。問題不在神智神意之爲絕對而無限的智與意,單在此絕對而無限的智與意之人格化而爲一絕對而無限的個體存有——「能創造自然」的個體存有,離開了人而爲一異於「在人處呈現的道德心底創造性」的創造者。這一「說明圓善所以可能」的說明模式完全是順習慣依宗教傳統而說者。其中難解處,雖以康德之智亦習焉而不察也。

道德法則之確立是理性的,意志之自律亦是理性的,要求圓善亦是理性的,要求一絕對而無限的智心之體證與確立亦是理性的。惟對於絕對而無限的智心人格化之而爲一絕對而無限的個體存有則是非理性的,是**情識決定**,非**理性決定**。在此,中國儒釋道三教之傳統有其圓熟處。我們依此傳統可期望有一「徹頭徹尾是理性決定」的說明模式。此將在下章中詳展之。

第六章　圓教與圓善

第一節　人格化的上帝一概念之形成之虛幻性

　　圓善所以可能，依康德之思路，必須肯定上帝之存在。上帝是圓善可能底根據，因為圓善中福一面有關於「存在」——我的存在以及一切自然底存在，而上帝是此存在之創造者。上帝創造了自然——使自然存在，**故能**使自然與德相諧和，而保障了人在現實上所不能得的德福一致。但是適所說的「故能」一連接詞所示之推斷，依上章末之提示，是有問題的，不能使人坦然明白。但是說福涉及**存在**，這是對的。存在是既成的，不是我所能掌握的，人不能創造存在，這也是對的。必須肯定一「**無限存有**」來負責存在，這也未嘗不對；但是這無限存有若人格化而為一無限性的**個體存有**，這卻有問題。上帝所以能創造自然是因為祂的無限的智心，因此，本是**無限的智心**擔負存在。說到存在，必須涉及無限的智心；但是無限的智心並非必是人格化的無限性的**個體存有**，是故將此無限的智心人格化而為一個體性存有，這是人的**情識作用**，是有**虛幻性**的。因此，欲說圓善所以可能，只須說一**無限的智心**即可，並不必依基督

教的途徑，將此無限的智心人格化而爲一個體性的無限存有。中國的儒釋道三教都有無限的智心之肯定（實踐的肯定），但卻都未把它人格化。若依此三教之路而言圓善可能之根據，則將一切是**理性決定**，而毫無**情識作用**，因此，這是**圓實之教**。圓者滿也，實踐上的圓滿；實者無虛也，實踐上的無虛。

將此無限的智心人格化而爲一無限性的個體存有，其所以有虛幻乃是因爲：

1.此無限性的個體存有之概念之形成有虛幻；

2.旣虛幻地形成一無限性的個體存有，便發生此個體存有底**存在**之問題，而此問題亦自是一虛妄；

3.肯定此無限性的個體存有之存在原是知解理性底事，不是實踐理性底事，知解理性肯定其存在以爲說明一切其他有限存在（一切自然）之根據，此種肯定實只是一假設，知解理性並不能證明之，因所謂假設與原子量子之假設不同，而假設之以爲說明其他一切有限存在之根據，這說明亦與假設原子以說明物理現象不同，這假設只是爲的說明萬物之**存在**，**創造地**說明其存在；

4.知解理性不能證明之，則轉而就實踐理性而說**需要**之，這需要只是一種**信仰**，而這信仰亦只是**情識決定**，非**理性決定**，且不能是一種**證明**，因證明其存在之證明本是知解上的事，不是實踐上的事。（普通說道德的證明實即實踐的證明。但嚴格說，只是實踐上的需要或信仰，而此實不可說爲證明。）

但是若無限的智心不被人格化而爲一無限性的個體存有，便不會發生這些問題，因此亦無這些問題中的虛幻。無限的智心之肯定本是**實踐**上的事（**圓行底事**），不是**知解一對象**這知解上的事，本

無像一個對象底存在不存在那樣的問題。但是若虛妄地把它人格化而爲一無限性的個體存有，這便虛妄地把它推出去而成爲一個**對象**，因此便定須有「關於其存在以及存在之證明」的知解上的虛妄問題（意即並非說它是一實問題，只是知解理性不能證明之而已）。以下仍用康德的話以明此中之虛幻。

在追求我們人類所有的這個理念中〔案：即根源的存有，最高的存有，一切存有之存有，一絕對必然的存有，即上帝，這個理念〕，如果我們進而把此理念**實體化**，我們將能通過最高實在性之純然概念去決定根源的存有，決定之爲這樣一個存有，即它是一獨個的，是單純的，是一切充足的，是永恆的，等等。總而言之，我們將能夠依根源存有之無條件的〔不被制約的〕完整性，通過一切正斷詞〔範疇〕，去決定此根源的存有。這樣的一個存有之概念就是上帝之概念，依超越的意義而被取用〔被理解〕的上帝之概念；而純粹理性之「理想」，如上所規定者，就是超越的神學之**對象**。

但是，對於超越的理念，若作這樣的使用，則我們定須跨過超越理念底本分之範圍以及其可**允許性**之範圍。因爲，理性，在其使用此超越理念以爲事物之完整決定之基礎時，它只把此超越理念當作「綜實在」之概念而使用之，而並不要求此「綜實在」須是客觀地**被給與了**的並且其自身須是**一物**。「要求其須是一物」之物是一純然的**虛構**。在此虛構中，我們把我們的理念中之雜多〔內容〕結合之並實化之於一理想中，當作一「**個體存有**」看的理想中。但是，我們沒

有權利去作這一步，甚至亦沒有權利去假定這樣一個假設之可能性。而從這樣一個理想而流出的任何後果對於事物之完整決定亦不能有任何關係，而在事物之完整決定方面亦不能表現絲毫影響力；可是超越的理念已被表明為是必然的，其所以被表明為是必然的，乃是只因為其有助於事物之完整決定之故。

但是只去描寫我們的理性之程序以及我們的理性之辯證〔虛幻〕，這並不足夠；我們必須亦要努力去發見這種辯證之根源，這樣，我們便可能夠去解明理性所已引起的幻象，即那作為「知性之一現象」〔意即理性的知解上的現象〕的那幻象。因為我們現在所正說及的這個「理想」是基於一自然的理念上的，而並不是基於一純然地隨意的理念上的。因此，那須被問的問題只是這個問題，即：理性視一切事物之可能性為從一獨個的基本可能性，即最高實在之可能性，而被引生出，並因此，理性遂預設此最高實在之可能性〔基本可能性〕須被含在一個體的〔獨特的〕根源存有中，這是如何發生起的呢？

依據超越分析部中的討論而言，這個問題之答覆是顯明的。感取底對象之可能性即是這些對象之關聯於我們的思想，在此思想中，某種東西（即經驗之形式）能先驗地被思，而那構成「材料」者，即構成現象領域中之「實在」者（實在是相應於感覺的那實在），則必須是被給與者，因為若非被給與者，則此實在〔此材料〕甚至亦不能被思，而其可能性亦不能被表象。現在，感取底一個對象其能完整地被決定是只

當它與那些「在現象領域中爲可能」的一切謂詞相比較時，它始能完整地被決定，而且藉賴著這些謂詞，它始可或肯定地被表象或否定地被表象。但是，因爲那「構成事物本身」者，即那「構成現象領域中之眞實物」者，必須是被給與的，（非然者事物必不能被思議），又因爲一切現象底眞實物所由以被給與處就是經驗，就是視之爲一整一而擁攝一切的那經驗，所以感取底一切對象之可能性上所需的材料必須被預設爲是給與於一整全中〔在一整全中被給與〕；而一切經驗對象底可能性，一切經驗對象底互相區別以及其完整的決定，是只能基於「這整全之限制」上。除感取底對象外，沒有其他對象事實上能被給與於我們，而對象之被給與於我們除在一可能經驗底係絡中被給與外，亦無處可被給與；因此，我們亦可說，沒有什麼東西它可對於我們是一對象，除非它預設一切經驗的實在之綜集以爲其可能性之條件。現在，由於一種自然的幻象，我們遂視此原則〔即「只應用於那些『當作我們的感取之對象而被給與』的東西上」的那原則〕爲一「必須在事物一般上爲有效」的原則。依此，由於略去這個限制〔即略去只限於感取底對象這個限制〕，我們遂把關於我們的當作現象看的事物底可能性之概念之經驗的原則，視爲關於「事物一般底可能性」之一超越的原則。

如果我們因此進而去把「一切實在之綜集」之理念實體化，則這是因爲以下的緣故而然，即，因爲：我們辯證地以經驗全體〔當作一全體看的經驗〕之「集合的統一」代替知性之經驗的使用之「分布的統一」；並因此，遂把全部現象領域

思之爲一**獨個的東西**，即一「含有一切經驗的實在於其自身」的那獨個的東西；復因此轉而又藉賴著上面所説的超越的**非法臆斷**〔非法偷轉〕，以「居於一切事物底可能性之根源地位並爲此一切事物之完整決定而供給眞實條件」這樣一**個東西之概念**來代替那獨個的東西：即因爲以上云云的緣故，如是，我們遂進而去把「一切實在之綜集」之理念**實體化**〔實體化之爲一理想，爲一個體的存有，即上帝〕。

關於此實體化，康德又加一註云：

> 這「最高眞實的存有」之理想，雖然實在説來它只是一個純然的**表象**〔案：此表象實即擬議義〕，然而卻首先被**眞實化**，即是説，首先變成一個對象，然後又被**實體化**，而最後，又因著「理性之自然地向著統一之完整而前進」這種自然的前進，它遂如我們將即刻所要表示的，乃被人格化。因爲經驗之軌約的統一並不是基於現象本身（並不是只基於感性）；而是基於通過知性而成的雜多之連繫（在一統覺中的雜多之連繫）；因此，最高實在之統一以及一切事物底完整的可決定性（可能性）似乎即存於一「**最高的知性**」中，因而亦就是説即存於一「**睿智體**」中。（以上俱見《純粹理性批判》下册〈辯證部〉第三章第二節〈論超越的理想〉，第340-344頁）

案：此明示知解理性之形成人格神的上帝之概念是純然的虛構，是經由許多滑轉而形成的。原只是一軌約性的超越理念（一切實在之綜集或綜實在），其被視爲一個體性的存有亦原只是一主觀的表象

（擬議），這是一**根本的滑轉**——從理念滑轉而爲一個體性的根源存有，這主觀的表象亦是滑轉的表象。經過此一根本的滑轉，然後它首先**被眞實化（對象化）**，被視爲一客觀的對象，復又**被實體化**，被視爲是一獨個的，是單純的，是一切充足的，是永恆的，等等；最終則**被人格化**，被視爲是一最高的睿智體（最高的知性），而且具有意志。被眞實化（對象化），被實體化，被人格化，這三化都是一些滑轉。那根本的滑轉以及此三化之滑轉就是知解理性在形成人格神的上帝之概念中的**虛幻性（辯證性）**。這虛幻性之根源首先在「以經驗全體（當作一全體看的經驗）之**集合的統一**代替知性之經驗的使用之**分布的統一**」，一切實在之綜集原只是一分布的統一，今誤之爲一集合的統一；旣視之爲一集合的統一，如是「遂把全部現象領域思之爲一**獨個的東西**，即一『含有一切經驗實在於其自身』的那**獨個的東西**」：這是被眞實化（對象化）底根源。旣被眞實化對象化矣，如是，遂因著一種非法臆斷（非法偷轉），以「居於一切事物底可能性之根源地位並爲此一切事物之完整決定而供給眞實條件者」**這樣一個東西之概念**來代替那**獨個的東西**：這就是被實體化底根源。所謂「非法臆斷」（非法偷轉）即是把那「只應用於那些當作我們的感取之對象而被給與的東西上」的原則誤視爲一「必須在**事物一般上爲有效**」的原則。這種誤視是忽略了那限於現象（感取之對象）之限制。由於忽略了這個限制，如是遂把關於「現象事物底可能性」之**經驗的原則**視爲關於「**事物一般底可能性**」之一**超越的原則**：這便是非法臆斷（非法偷轉）。就因爲藉賴著這種非法臆斷（非法偷轉），如是，遂可有上述那種代替以達至被實體化，即「以居於一切事物底可能性之根源地位並爲此一切事

物底完整決定而供給眞實條件者」這樣一個東西之概念代替那獨個的東西這種代替以達至實體化。旣經實體化矣，如是，再以擬人的方式而達至人格化。這樣，人格神的上帝之概念實是知解理性之經由種種滑轉而虛構成者。

旣虛構成這樣一個對象，便有這對象底**存在**之問題，因此，逐有這對象底存在之**證明**之問題。這些都是知解理性上的事。然而知解理性實並不能證明之。其證明之虛幻，康德已詳明之，在此不必多言。

圓善所以可能之根據根本不需要由這樣一個虛構成的人格神的上帝之存在來充當。旣是虛構的而又說它存在，這句話本身即是一**矛盾**。順思辨理性（知解理性）之進路而前進充其極只是一**理神論**（deism）。而「理神論」之神亦無多大的意義，只是一**理極論**，即「以理極爲體」之義，如朱子之「太極」。康德說：

> 如果所謂神學我理解之爲關於根源存有之知識，則它或是只基於理性，或是基於啓示。前者之思考其對象或是通過純粹理性，只藉賴著超越的概念（根源的存有，最高眞實的存有，一切存有之存有，這類超越的概念）而思之，在此情形下，它即被名曰「超越的神學」，或是通過從自然（從我們的靈魂之本性）假借得來的一個概念（一個作爲一最高審智體的根源存有之概念）而思之，旣如此而思之，則它必須被名曰「自然的神學」。那些「只承認一超越的神學」的人們被名曰「理神論者」；那些「復亦承認一自然的神學」的人們則被名曰「智神論者」（theists）。理神論者承認：我們

能只通過理性而知一根源存有之存在，但他們卻主張說：我們的關於此根源存有之概念只是超越的而已矣，即是說，只是一個這樣的存有即「擁有一切實在性，但我們卻不能夠依任何較爲**更特殊的樣式而去決定之**」這樣的存有之概念。智神論者肯斷說：理性是能夠通過類比於「**自然**」而更準確地決定其對象，即是說，更準確地決定其對象爲這樣一個存有，即此存有通過**知性**與**自由**，於其自身中即含有每一其他東西之**終極根據**。這樣說來，理神論者表象此存有是只表象之爲「**世界之一原因**」（至於是否依此存有底本性之必然性而表象之爲世界之一原因抑或是通過**自由**而表象之爲世界之一原因，則是存而不決者），而智神論者之表象此存有則是表象之爲「**世界之創造者**」。

此段文見《純粹理性批判》下冊〈辯證部〉第三章第七節，頁398-399。康德在該節中又說：

因爲所謂上帝之概念，我們並非慣常理解之爲只是一盲目地工作著〔運轉著〕的「**永恆的自然**」，以爲一切事物之根源，而是理解之爲一最高的存有，此最高的存有通過**知性**與**自由**而爲一切事物之創造者；又因爲只在如此理解之之意義下，上帝之概念始使我們感興趣：因爲以上兩層緣故，所以嚴格地言之，我們**能否認**「理神論者有上帝之信仰」，而只承認「他有一根源的存有或最高的原因之肯斷」。但是，因爲沒有人以其否決其所只不敢冒險肯斷者而應受責難，所以

> 若説理神論者只**相信一上帝**，而智神論者則**相信一活的上帝**
> （有生命的上帝，最高的睿智體），這或許較少粗澀難聽而
> 且亦比較更爲公正。（該書第401-402頁）

我在此段文下曾加一案語云：「沒有人以其否決其所只不敢冒險肯
斷者而應受責難」語中「所只不敢冒險肯斷者」意即理神論者不敢
冒險進一步復肯斷其所肯斷之**根源的存有**或**最高原因**爲一**睿智體**，
具有**智性**與**自由**者。他不敢肯斷如此之上帝，但他可相應其所肯斷
之根源的存有而肯斷一**形式的、理的**上帝。如是，他否決其所不敢
肯斷者而只肯斷一**理上帝**則是可以的。因此說他只信一上帝（理上
帝），而智神論者，則信一活的上帝，有生命的上帝，作爲最高睿
智體的上帝，則是較爲和緩（較少急切難聽）而且較爲公允，不必
定說他不信上帝也（即不必否認他有上帝之信仰）。但是康德這樣
公允的客氣亦是多餘的。因爲照他所說的理神論，雖只信一上帝，
然而這「理上帝」卻仍是一**個體的存有**，而這個體的存有卻仍是一
虛構，由滑轉而成者。充其極而最純淨的**理神論**，不但「神」字無
多大意義，即「上帝」一詞亦不必是一**個體的存有**。康德明言吾人
可否認理神論者有上帝之信仰。此即是充其極而最純淨的理神論，
即**理極論**。程明道云：「《詩》、《書》中凡有一個**主宰**底意思皆
言**帝**，有一個**包涵徧覆**底意思則言**天**。」又言：「言天之**自然**者謂
之天道，言天之賦於萬物者謂之**天命**。」又言：「上天之載無聲無
臭。其**體**則謂之**易**，其**理**則謂之**道**，其**用**則謂之**神**，其**命於人**則謂
之**性**。」（見《心體與性體》第二冊〈明道章〉第一節〈天道
篇〉）。凡此俱無個體存有義，**帝**只是一**主宰**義，即根源存有或最

高原因義，這只是一**形式的**超越概念，並無特殊的規定——規定其須是一物（一個體物），更何況規定其爲一人格神。朱子之太極亦然。這是**純淨的理神論**。康德所說的理神論是不純淨的理神論。

康德明言超越的理念（綜實在之理念）被眞實化（對象化）而爲一個體的存有是一虛構。「我們沒有權利去作這一步，甚至亦沒有權利去假定這樣一個假設之可能性。而從這樣一個**理想**而流出的任何後果對於事物之完整決定亦不能**有任何關係**，而在事物之完整決定方面亦不能表現**絲毫影響力**；可是**超越的理念**已被表明爲是必然的，其所以被表明爲是必然的，乃是只因爲其有助於事物之完整決定之故。」（見前錄〈辯證部〉第三章第二節文）。光只個體化而爲一個「理想」已不能對於事物之完整決定有**任何關係**或表現絲毫**影響力**。我們根據這句話亦可說：即使再把這個體存有進一步再實體化，更進一步再人格化，亦不能對於事物之完整決定有**任何關係**，或表現任何**影響力**。此而無關係，則對於圓善中德福之諧一，便能有關係乎？即便能使自然與吾人行爲之道德品質相諧和乎？即使朱子之純淨的理神論亦不能使德福一致爲可能。明道關於天或帝之純淨的理神論亦然；而其一本論之所以可作德福一致之根據乃是因爲其**理神（理極體）**已消融於**無限智心故**（朱子無此義）。因此，我們決不能以知解理性所虛構的人格神的上帝之概念來充當圓善可能之根據。在實踐理性上，爲實踐之目的，使圓善爲可理解，需要這樣的人格神而信仰之，這**信仰**，這**需要**，亦是**情識決定**，非**理性決定**。（康德雖說這信仰是純粹理性的信仰，因爲純粹理性——即知解使用與實踐使用兩面的純粹理性是「最高睿智體之存在之許可」所由以出現之唯一源泉。但這說法並不足以使這信仰爲理

性決定，因爲其出現爲虛構故，因而在實踐理性上需要之，信仰之，這需要這信仰亦仍爲**情識決定**，非**理性決定**。）情識地需要並信仰這樣一個人格神之存在並不能說明自然與道德品質相諧和；以之爲這諧和之根據，說祂含有這諧和之原則，這並不能使人**坦然明白**。此如吾於本節開頭之所說。

據說康德本想去掉這個人格神之上帝，只因可憐他的僕人之不安，遂終於又把祂肯定了。由此可見這信仰是**情識決定**，非**理性決定**。當然，衆生根器不一，爲顧念衆生情感上之安慰，留此情識決定之信仰亦未始不可，這亦是菩薩留惑潤生之一道也。然若就康德而言，設使彼去此情識決定之信仰，彼將何所歸乎？彼無中國傳統，將如何保住無限智心一觀念？此而不保，彼將無法觸及圓善一問題，更何況此問題之解決！

依此，撇開那對於超越理念之個體化（眞實化對象化）、實體化、人格化之途徑，歸而只就**無限智心**以說明圓善可能之根據，這將是所剩下的**唯一必然的途徑**。這途徑即是**圓敎**之途徑。此只就實踐理性而言即可。於知解理性方面，吾人隨康德只承認其**軌約的使用**，不承認其**構造的使用（圓成的使用）**。理性之構造的使用（圓成的使用）只能在實踐理性之**圓敎途徑**中被呈現出來。康德所想的上帝王國（圓善世界），由目的王國與自然王國諧一而成者，亦將只能在**圓敎途徑**中朗現，除此以外，別無他途。

第二節　無限智心一觀念將如何被確立？

無限智心一觀念，儒釋道三敎皆有之，依儒家言，是本心或良

知；依道家言，是道心或玄智；依佛家言，是般若智或如來藏自性清淨心。這都未對象化而爲人格神。凡此皆純自實踐理性言，毫不涉及思辨理性之虛構。然則此無限智心將如何被確立耶？以下試分別依三教之途徑予以詳明之展示。

儒家的無限的智心由孔子之「仁」而開示。仁所以能被引發成無限的智心是由於孔子所意謂的仁之獨特的基本性格而然。孔子之言仁主要地是由不安、不忍、憤悱不容已之指點來開啓人之眞實德性生命。中間經過孟子之即心說性，《中庸》、《易傳》之神光透發——主觀面的德性生命與客觀面的天命不已之道體之合一，下屆宋明儒明道之識仁與一本，象山之善紹孟子而重言本心，以及陽明之致良知——四有與四無並進，劉蕺山之愼獨——心宗與性宗之合一：經過這一切之反覆闡明，無限的智心一概念逐完全確立而不搖動，而且完全由實踐理性而悟入，絕不涉及思辨理性之辯證。

我以前於《心體與性體》第二冊講明道之〈識仁篇〉中曾對於孔子之仁作一貫通的綜述，今錄於此以作理解之規範。

> 仁體、仁理、仁道，或仁心，此四詞通用。「識得此理，以誠敬存之而已」，此是說仁爲理，故可曰仁理。「此道與物無對，大不足以明之」，此是說仁爲道，故可曰仁道。「萬物皆備於我」，「蓋良知良能元不喪失」，此是就心說仁，故可曰仁心。下第七條「學者識得仁體，實有諸己，只要義理栽培」，此是說仁體，仁即是體。仁體，依明道之理解，首先是人人俱有，而亦遍體一切而「與物無對」者，故曰「仁者渾然與物同體」。此言與天地萬物爲一體，渾然無物

我內外之分隔,便是「仁者」底境界,亦就是「仁」底意義了。「同體」是一體之意,不是同一本體。由「仁者渾然與物同體」來識仁體之實義。此句用佛家詞語說,是以人表法,以「仁者」之境界表「仁體」之實義。目的本在說仁,惟藉「仁者」之境界以示之耳。故下即繼之云:「義禮智信皆仁也。識得此理,以誠敬存之而已。」又云:「此道與物無對,大不足以明之」。此皆是說仁體、仁理、或仁道之自身,重點不在說「仁者」。惟「仁者渾然與物同體」一語句則不能直解爲是說仁,以仁爲主詞。照此語句本身說,只能看成是由「仁者」底境界來了解仁體之實義。下第二條「醫書言手足痿痺爲不仁,此言最善名狀。仁者以天地萬物爲一體,莫非己也。」此亦是由「仁者」境界說仁。「痿痺爲不仁」,則仁之義便是感通無礙,而以「仁者以天地萬物爲一體」以示之矣。故云「此言最善名狀」,言由痿痺麻木之爲不仁,最足以名狀(反顯)仁之實義也。後來王陽明在〈大學問〉中云:「大人者以天地萬物爲一體者也」。此是說人。但下繼之云:「大人之能以天地萬物爲一體也,非意之也,其心之仁本若是其與天地萬物而爲一也。」此末句便是說「仁心」。此亦是由「大人」之境界直透示其本心仁體爲如此如此也。

仁體之實義何以是如此?此須進一步作更具體而眞實的了解。此可從兩面說:一是「萬物皆備於我,反身而誠,樂莫大焉。」二是感通無隔,覺潤無方。前者是孟子之所說,後者是明道之所獨悟。但人可問:明道之所獨悟者於《論語》

亦有據乎？孔子之仁可得如此而言乎？曰：可。

明道説此感通義是總持並消化孔子所指點之仁而真切地體貼出者。字面上並無根據，但落實了，一句説出來，卻亦實是此義。孔子説仁説義，吾人可説其文制的根據即是周公之制禮。周公制禮不外兩行，即親親之殺與尊尊之等。由親親啓悟仁，由尊尊啓悟義。但一旦啓悟出，則雖不離親親尊尊，而亦不爲親親尊尊所限。而仁尤有其成德上之本體性與根本性，故《論語》中説仁獨多，而孔子又不輕許人以仁也。仁道之大可知（雖其極也，明道説大字不足以明之），而亦甚親切。故孔子説仁大抵皆指點語也。首先説：「人而不仁如禮何？人而不仁如樂何？」又説：「禮云禮云，玉帛云乎哉？樂云樂云，鐘鼓云乎哉？」此即示凡禮樂決不只是一些虛文，必須有真實生命方能成就其爲禮樂。而仁即代表真實生命也。孔子由許多方面指點「仁」字，即所以開啓人之真實生命也。對宰予則由「不安」指點。親喪，食夫稻，衣夫錦，於汝安乎？宰予説「安」，即宰予之不仁，其生命已無悱惻之感，已爲其關於短喪之特定理由所牽引而陷於僵滯膠固之中，亦即麻木不覺之中，而喪失其仁心，亦即喪失其柔嫩活潑，觸之即動，動之即覺之本心。是以「不安」者即是真實生命之躍動，所謂「活潑潑地」者是也。此處正見仁。然則「安」者正是停滯下來，陷於癡呆之境而自固結也。此不是安於義理，乃是安於桎梏。不是「仁者安仁」之安，乃是功利者著於利之「著」。不是「欽思、文明、安安」之安，乃是墮性之安，習氣固結之安。孔子指點仁正是要人挑

破此墮性固結之安，而由不安以安於仁也。故重憤啟悱發。有憤始啟，有悱始發。「不憤不啟，不悱不發」此雖是就教學言，啟與發爲他動詞，然收回來作自動詞亦可。無論他動之啟發，或是自動之啟發，皆須有憤悱作根據。而憤悱即是眞生命之躍動。推之，一切德性之表現皆由憤悱而出也。憤悱即是不安，即是不忍。故後來孟子即以「不忍人之心」說仁，以「惻隱之心」說仁。此雖另撰新詞，而義實相承也。（尤後來諸葛公說「惻然有所覺，揭然有所存」，亦義相承也。）孔子之「學不厭，教不倦」，亦不過是眞實生命之憤悱之「不容已」。此亦即眞實生命之「純亦不已」也。孟子引子貢曰：「學不厭，智也，教不倦，仁也，仁且智，夫子既聖矣。」此雖是子貢之註語，然其師弟生命之親炙，其間自有相契應處，故由「學不厭，教不倦」而啟悟仁智亦自是順適相應而毫無杜撰處。若由字面觀之，「教不倦」與仁有何相干？由「教不倦」說仁，可謂全無根據。然此不是字義訓詁之事，乃是眞實生命之指點與啟悟之事。「學不厭」是智之表現，亦轉而成其爲智；「教不倦」是仁之表現，亦轉而成其爲仁。子貢有此生命之感應，故能即由孔子之「學不厭，教不倦」而體悟到仁且智也。若非「精誠惻怛」，焉能「學不厭，教不倦」乎？故由不厭不倦單體悟仁字亦可也。若從字義訓詁觀之，即孔子答弟子之問，亦幾乎無一語是訓詁上相對應者，然而卻皆足以指點仁。此可以獲得體悟仁體實義之門徑矣。

原來仁是要超脫字義訓詁之方式來了悟。孔子根本不取此方

式，他是從生活實例上「能近取譬」來指點仁之實義，來開啓人之不安、不忍、憤悱不容已之真實生命。仁甚至亦不是一固定之德目，甚至亦不能為任何德目所限定。孔子本人根本未視仁為一固定之德目。恭、敬、忠都足以表示仁，恭、寬、信、敏、惠亦都足以表示仁。「克己復禮為仁」。「出門如見大賓，使民如承大祭，己所不欲勿施於人，在邦無怨，在家無怨」為仁。「夫仁者己欲立而立人，己欲達而達人，能近取譬，可謂仁之方也已。」「剛毅木訥近仁。」「仁者其言也訒。」「不仁者不可以久處約，不可以長處樂。」「惟仁者能好人，能惡人。」「觀過，斯知仁矣。」「巧言令色，鮮矣仁。」「仁者先難而後獲，可謂仁矣。」「仁者樂山」、「仁者靜」、「仁者壽」，凡此等等，如從字面觀之，似乎無一字與仁有關係。（除「樊遲問仁，子曰愛人。」此是最簡單的答覆。）然而孔子卻正是從這些德與不德，仁者如何如何，不仁者如何如何，來指點仁。仁不為任何一德目所限定，然而任何一德目亦皆足以指點仁。仁是超越一切德目之上而綜攝一切德目，是一切德性表現底根源，是道德創造之總根源，故仁是全德。故明道曰：「義禮智信皆仁也。」此不是明道之推稱，孔子已經作如是之綜攝。明道所說猶簡約也。孟子說：「仁也者人也，合而言之道也。」此亦是根據孔子之指點而綜說。「合而言之道也」，即表示仁是人成全其為一人，成全其為一德性生命之大路（總根源）。

由不安、不忍、憤悱不容已說，是感通之無隔，覺潤之無

方。雖親親、仁民、愛物，差等不容泯滅，然其爲不安不忍
則一也。不安、不忍、憤悱不容已即直接函著健行不息，純
亦不已。故吾常説仁有二特性，一曰覺，二曰健。健爲覺所
函，此是精神生命的，不是物理生命的。覺即就感通覺潤而
説。此覺是由不安、不忍、悱惻之感來説，是生命之洋溢，
是溫暖之貫注，如時雨之潤，故曰「覺潤」。「覺」潤至何
處，即使何處有生意，能生長，此是由「吾之覺」之「潤
之」而誘發其生機也。故覺潤即起創生。故吾亦説「仁以感
通爲性，以潤物爲用」。橫説是覺潤，豎説是創生。橫説，
覺潤不能自原則上劃定一界限，説一定要止於此而不應通於
彼。何處是其極限？並無極限。其極也必「以天地萬物爲一
體」。〔案：此即其無限性。〕此可由覺潤直接而明也。此
即仁之所以爲「仁體」。此並非明道之誇大。孟子説：「萬
物皆備於我」，亦非孟子之誇大。此乃是孔子言仁所必函。
孔子雖未説，非必不爲其所意許也。孟子、明道説之，亦非
其杜撰也。此非執詞義者所能解也。〔案：此橫説者即表示
仁是一無限的智心。〕

　　橫説是如此，豎説則覺潤即函創生。故仁心之覺潤即是
道德創造之眞幾，此即函健行不息，純亦不已。亦即所以是
一切德之總根源，綜攝一切德而爲一全德之故也。故明道説
「仁者渾然與物同體」，「仁者以天地萬物爲一體，莫非己
也」，「此道不與物對，大不足以明之」，於《論語》有根
據也，即就「覺潤」義而説也。説「義禮智信皆仁也」，於
《論語》亦有根據也，即就「創生」義、「全德」義而説

也。〔案：就覺潤創生義說，仁不但是一切德之根源，而且亦是一切**存在**之根源。無限的智心是道德可能之根據，同時亦是存在之存有論的根據。〕

綜此覺潤與創生兩義，仁固是仁道，亦是仁心。此仁心即是吾人不安、不忍、憤悱不容已之本心，觸之即動，動之即覺，「活潑潑地」之本心，亦即吾人之眞實生命。此仁心是遍潤遍攝一切而「與物無對」且有絕對普遍性之本體，亦是道德創造之眞幾，故亦曰「仁體」。言至此，仁心、仁體即與「維天之命於穆不已」之天命流行之體合而爲一。天命於穆不已是**客觀而超越地**言之；仁心仁體則由當下不安不忍憤悱不容已而啓悟，是**主觀而內在地**言之。主客觀合一，是之謂「一本」。（《心體與性體》第二冊，頁219-224。）

案：此段文本是由程明道之〈識仁篇〉說起，上通孔孟，下賅陸王，上下貫通，若合符節。仁確是一無限的智心。仁者或大人即是能操存踐履以天地萬物爲一體的人。其能以天地萬物爲一體非意之也，意即非主觀造作臆想虛設其是如此也，乃是「其心之仁本若是其與天地萬物而爲一也」。此即由大人之**操存踐履**定知仁心爲一**無限的智心**。此心不獨大人有之，人人皆有之，甚至一切理性的存有皆有之，惟大人能勿喪耳。大人是此心之體現者。孟子已充分建立起此義。此心雖由不安不忍憤悱不容已來指點，然決不是人們**一時之感觸**。孔孟所以如此指點乃是予人以**切近悟入**之路。故此心決不是康德所說的「人性底特殊屬性」，「人類之特殊的自然特徵」，或「某種情感和性癖性好」之類，乃確然即是其所說的純粹實踐的

理性：此心即是理性的心，乃有絕對普遍性者。故明道云：「此道不與物對，〔雖謂之爲〕大，〔亦〕不足以明之。」康德所說的「人性底特殊屬性」，「人類之特殊的自然特徵」，乃至性好性癖以及某種情感之類，皆是告子所謂「生之謂性」，或宋明儒所謂「氣質之性」，決不能由此等建立道德，亦不能由之說無限性以及絕對普遍性，更不能由之說覺潤萬物。故此仁心——無限的智心乃即是純粹理性的心；孟子即此心以說性乃即是宋明儒所說的「義理之性」。義理之性即義理之心，故有無限性以及絕對普遍性，一切理性的存有皆有之。就不安不忍而指點之，乃是「**當機指點**」之意。當機指點之即示其**當下可以呈現**。每一現實之機即是引起其當下可以呈現之緣。因爲它是心，焉有**旣是心而可以不呈現**？此心即是性，焉有**旣是性**（人之爲人之超越的性，非生之謂性之性）而**可以不呈現**？機是特殊的，故使其當下可以呈現之緣亦有局限性。但此心之本身則不爲此機此緣所限而有其無限性與絕對普遍性，此則由大人之操存踐履而已體現之矣，故云「其心之仁本若是其與天地萬物而爲一也」。此即此無限的智心之證成。此則純由實踐理性而證立者，決不涉及思辨理性之虛構。

有此無限而普遍的理性的智心，故能立道德之必然且能覺潤而創生萬物使之有存在。只此一無限的智心之大本之確立即足以保住「德之純亦不已」之**純淨性**與夫「天地萬物之存在以及其存在之諧和於德」之**必然性**。此即開德福一致所以可能之機。至於思辨理性所引出的那些虛幻盡皆是多餘的（當然旣已引出矣，而若釐清之，亦是好事，此即是康德之工作）。法藏賢首云：若云衆生有盡，是斷見；若云衆生無盡，是常見。只一心開二門，一毘盧遮那佛法身

法界斯可矣。此即撇開一切思辨理性之辯證而直就實踐理性（佛家義者）以說圓滿也。

以上依儒家義說。道家義的無限智心是玄智，是道心。玄智者，「有無兩者同出而異名，同謂之玄，玄之又玄，衆妙之門」（此依王弼注理解）。有是道之徼，無是道之妙。有無合一（辯證的融一）謂之玄。分別言之，無是天地之始，有是萬物之母。天地之始由總持地後返而見，萬物之母由散開地徼終而見。玄是有無始母之融一地說，由此得見道之具體而眞實的妙用，即成全一切之妙用。「天得一以淸，地得一以寧」云云，即此之謂也。此一即是玄一，玄一即道也。（若通過一、二、三以展示道，則無爲一，有爲二，玄爲三，玄之三亦實道也。）道心玄智一旦呈現，則人之生命虛一而靜，亦和光同塵而成全一切，而天地萬物亦皆歸根復命而得其天常（復命曰常，不知常，妄作凶）。如是，此一無限的道心玄智一旦呈現亦可保住**玄德之純**與夫**存在之諧和於德**（道家意義的德）。此亦可開德福一致之機。此亦是純由實踐理性（道家意義的實踐理性，虛一而靜的淸明之心即是實踐理性）而說圓滿，並無思辨理性之虛幻。惟此一實踐途徑不由道德意識入，而是由「無」之意識入，故其所成之圓滿純爲境界形態之圓滿；其所說之「無」爲作用層者；其無限智心無作用層與實有層之分，乃吾所謂「縱者橫講」之系統也。（凡此俱當參看《中國哲學十九講》中第五、六、七三講）

佛家義的無限智心，直接地橫說，是般若智；通過佛性一觀念而間接地說，即豎說，是如來藏自性淸淨心。此是由「緣起性空」一法理而悟入。衆生底子是無明業識。通過「依緣起性空一法理之

理性而起修行」這一實踐而轉識成智，則無限智心呈現。一切智、道種智、一切種智（《般若經》三智），乃至根本智、後得智、無分別智（唯識三智），皆無限智心也。收用歸體，通過佛性一觀念，豎說如來藏自性清淨心，由此一心開二門：生滅門與眞如門。如此，亦可保住無量**無漏功德之純**（佛家意義的德），並可說明一切法（生滅門之染汙法與眞如門之清淨法）之**存在**以及轉識成智後一切**清淨法之存在**之諧和於德。此亦足以開德福一致之機。此一實踐途徑亦不由道德意識入，乃由苦業意識入。此一系統，其始也，雖豎說一心開二門，似是一縱貫系統，然而其終也，仍是縱者橫講，非如儒家之縱者縱講，蓋以其生滅門之一切染汙法乃由業識起現，而眞如門之一切清淨法則直就著生滅門而還滅之而然，並非別有一套清淨法而由自性清淨心以**創生**之也。其般若智並不能創生一切法也，其佛性法身亦然，其般若、法身、解脫三德秘密藏亦然。**本體論的生起論**並非是佛法。天臺、華嚴、禪三大宗亦並非是本體論的生起論。是故佛家的圓滿系統仍是縱者橫講。蓋以其並不以**道德創造**（自由意志之特種因果）爲**基幹**也。

　　以上分別略述三教無限智心之義蘊。三教無限智心雖依教路不同而有不同之義蘊，然而其爲無限智心則一也；皆足以開德福一致圓滿之機亦一也；皆未被人格神化被推出去而視爲一對象亦一也。

　　無限智心雖可開德福一致圓滿之機，然而光說無限智心之確立尙不能使吾人明徹**德福一致**之**眞實可能**。如是，吾人必須進至由無限智心而講**圓教**始能徹底明之。蓋德福一致之眞實可能只有在**圓教**下始可說也。圓教之確立深奧非凡，並非籠統地一二語所能明。關此，佛教方面之天臺宗貢獻最大。以下先依天臺宗之判教以明圓教

之意義；次則藉其所明之圓教模式以明儒、道兩家之圓教；最後歸
於儒家圓教之境以明德福一致之本義。

第三節　圓教將如何被確立？佛家之圓教與圓善

　　圓教是佛教方面判教中的一個觀念，而判教判得最盡、解說圓
教之所以爲圓教解說得最明確者，則在中國之天臺宗。佛教在印度
本有大小乘之爭，大乘中亦有空有之爭。所憑以成佛之車乘（教
路）既有大小，則所成之佛亦必有較圓滿者與不圓滿者。教路小
者，則依之以成佛者其所成之佛之規格必亦較小，較小即是不充
盡，不究竟，此即是不圓滿。教路大者（大乘）所成之佛之規格固
比小者爲較圓滿，然既有空有之爭，則必有所偏倚，是故雖屬大
乘，其教路亦不必眞能是圓教，而其所成之佛之規格亦不必眞能是
圓實之佛。大小之爭，空有之爭，爭是主觀地說，「各以其有爲不
可加矣」（《莊子・天下》語）。然各種教路本都是佛所說，佛不
能一時說盡一切話，是故必有時是權說，有時是實說，而且隨時可
以各種方式說。行者有所執（隨機宜各有所取，隨其所取而復不解
其所取者之實義，是故遂有所執），故起爭辯。但既都是佛所說，
則凡佛所說者不能有錯，是故客觀地言之，必皆都是對的，即都是
佛法，都可以成爲通佛之路。因此，捨去主觀之爭，必有**客觀的判
教**。佛教傳至中國來最爲詳盡，中國佛弟子固亦有主觀之爭，然就
佛所說而言，亦能取客觀的態度，將佛所說之各種法門（每一法是
通佛之門）以及其說法之各種方式（或頓或漸或秘密或不定），予
以合理的安排，此之謂判教。判者分判義，判教者分判佛所說之教

法而定其高下或權實之價值之謂也。故就佛所說而言判教,則判只能是分判義,不能是批判義,因佛所說無虛幻故。但若分判者有不諦而予以糾正,則分判過程中亦有批判義。故判教是一大智慧,必須真能相應地了解佛之**本懷**始可。天臺智者大師擔負此工作,固需要其本人有相應的智慧,而「佛教發展至最後需要此步工作」之客觀的必然性亦促使之然也——勢之必然促使之正視客觀的判教而不只是主觀地執守而已也。故判教既是歷史之使命,亦需個人之智慧。

判教以圓教為究極。凡聖人之所說為教,一般言之,凡能啓發人之理性,使人運用其理性從事於道德的實踐,或解脫的實踐,或純淨化或聖潔化其生命之實踐,以達至最高的理想之境者為教。圓教即是圓滿之教。圓者滿義,無虛歉謂之滿。圓滿之教即是如理而實說之教,凡所說者皆無一毫虛歉處。故圓滿之教亦曰圓實之教。凡未達此圓滿之境者皆是方便之權說,即對機而指點地,對治地,或偏面有局限地姑如此說,非如理之實說。儘管其指點地或對治地或偏面有局限地所說者亦對,然而其如此說則是方便,實理並不只如此。是故就實理言,其如此說便有不盡,尚未至圓滿之境,因而其所說者亦非究竟之了義。有不盡即函著向盡而趨;非究竟者函著向究竟者而趨;非了義者函著向了義者而趨。**聖人**初始所說大抵皆是**當機**而說者,很少是純客觀地如理實說或圓說。圓實之境大體皆是後來之發展或後人之引申,而且越重視具體生活而少玄思者越是如此,此如孔子。但孔子之教亦有其圓實之境,此雖是後人之發展,亦是引申的發展,但其所決定之方向本可含有此圓實之境非是外來的增加。道家佛教玄思較多,然其圓實之境亦是後來的發展,

非必老子與釋迦已說至如此之境也。即如天臺五時判教，說一切經典皆佛所說，此只是就義理系統而言，非必歷史事實是如此。義理系統如此完整不爲多，釋迦初始所說表面有局限不爲少。蓋其立教之方向本應如此，而現實之聖人事實上亦不能說盡一切話也。故大小之爭爲偏執，而開權顯實爲通達也。

　　教既是指「能開啓人之理性使人運用其理性通過各種型態的實踐以純潔化其生命而達至最高的理想之境」者而言，則非如此者便不可說爲教。如邏輯，雖可以符號表象之，展示之爲一符號系統，然空無內容，只是形式地表示「推理自身」之學，故只是邏輯學，並非是教。就符號系統言，雖有較圓滿與較不圓滿之別，然既是一符號系統，故皆是由特定程序而成的特定系統，更無絕對的圓滿系統，亦不能就特定的符號系統說圓教。絕對者只是一非符號化的推理之自身，而此絕對亦非圓教之絕對。推理自身於凡有思考處皆可顯現，雖即菩薩佛，於其四無礙智中亦不能違背。然吾人不能說「推理自身」是教，更不能說表象推理自身之符號系統是教，雖佛菩薩於實踐中可以涉及之。因此，推理自身只是思考上的一個「法」，而邏輯學中的諸概念只是思考上的一些邏輯形式法，並非是教。

　　邏輯如此，數學幾何亦然。數學幾何是形式的科學，意即關於數量與幾何圖形之純形式的知識。分別言之，算數學是無需公理的一個定然系統，幾何學是有需於公理的假然系統。客觀言之，都是套套邏輯地必然的；主觀言之，又都是直覺地綜和的。然都是一些特定的形式系統，不能說爲是教。它們都是一些形式法之關係，這這些形式法佛家名之曰「不相應行法」，因其與色心等法不相應，

與色心等法建立不起同或異之關係，而卻屬於思行故。數學與幾何是教中所涉及的不相應行的形式法之關係，而其本身雖是一形式系統，然而這系統卻並非是教。

物理、化學等是經驗科學，它們是有關於**自然存在**的一些經驗知識。色心等法都是自然存在，色法是物理化學底對象，心法是心理學底對象。這些經驗科學雖都成系統，然卻非套套邏輯的形式系統，是故其知識亦是經驗綜和的知識，因而其眞假值亦是概然的，不是必然的，這些經驗知識之系統，佛菩薩於實踐中可以涉及之，其本身卻非是教；一切自然存在（經驗對象）皆是教中所涉及之法，十八界，乃至三千世間，亦是自然存在，皆是教中所涉及之法，而其本身不是教。

邏輯、數學、幾何中的法是**形式法**，物理化學等中的法是**材質法**。關於這兩類法的知識系統都非是教，惟獨那「能開啓人之理性使人運用其理性通過各種形態的實踐以純潔化其生命而達至最高理想之境」者始可說爲教。這樣的可說爲教者，有各種不同的途徑，因此，有各種不同的教，在西方有耶教，在東方有儒釋道三教，每一教是一系統。就佛教而言，那樣的教，雖都是佛所說，然有各種說法，每一說法亦是一系統。然則於這些說法中，那一種說法是最圓滿的說法而可稱爲圓教呢？因此，這便有需於判教。那被判爲圓教者，我們**如何**能判之爲圓教？現在，我們先就所說「教」之定義立一大體之綱格以明在什麼關節上才可達至「教」之極致。「依理性通過實踐以純潔化一己之生命」，這是教中的一**主要部分**。這一部分，籠統地言之，就是**成德**的一部分，不管這所成之「德」是什麼意義的德，是儒家的，道家的，仰或是佛家的。我們先獨立地把

這德訓爲「**德者得也**」。將某種東西通過實踐而實有諸己謂之「得」。如此得之而**純潔化人之感性生命**便是「德」。如此，實踐是一種**戰鬥**，當然需要努力，這表示它是生命底一種**超昇**。但是這樣的努力真能有結果嗎？這須分別說。若就實踐以成德是我自己所能掌握者而言，則可說必然有結果，成德即是其結果。「成德而純潔化人之感性生命」是一**分析命題**，即成一分德必然函著純潔化一分感性生命。這也是其結果。但是「成德而期改善人之**實際存在**」這卻不是一**分析命題**，因爲儘有成了德而且亦純潔化了其感性生命（消化了其感性雜念）者，其**實際存在之狀況**仍不見佳。是以此一命題是一**綜和命題**。但是吾人有實際之存在，吾人之實踐以成德不能不顧及此實際之存在。若置此不理，光只看成德一面，則是**偏枯之敎**，或至多可說這是在**扭轉一階段**上爲然，非人生實踐之極致。因爲吾人之實踐並非欲**抹去此存在**者，實踐而不肯定此存在等於自殺。自殺非可云實踐。是以在實踐中必然函著**肯定存在**，因而亦必然函著「**改善存在**」之期望。但是這期望在實踐以成德中不可必，即不能由成德分析而得。是故這兩者之關係爲綜和的。在成德以外而有獨立意義的「**改善存在**」之期望即是「**幸福**」之期望。這是敎中的**第二部分**，這一部分必涉及「**存在**」。因此，期望「**德福一致**」便是敎之極致，即「**自然存在與德間之相應和而諧一**」是敎之極致。但是「存在」不是我所能掌握的，依基督敎說，是上帝所創造的。但是上帝是一個體性的人格化的無限存有，這不是東方宗敎所取的途徑，因爲其中有虛幻故。因此，儒釋道三敎捨上帝而言無限智心。此一無限智心**有所事事於**「**存在**」，但這不是依上帝創造之之途徑而說。因此，要想達至德福一致，必須確立無限智心。但

光只一無限智心，雖可開德福一致之門，然尙不能眞至德福一致。必須由**無限智心**而至**圓教**始可眞能使德福一致朗然在目。因此，德福一致是敎之極致之關節，而圓敎就是使德福一致眞實可能之究極圓滿之敎。德福一致是圓善，圓敎成就圓善。就哲學言，其系統至此而止。

以下試依此綱格明如何判一敎說爲圓敎。

依天臺判敎，「智不窮源，恩不及物」爲小敎（小乘之敎）。「智不窮源」者說法只限於三界，未能及於三界之外以徹法之淵底者之謂；就識變言，只限於六識，未能及於第七識與第八識者之謂；就智心言，未能及於如來藏自性清淨心之無限智心者之謂：是即無論就識或智，皆未能通至界外之「無限界」以說明一切染淨法之存在也。「恩不及物」者慈悲心不足，不能不捨衆生而普渡之，而只個人自己解脫之謂也。反是者謂之大敎（大乘之敎）。大敎者說法能通至界外之「無限界」而解脫亦以一切衆生得渡爲條件者之謂也。

但是通至界外之無限界，若只至無限無明識心所謂阿賴耶識，而於無漏種只承認後天熏習而成漸敎者，則是「界外一途法門，非通方法門」。此即所謂唯識宗。別敎是大乘敎，專就修菩薩道者而言。唯識宗因通至界外，固亦是別敎，但此別敎只是界外一途法門，非通方法門，言其由如來藏開出之一時之方便，非眞正了義之通方別敎。

眞正了義之通方別敎在言「如來藏自性清淨心」者。此即「大乘起信論」之系統。以一大乘心開生滅眞如之二門，於一切染淨法之存在皆得有根源之說明，而且捨無漏種而言眞心，則成佛之可能

始有**超越的根據**。即以是故，謂之爲了義通方之別教。然以經由**超越分解**之路而建立，故雖是了義通方之別教，然亦仍是別教，非圓教也。

即依此眞心系統，通過一頓教，而至華嚴毘盧遮那佛法身法界緣起之圓滿教，這還仍是別教一乘圓教，非眞正了義之圓教。蓋「曲徑紆迴，所因處拙」故也。「所因處拙」者謂以**唯眞心**爲準的，不能**卽染成淨**，必「**緣理斷九**」（緣清淨眞如理以斷九法界之無明，因而亦無九法界法，唯只一佛法身法界法）而後成佛也。「曲徑紆迴」者以通過一超越的分解以立眞心之隨緣不變統攝一切法，然後經歷劫修行捨染取淨也。此則爲「**性起**」系統，非「**性具**」系統。「隨緣不變，不變隨緣」，眞如心隨緣起現一切法，謂之「性起」；非「一念無明法性心」當下圓具一切法，故非「性具」。隨緣隨到處可有法起現，隨不到處則無法起現，是則於一切法之存在無**圓足保證**也。此即等於說是無定的無限，非圓成的無限。所以如此，蓋未能眞至「色心不二」故也。在性起系統，「色心不二」是分解的綜和命題，非詭譎的相即之命題，亦可以離而二之。（色心之詭譎的相即旣非分解的綜和，亦非分解的分析。）旣不能眞至「色心不二」，自亦不能智識不二，亦不能有「**一切法趣**」之唯聲、唯色、唯香、唯味、唯觸、唯識之圓說。（《般若經》言「一切法趣空，是趣不過」，乃至一切法趣某某皆是趣不過。天臺宗謂「一切法趣」是圓教說，即圓教之標識。因此旣可以一切法趣識而唯識，亦可以一切法趣聲、色等，而唯聲、唯色、唯香、唯味、唯觸。）故華嚴圓教乃是**隔離的圓教**，徒顯高而不能圓，如日初出先照高山，未能照至幽谷，蓋以未經歷一辯證的發展

故也。（五時判教，第一時說華嚴，故華嚴圓教只就佛自身說，未
經歷「第二時說小乘，第三時說方等，第四時說般若，最終第五時
說法華涅槃」之辯證發展，故非真正圓教，未能開權顯實、即權說
實也。故在華嚴會上小乘如聾如啞，是則只是「中道而立，能者從
之」，未能普接群機而皆圓成之也。故真正圓教當在法華。）

華嚴性起系統既是別教一乘圓教，非究竟圓滿之教，故天臺智
者大師必須進而依《法華經》再確立究竟了義之圓滿之教，此即是
性具系統，華嚴家名之曰「同教一乘圓教」。同教者共同於一切權
教而不離也，非捨權以言圓也。

依天臺，成立圓教所依據之基本原則即是由「即」字所示者。
如說菩提，必須說「煩惱即菩提」，才是圓說。如說涅槃，必須說
「生死即涅槃」，才是圓說。如依煩惱字之本義而分解地解說其是
如何如何，進而復分解地說「斷煩惱證菩提」，或「迷即煩惱，悟
即菩提」，或「本無煩惱，元是菩提」，這皆非圓說。華嚴宗就佛
法身法界說圓教，不開權，不發迹，說**本無權可開，本無迹可發，**
這只顯一隔離佛之高，亦非圓說。是故知禮云：

> 應知今家明「**即**」永異諸師。以非**二物相合**，及非**背面翻**
> **轉**，直須**當體全是**，方名為「**即**」。何者？煩惱生死既是修
> 惡，全體即是**性惡法門**，故不須斷除及翻轉也。諸家不明性
> 惡〔不明性德上本有的惡法門〕，遂須**翻惡為善，斷惡證**
> **善**。故極頓者，仍云「本無惡，原是善。」既不能全惡是惡
> 〔全修惡即性惡〕，故皆「即」義不成。故第七記〔荊溪
> 《法華文句記》卷第七下〕云：忽都未聞**性惡**之名，安能信

有**性德**之行。」〔案：「**性惡**」意即理具三千本有一些穢惡法門之意，非儒家性善性惡之意。須詳看《佛性與般若》下冊第三章第六節。〕

今既約「**即**」論斷，故無可滅；約「**即**」論悟，故無可翻。煩惱生死乃九界法。既十界互具方名圓，佛豈壞九轉九耶？如是方名**達於非道**，**魔界即佛**。故圓家斷、證、迷、悟，但約**染淨**論之，不約**善惡淨穢**說也。諸宗既不明性具十界，則無圓斷圓悟之義。故但得「**即**」名，而無「**即**」義也。此乃一家教觀大途。能知此已，或取或捨，自在用之。

案：此「即」義即**詭譎的**「**即**」義，非**分解方式**下的「即」義。分解的「即」如Ａ是Ａ，此是依同一律而說者，固非此即義，即兩物關聯著說者，而若是「兩物相合」，或「背面翻轉」，亦是分解地說者，故亦非此詭譎的即義。諸宗凡就兩物相合或背面翻轉以說「即」者皆是用分解的方式說，故但有即名，而無即義，因而皆是權說，非圓說。

以上論「即」字之本義即是**詭譎的**「**即**」，非**分解的**「**即**」。生死與涅槃，煩惱與菩提，總持言之，即是無明與法性。無明與法性若是**異體**，則雖依而不即，猶各自住，這是別教；若是同體，依而復即，純依他住，並無自住，方是圓教。同體者同一事體之謂。「無明」即煩惱心，即一切法。法性即法之性。一切法無自性，以空為性，故法之性即是空。無明無住處，無住則無本，故必即於空，即「即於法性」。即於法性而為法，亦猶「以有空義故，一切法得成」也。（若不空，則非緣生，無緣生則無一切法）。是故

「即於法性」亦可轉語爲「依法性住」，是即純「依他住」，並無「自住」。（依法性住之依他住並不可誤解爲**實體性的因果**，以法性非煩惱法故，不可以法性爲煩惱之本。「以有空義故，一切法得成」，此「因此所以」亦非**實體性的因果**。）

「無明無住，無明即法性」，即如上解，則「法性無住，法性即無明」，此須如此解：法性即是法之性，即空如性，空如性非一實體字，乃一抒義字，即抒緣生法之義也；旣是一抒義字，故並無一獨立體曰空，是故空必即於無明煩惱法之無自性而見，是即法性即無明，亦純依他住，非若一物然而有其自住性。（即於無明而依無明之依他住，更非**實體性的因果**，此則甚顯，蓋法性不能以無明爲本也。）

無明無住，無明即法性，法性無住，法性即無明，兩聯交互一觀，即可見兩者純**依他住**，並無**自住**，此即兩者**同體**也。同體依而復即，此則爲圓教。亦如胡五峰言「天理人欲**同體而異用，同行而異情**」，此則就儒家詞語言，亦圓說也。

無明與法性兩者若是**異體**，則雖可以有依待關係，然是「**自住**」的依待，非純「**依他住**」的依待也。故說「自住」是別敎意。**異體**者無明煩惱與法性乃是兩個獨立體，各有其獨自的意義。此如華嚴「眞心隨緣不變，不變隨緣」，眞心即是一獨立體，雖不染而染，依無明賴耶現一切法（此爲**眞妄合**），然爲無明所覆，必待破無明始能顯，此則無明爲能覆，亦有其獨立的「自住」義，此則爲**分解說的別敎**，非詭譎說的依而復即之**純依他住無自住之圓敎**也。

無明法性以體同異而判別圓二敎，是故圓敎即依「同體之依而復即」而立「一念無明法性心」一觀念，由此而明一切法之存在，

此即所謂「從無住本立一切法」，亦曰「一念無明法性心即具三千世間法」，簡言之，即所謂「一念三千」也。三千世間法由六凡四聖十法界每一法界皆具其他九法界為百法界，然後再重疊之以三十種世間，而成。（每一法界可分拆為三種世間，一曰眾生世間，二曰國土世間，三曰五陰世間。每一法界以具其他九法界故為十法界，即三十種世間。十法界以各皆具其他九法界故為百法界，乘之以三十種世間，即為三千世間）此三千世間法窮盡界內外一切法，即無量法。如來藏佛性所具備之恆沙佛法亦即此無量法。此無量法每一法皆依法性無明同體依即之方式說，此固是圓說，然就法之存在言，尚未**盡而滿**。今說一念無明法性心即具三千世間之無量法即為**法之存在之盡而滿**。此種盡而滿即為法之存在之**存有論的圓滿教**，此種圓滿教之法之存在之盡而滿，如依四諦說，即為**無量無作四諦**。（界內者為**有量四諦**，界外者為**無量四諦**。界內者小乘為**生滅四諦**，通教為**無生四諦**。界外者別教只為**無量四諦**而非**無作四諦**，實亦只是無定的無量，非圓成的無量，以隨緣起現故，非**性具**故。圓教既**無量**亦**無作**，此方真是圓成的無量，以**性具非性起**故。）

此一念無明法性心即刹那生滅心，亦曰煩惱心。此一念煩惱心即具三千世間法，即為法之存在之盡而滿之圓說。此為不縱不橫玄妙深絕之不思議境。本是一念心具，何以言性具？以無明即法性，法性即無明，**圓談法性**，非孤調法性，從勝說，故曰**性具**。（以有空義故，一切法得成，性存身心存，以性為主，故曰性具。）何以又言理具？以三千世間法其法理皆**中道實相理**，從勝說，故曰**理具**。理非「但中」之理，法亦無離理之法。以理為主，故曰**理具**。

念具，性具，理具，皆圓說也。

此圓說之一念無明法性心，煩惱心，不是唯識系統之阿賴耶識，亦不是其中之任一識，乃是由《法華經》之開權顯實，發迹顯本，依佛之本懷與**佛自身即是迹**，非神通變化才是迹，**開決了唯識系統而說者**；亦不是眞心系統之唯眞心，乃是依「不斷斷」，三道即三德，**開決了眞心系統而說者**。（經此開決，法性與無明同體依而復即，如來藏乃就迷就**事**而言，非分解地偏指清淨眞如心而言，故惑業苦三道即般若、解脫、法身之三德。惑道即煩惱道，此道即般若，如**指薪爲火爾**。業道即解脫，如**指縛爲脫爾**。生死苦道即法身，如**指冰爲水爾**。）開決了諸權教而說的「一念心即具三千世間法」不與一切分解說的諸權教爲同一層次，因而亦非這同一層次上此一說彼一說之分解地另立一說。它是非分解地，即詭譎地說的圓實教；它不與任何權教爲對立，而是開決了亦即消化了一切權教而**無說以說者，無立以立者**。它固是一系統，然非分解說，故雖是系統（以是教故），然**無系統相**，以是故，它亦是**無諍法**，因而它是絕對的圓實，非主觀地**各圓其圓**者。蓋圓教只有一，無二無三。其所以如此，即以其不用**分解的模式**故。凡用分解模式以成者皆有**系統相**，因而有**限定相**，故皆是**權說**，皆是**可諍者**，因而皆可予以**開決**。既開決已，一體平鋪，法法皆通，低頭舉手皆是佛道，何況二乘行？何況別教菩薩行？以是故，是絕對的圓實，無**可諍**也。

但此由《法華經》所說的圓教之爲無諍與《般若經》之爲無諍不同。蓋由般若所說的圓通無礙只是般若智之**作用的圓**，它只是就一切法融通淘汰而歸於實相，「實相一相，所謂無相，即是如相」，所謂「不壞假名而說諸法實相」者是；它對於一切法無根源

的說明，只就已有的或已說明了的法而融通淘汰之令歸實相，即所謂一法不立，一切法不可得；點空說法，結四句相（因緣所生法，我說即是空，亦爲是假名，亦是中道義之四句），這也只是體法空之觀智之作用的圓。但由《法華經》而開出的圓教，則是就法之存在而說的**存有論的圓**。此是豎說者，作用的圓是橫說者。豎說者爲**經**，橫說者爲**緯**。經緯合一方是最後的圓教，而以豎說之經爲圓之所以爲圓之**主導**也。以般若爲**共法**故。

　　存有論的圓既經確立，則就「三道即三德」，在「不斷斷」之圓修下，即可達至佛教式的「德福一致」之圓善。蓋般若、解脫、法身之三德，依德福問題言，俱屬德邊事。但般若之智德是就三千世間法而爲智德，解脫之斷德（斷煩惱而清淨爲解脫，此亦曰福德，有清淨之福）是就三千世間法而爲斷德，涅槃法身德是就三千世間法而爲法身德（佛法身即九法界而成佛法身），主觀面之德與客觀面**法之存在**根本未曾須臾離，而**幸福**即屬於「**法之存在**」者（存在得很如意即爲幸福）。在此圓修下，生命之德（神聖的生命）呈現，存在面之福即隨之（此福必須就存在言，與解脫之福德之福不同，福德仍屬於德，是分析的，由解脫而即分析出清淨之福）。但在此圓修下，存在無定性的存在（非如上帝所創造者然），當**德**呈現時，由解心無染，通達惡際即是實際，行於非道通達佛道，魔界即佛，是故一切存在即**隨之而轉**，一切善惡淨穢法門皆成佛法，咸稱**常樂**，此即是**福**。（「三千在理同名無明，三千果成咸稱常樂。」既稱常樂，自然是福。）是則德福必一致，「自然」（存在）必與「德」相諧和。若非圓教，則「緣理斷九」，自然有德不必有福，以不開權，不發迹，只一清淨之法身德，法之存

在原由隨緣起現本非**圓具**，今後亦**無交待**故；因而幸福**無著落即無可言幸福**故；色心不能眞不二，色法被泯，幸福亦**無可言**故。「法身無色」是分解的極言，不是三道即三德下之圓實之教，蓋以「德」與「存在」有**隔離**故，非**圓盈**故。旣已離矣，則德與福不必能一致，或只有德而無福，或德即是福（此「即」是分析的即，福無獨立的意義）而不須另有福，或須另有福寄託於存在但卻須藉神通作意以示現。如若藉神通作意以示現，則佛本身**不是迹**（原**無迹**），迹由機感神通作意示現而成，是則福與德之連繫仍爲互相外在的綜和關係，機感消逝，神通亦寂，是則仍只有德而無福，德福間仍無必然的連繫——必然的一致關係，蓋因法之存在無**必然性**故，色心不二無**必然性**故。圓敎所成的德福一致是必然的，此「必然」是**詭譎的必然**，非**分析的必然**。此詭譎的必然亦可以說爲是德福同體，依而復即，德當體即是福，福當體即是德；但此兩「即」是**詭譎的即**，非**分析的即**，故前一即不成斯多噶，後一即不成伊璧鳩魯。佛不壞九斷九，即如在地獄，佛旣就一切地獄法而成其德，則亦必就一切地獄法而成其福。因爲佛畢竟是佛，他雖有惑業苦三相，然究非實地獄衆生也。他就地獄法而成佛，此「就」是圓敎下詭譎地必然地就；而地獄法之存在是圓敎下性具之存有論的存在，故其存在有必然性，非暫時機感神通示現其存在，示現其存在之存在是偶然的，是一時之方便。就地獄法之必然的存在解心無染而成佛，則地獄法之存在處固成其德，同時亦成其福。若不能解心無染，則地獄固苦，即華堂大廈亦未必是福。圓敎下德福一致旣是詭譎地必然地一致，故德與福兩者之關係旣非權敎下之**綜和關係**，亦非如斯多噶與伊璧鳩魯說法中那樣的**分析關係**。此則非康德之依

「上帝創造自然」而說者所能至。（上帝創造自然，自然不能在圓
修中**隨德而轉**，故德福一致仍無顯明可解之根據。上帝保證其可能
只是**硬說**而已。徒說上帝依其神智與神意創造自然，這並不能函著
說「其所創造之自然必與吾人之德相諧和」。）

第四節　道家之圓教與圓善

　　上節依佛家天臺宗詳明圓教之所以爲圓教並基此以明圓善之可
能。茲再說道家。

　　道家亦有圓教之理境，惟未曾如佛家天臺宗那樣詳明而確定地
說出之，但基本理趣已具備。

　　道家亦約略有判教意，如「失道而後德，失德而後仁，失仁而
後義，失義而後禮。夫禮者忠信之薄而亂之首。」（《道德經》三
十八章）。此明有高下之判。最高者爲道。道之所以爲最高以其
「法自然」，無爲而無不爲，無爲故無敗（爲者敗之），無執故無
失（執者失之）之故也。此明示道爲圓滿之境。凡有爲有執者皆有
限定，有限定即不圓滿，即其生命不合道，未成一神聖之生命，未
成一眞人或天人。上引經語並不表示道家一定否認德、仁、義、禮
等，重在表示以何方式始能成其爲德，爲仁，爲義，爲禮等。蓋必
須以**無爲無執**之方式始能實有之也。故云「上德不德，是以有德；
下德不失德，是以無德。」（同上，三十八章）此亦如「絕聖而後
聖功存，棄仁而後仁德厚」（王弼語，見《老子微旨例略》），復
亦如「般若非般若斯之謂般若」，般若以無學學，以無得得。此在
佛家名曰般若智之妙用，在道家則爲玄智之妙用，其基本精神同

也，同爲一融通淘汰之精神。淘汰是汰除執、爲，蕩相遣執；融通是消化封限而歸於玄德，令萬物皆各**歸根復命**而**得自在也**。在佛家，則曰令歸實相，「實相一相，所謂無相，即是如相。」此皆無限智心之妙用。故般若成全一切法，玄智亦成全一切德如仁義禮智等，同時亦成全天地萬物令歸自在。此種成全曰「**作用的成全**」，吾亦曾名之曰「**作用的保存**」。例如「絕聖棄智，絕仁棄義，絕學無憂」，此並非是從**存有**上棄絕而**斷滅**之也，其實義乃只是**卽於聖**智仁義等，通過「上德不德」之方式或「無爲無執」之方式，而以「**無**」成全之也。此「**無**」是**作用**上的無，非**存有**上的無。但就聖智仁義之德言，道家卻亦無從存有上正面肯定之之工作，蓋以其並不從道德意識入手也，就天地萬物言，道家似初亦有一根源的說明，如道德經由道之**無性**與**有性**（此爲道之**雙重性**）以說明天地萬物之根源，此即是從存有上說明之也。但此種由無與有之雙重性以說明之只是「上德不德是以有德」中之**無與有**之**擴大**，故總歸是道心玄智之作用地成全之。在此作用的圓中**保住一切德**，亦保住**天地萬物之存在**，此可曰**道家式的圓教中之存有論**。

《莊子·應帝王》篇記載巫咸（神巫季咸）見壺子，壺子以四門示相，亦是一種判教。

第一，「示之以**地文**，嶷乎〔山貌〕不震不止，是殆見吾杜德機也。」郭注：「德機不發曰杜。此乃至人無感之時。」成疏謂「第一，妙本虛凝，寂而不動。」此爲**無門**。

第二，「示之以**天壤**，名實不入，而機發於踵，是殆見吾善者機也。」陶光注列子以爲「善者機」當爲「善道機」，亦或然也。成疏謂「第二，垂迹應感，動而不寂。」此爲**有門**。

第三，「示之以**太冲莫勝**，是殆見吾衡氣機也。」成疏謂「第三，本迹相即，動寂一時。」此爲**亦有亦無門**。

第四，「示之以**未始出吾宗**，吾與之虛而委蛇，不知其誰何，因以爲弟靡〔摩〕，因以爲波隨。」成疏謂「第四，本迹兩忘，動寂雙遣。」此爲**非有非無門**。

千變萬化「未始出吾宗」，此即《莊子‧天下》篇所謂「不離於宗謂之天人」之渾化境界。「芴漠無形，變化無常。死與生與？天地並與？神明往與？芒乎何之？忽乎何適？萬物畢羅，莫足以歸。」（〈天下〉篇語，莊子所悅者）。此即最高最圓滿之境界，亦即渾化之境界。莊子以「未始出吾宗」或「不離於宗」說之，說這是「天人」，甚至比「眞人」還高。孟子說「大而化之之謂聖，聖而不可知之之謂神」。「大而化之」（把大化掉大無大相）之化境是儒家語。此「化」字最好，一切圓實皆化境也。不至於化，便不能圓，不能實，不能一切平平，無爲無作。故「化」字是圓之所以爲圓之最高亦是最後之判準。凡冰解凍釋皆化也，是融化之化。不融化，則不免有局限，有情執，皆權教也，亦皆不能免於可諍。

但是此種融化之境界必須在詭譎的「即」中顯示。以「即」字顯示，此在莊子多含有之。所謂「即」即於什麼？向、郭注《莊》明說之爲即於「迹」，乃提出**迹冥論**以說明此融化之圓境。「以卮言爲曼衍，以重言爲眞，以寓言爲廣」。卮言，重言，寓言皆迹也，即即此迹以明道。「謬悠之說，荒唐之言，無端崖之辭」，亦迹也，亦足以藉之以示道。故寄言出意，亦即即於所寄之言以出「意」也。開始是「寄」，是「藉」，最後亦可歸於「即」也。〈大宗師〉篇：「其好之也一，其弗好之也一。其一也一，其不一

也一。其一也與天爲徒，其不一也與人爲徒。天與人不相勝也，此之謂眞人。」好、弗好皆迹，其好而能冥而不滯於好，弗好而能冥而不滯於弗好，故其好與弗好皆不失其一（皆不失其生命超脫之諧一即自在）。其與天爲徒（遊方之外之出世間）之「一」以及其與人爲徒（遊方之內之俗迹即世間）之「不一」亦皆是迹，然無論其處於「一」與處於「不一」，亦皆不失其一，即不失其生命之灑脫或自在，此即是化境之一。「天與人不相勝」（即不相凌駕）而皆任之而無所軒輊即無所矜尙，即是眞人化境之一（該隱則隱，該顯則顯，出處進退隨時而化，即是儒聖之聖之時）。「天地與我並生，萬物與我爲一。旣已**爲一**矣，且得有言乎？旣已**謂之一**矣，且得無言乎？一與言爲二，二與一爲三，自此以往，巧曆不能得，而況其凡乎？故自無適有，以至於三，而況自有適有乎？**無適焉，因是已。**」（〈齊物論〉）「爲一」（成爲一）是無言之化境，此名曰「無」，此無是一，即以「一」代表無。「旣已謂之一」便是處於有言之境。有言之「言」與此有言中之一（謂之一之一）是「二」，此二即是名言之「言」與其所名之客觀對象之「一」之兩者，故曰「一與言爲二」。此二再與原初無言中之一（「爲一」之一）合而爲「三」，故曰「二與一爲三」。此之謂「自無適有以至於三」。「爲一」之一本是無言之化境，本無可適。只因通過「謂之一」之名言，遂引起「從無適有以至於三」之嚕囌。這本是人之執情之**纏夾**，亦佛家所謂戲論也（由於名言而有之一、二、三之展轉引申即是戲論）。莊子意在化此纏夾，故最後結語云：「無適焉，因是已」。即表示說：你不要於此「爲一」處因著名言之方便而有所適往之牽引，你只應於「爲一」處因應而如之，此便是最高

化境之圓實，不離於宗之天人。然而人常不免於名言之執，故遂有「從無適有以至於三」之牽引。「自此以往巧曆不能得，而況其凡乎？」此言從三以後，無窮無盡，巧曆家都算不出，而何況凡人？「從無適有以至於三，而況自有適有乎？」自有適有，其無窮盡更不須說，因已落於經驗界故。「從無適有」尚從超越界起也。王弼根據此「自無適有以至於三」注《老子》之「道生一，一生二，二生三，三生萬物」，此雖未嘗不可方便借用，亦比一切其他解者為成義理，然實語意不合，亦即立言精神不合。莊子重在無言之化境，故云「無適焉，因是已」。而老子則重在明「道生萬物」之妙用。故吾以老解老，以《道德經》首章之有、無、玄說此一、二、三，以為道之「無」性（先以無表象道）是一，此為「道生一」（由道引生一）；而無不一於無，即道亦有徵向之「有」性，有與無相對為二。即以有代表二，是即為「一生二」（由無之一引生出有之二）。而有無「兩者同出而異名，同謂之玄」，故玄（有無融於一，由於是道之雙重性而融於一）是三，此即為「二生三」（由有之二以與無相對亦即有無相對為二以引生出三）。「玄之又玄衆妙之門」即是「三生萬物」。三生萬物實即**道生萬物**，蓋玄即代表道之**真實而具體的**作用，而有無是道之雙重性，是對於道之**分解的表象**，故必至乎有無融一之玄始能恢復道之自己之具體而真實的妙用。老子之有無對言屬分解的表象，故其所言之「無」非莊子無言化境之「無」也。而「道生一，一生二，二生三」此一、二、三是對於道之分解的表象之客觀地實說，實說其引生一、二、三之經過，非如莊子之重在明因名言之纏夾而引起嚕囌，故最後以歸於「無適」為真也。老子尚質實，而莊子則玄微矣。故王弼以此「自

無適有以至於三」解老子之「道生一，一生二，二生三，三生萬
物」，雖似未嘗不可方便借用，然實於語意不合，亦即立言精神不
合。若注意到萬物不可泯，總須有一**根源的說明**，不管是何形態的
說明，則此種牽合不只語意不合，亦實於義理為不對應也。蓋
「適」之牽引**可消除**，而萬物之存在**不可泯**。莊子對於萬物之存在
無根源的說明（此如《般若經》），只重在就既成之萬物當下而冥
之，即當體而如之，此於其言「天籟」處即可知之。老子之說明最
後終歸屬於境界形態之說明，非實有形態之說明，與莊子精神不相
違，然義理上它總是一說明，故以莊子之「一與言為二，二與一為
三」之「自無適有以至於三」來解老子之「道生一，一生二，二生
三，三生萬物」，此不但語意不合，亦於義理為不對應也。

　　莊子對於最高最圓之化境玄理不喜作分解的表象，而善於作**詭
譎的點示**，此點除上所說外，復於以下〈齊物論〉之言可見：

> 有有也者，有無也者，有未始有無也者，有未始有夫未始有
> 無也者。俄而有、無矣，而未知**有無之果孰有孰無**也。

常途喜對於萬物作向後追溯以尋其根源，尋至「有」；「有」不徹
底，尋至「無」；「無」不徹底，乃尋至無「無」（未始有
「無」），更尋至無無亦無（未始有夫未始有無），如此無窮地向
後追溯無有已時，終不得明。是故莊子不取此方式，乃曰：「俄而
有、無矣，而未知有、無之果孰有孰無耶？」此是說：俄頃之間說
有說無，有無紛然，都不能定，我不知你們所謂有也，無也，究竟
誰是有誰是無。此明是表示要把你們所謂有無一起頓時而化之，亦

無有，亦無無，此即所謂「冥」。有無之相既冥，則萬物當體即如，而得獨化之自在（獨化無化相）。

〈庚桑楚〉篇亦云：

> 有乎生，有乎死，有乎出，有乎入，入出而無見其形〔不知何為入，何為出，乃至何為生，何為死〕，是謂天門。天門者，無有也。萬物出乎無有。〔案：即出乎天門之自然，即無所由以出。〕有不能以有為有，必出乎無有；而**無有一無有，聖人藏乎是**。〔案：生死出入皆有也，既是有，有自不能再以與之為同類者而明之，蓋若如此，必落於無窮追溯故，故必出乎無有。出乎無有即出乎天門之自然。出乎自然即無所由以出。「自然」者無稱之言，窮極之詞。是故「無有一無有，聖人藏乎是。」把「無有」亦化掉，是即泯一切相而萬物當體即如，聖人即藏乎此。〕
>
> 古之人其知有所至矣。惡乎至？有以為未始有物者，至矣盡矣，弗可以加矣。其次有以為有物矣，將以生為喪也，以死為反也，是以分已。其次曰：始無有；既而有生，生俄而死；以無有為首，以生為體，以死為尻。孰知**有無死生之一守**者，吾與之為友。〔案：「一守」猶〈德充符〉篇「以死生為一條，以可不可為一貫。」〕

案：此段話明與〈齊物論〉之「俄而有無矣，而未知有無之果孰有孰無耶」為同一義旨。

〈齊物論〉最後云：

　　罔兩問景曰：曩子行，今子止，曩子坐，今子起，何其無特
操與？景曰：吾有待而然者耶？吾所待又有待而然者耶？吾
「待」蛇蚹蜩翼耶？〔「待」字衍，當刪。〕**惡識所以然，
惡識所以不然。**

景待形，形待誰？蛇蚹（蛇之蛻皮）待蛇，蜩翼（即蜩甲，蟬所脫
之甲殼）待蜩，那麼蛇與蜩又待什麼呢？你說我（影）待形體而
然，很無特操，我似乎就像蛇蚹蜩翼那類東西嗎？此誠可說。但吾
所待者又待什麼呢？蛇蚹待蛇，蜩翼待蜩，蛇與蜩又待什麼呢？要
說待，都有待；要說無待，都無待。待至何處而止？我那裏知道現
實上一切東西之**所以然**與夫**所以不然**。（如景待形而然，但你能定
知其是如此耶？形與景不同，但你能知形即無所待而如此耶？你能
定知其何以不待耶？）是以你譏我待他而然，甚無特操，然你同樣
亦不知絕待而不然者究是誰。絕待者決非即吾所待之形。如吾類蛇
蚹蜩翼，則絕待者亦決非即蛇蚹所待之蛇，蜩翼所待之蜩。你們這
樣追尋吾之所以然，決無止境，亦如那追尋物之根源追尋至有至無
乃至無無，決無止境，毫無意趣。是知絕對者唯在**冥一切相，泯一
切虛妄分別**，就萬物**當體而如之**，是即逍遙無待之旨。是故莊子決
無撐開說的宇宙論的生成根源之**分解的表象**或**追溯的表象**，但只有
靜態的**境界形態**的**存有論之如境**，即吾所謂**無執的存有論**。此是莊
子最高最圓之玄境。（老子雖顯有宇宙論的陳述，然其實只是一姿
態，最後必歸於莊子之玄境。詳見《才性與玄理》。）

　　就萬物泯一切相冥而如之既為最圓滿之化境，則圓滿教不能不
用詭譎的「即」之方式來表達，這是甚為顯然的。特彰此義，提出

迹冥論以明之，則是向、郭注莊之慧解。以下試就其明圓聖之所以為圓以明之。

聖人之所以為聖即在其已至渾圓之化境。「大而化之之謂聖，聖而不可知之〔不可測度〕之謂神。」渾圓化境之生命即是神聖之生命。魏晉人義理崇尚老莊，然真能體現老莊之「道」者，彼等皆以為唯聖人能之。聖人遠說指堯舜，近說指孔子，老莊本人固不能至也。此義，王弼首先發之。裴徽問弼曰：「夫無者誠萬物之所資也。然聖人莫肯致言，而老子申之無已者何？」弼曰：「聖人體無，無又不可以訓，故不說也。老子是有者也，故恆言其所不足。」〈何劭王弼傳〉「聖人體無」意即聖人能於生活上體現無，而無又不是可以用言說訓解的，故不說也。老子達不到此境，故恆言其所不足。此亦「**作者之謂聖，述者之謂明**」之意。老子至多是「述者」之哲學家，其生命未必真能至渾化之境。王弼說他「是有者也」，意即其生命深處未必真能「解心無染」，無為無執，而至圓通自在之境。未能至此，即仍是處於「有」境，而未至化境。「解心無染」者即於一切生活出處進退皆無妨礙；應興應革，制禮作樂（作者之謂聖即指此言），皆循天理之公而無己私。表面上皆是「迹」，而實則皆是化境之「冥」。未至化境之冥亦必不能有此迹也。是以聖人決不分解地言有言無，而只從事於生活之迹以順通乎萬物。不言無而自有無之用。是以表面上其**本身全是迹，而亦必不離迹以通無**。此即天臺宗所謂「**佛本身即是迹，非神通變化才是迹**」也。依此故，故王弼復謂聖人亦有情。「何晏以為聖人無喜怒哀樂。其論甚精，鍾會等述之。弼與不同，以為聖人茂於人者神明也，同於人者五情也。神明茂，**故能體冲和以通無**；五情同，故不

能**無哀樂以應物**。然則聖人之情應物而無累於物者也。今以其無累，便謂不復應物，失之多矣。」（〈何劭王弼傳〉）。五情（七情）是其現實生活之迹，通無是其神明茂而無執。

王弼發此「體無有情」之義，向、郭注《莊》即承之而言迹與冥由此以言迹本圓，或言迹與所以迹打成一片。此皆由老子「無爲而無不爲」之義展轉引申而概括以成者。

〈逍遙遊〉云：

> 堯讓天下於許由曰：日月出矣，而爝火不息，其於光也，不亦難乎？時雨降矣，而猶浸灌，其於澤也，不亦勞乎？夫子立而天下治，而我猶尸之，吾自視缺然，請致天下。
>
> 許由曰：子治天下，天下既已治矣，而我猶代子，吾將爲名乎？名者實之賓也，吾將爲賓乎？鷦鷯巢於深林，不過一枝；偃鼠飲河，不過滿腹。歸休乎君，予無所用天下爲！庖人雖不治庖，尸祝不越樽俎而代之矣。

案：此爲《莊子》之原文。許由隱者也。隱於箕山，師於齧缺，依山而食，就河而飲。堯知其賢，讓以帝位。許由聞之，乃臨河洗耳，以爲汙吾耳也。如許由者，世俗以爲有德之高人。堯爲君不過世俗之富貴，治天下乃累心勞形之俗事。厲末俗，許由固足尙，然不必是圓境。君臨天下固俗事，然孔子稱堯曰：「大哉堯之爲君也，唯天爲大，唯堯則之，蕩蕩乎民無能名焉。」是則堯必有其所以爲堯之至德，豈只馳騖於俗事而已哉？即俗迹而見至德，至德亦不離乎俗迹，豈不更爲圓聖乎？稱許由者乃分解地單顯「不即迹」

之德耳，固非圓境也，向、郭注《莊》即盛發此義。故對於上錄
《莊子》原文，向、郭注曰：

> 夫能令天下治，不治天下者也。故堯以不治治，非治之而治
> 者也。今許由方明既治，則無所代之。而治實由堯，故有
> 「子治」之言。宜忘言以尋其所況。而或者遂云：治之而治
> 者堯也，不治而堯得以治者許由也。斯失之遠矣。夫治之由
> 乎不治，爲之出乎無爲也，**取於堯而足**，豈借之許由哉？若
> 謂拱默乎山林之中而後得稱無爲者，此莊老之談所以見棄於
> 當塗，自必於有爲之域而不反者，斯之由矣。
>
> 夫**自任者對物**，而**順物者與物無對**。故堯無對於天下，而許
> 由與稷契爲匹矣。何以言其然耶？夫與物冥者固群物之所不
> 能離也。是以無心玄應，唯感之從，汎乎若不繫之舟，東西
> 之非已也。故無行而不與百姓共者亦無往而不爲天下之君
> 矣。以此爲君，若天之自高，實君之德也。若獨亢然立乎高
> 山之頂，非夫人有情於自守，守一家之偏尚，何得專此？此
> 固俗中之一物，而爲堯之外臣耳。若以外臣代乎內主，斯有
> 爲君之名，而無任君之實也。

案：此示許由有對，而堯無對。獨立高山，雖可顯無以爲本，而不
能順物無對，則滯於無而無亦成有。堯雖治天下，而「以不治治
之」（如以無爲爲之），則**無心而成化**。是則圓境必在堯而不在許
由也。《論語》子曰：「大哉堯之爲君也！巍巍乎唯天爲大，唯堯
則之；蕩蕩乎民無能名焉，巍巍乎其有成功也，煥乎其有文章。」

又曰：「無為而治者其舜也與？夫何為哉？恭己正南面而已矣。」又曰：「巍巍乎舜禹之有天下也而不與焉。」此是儒聖之贊語，向、郭注《莊》即本此而明圓境在堯也。然而世人只從表面以觀則不能知此義，故向、郭注文有「宜忘言以尋其所況」之語，又常云莊子是「寄言」以出意。莊子本人是不是如此則難說，也許莊子本人只是憤世嫉俗一往不返之狂者，未能就堯以明迹本圓。然而無論如何，就迹本圓以說圓境固應是道家之所許可，向郭之注固有其推進一步「辯而示之」之新發明也。（《莊子・齊物論》云：「聖人懷之，眾人辯之以相示也。」）

是故於「藐姑射之山，有神人居焉，肌膚若冰雪，綽約若處子」云云之文則注曰：

> 此皆**寄言**耳。夫神人即今所謂聖人也。夫聖人雖在廟堂之上，然其心無異於山林之中。世豈識之哉？徒見其戴黃屋，佩玉璽，便謂足以纓〔嬰〕紱〔紼即拂〕其心矣。見其歷山川，同民事，便謂足以憔悴其神矣。豈知至足者之不虧哉？今言至德之人，而寄之此山，將明世所無由識，故乃**託之於絕垠之外，而推之於視聽之表**耳。

案：此即假託神人以明「無」。「託之於絕垠之外，推之於視聽之表」只是分解的表象，所謂寄言以出意。聖人如堯舜不只是「迹」，亦有其「所以迹」。雖在廟堂，無異山林。雖心如山林之閑淡，不泯廟堂之俗迹。迹不離本，本不失迹。此其所以為圓境。然世人徒蔽於其耳目可見之迹而不能透悟其「所以迹」，故推開聖

人之渾化，而假託世外之神人以明其所以迹，即明其有本而能冥此迹。能冥迹而不滯於迹，則迹即本；迹即本而不滯於本，則亦能迹也。即迹以冥，則本非遠；即本以迹，則迹即神。

故於「堯治天下之民，平海內之政，往見四子藐姑射之山，汾水之陽，窅然喪其天下焉」之文則注之云：

> 夫堯之無用天下為，亦猶越人之無所用章甫耳。然遺天下者固天下之所宗。天下雖宗堯，而堯未嘗有天下也，故窅然喪之，而嘗遊心於絕冥之境；雖寄坐萬物之上，而未始不逍遙也。四子者蓋寄言以明**堯之不一於堯**耳。夫**堯實冥也，其迹則堯也**。自迹觀冥，內外異域，未足怪也。世徒見堯之為堯，豈識其冥哉？故將求四子於海外，而據堯於所見，因謂與物同波者失其所以逍遙也。然未知**至遠之迹順者更近**，而**至高之所會者反下**也。若乃屬然以獨高為至而不夷乎俗累，斯山谷之士，非無待者也。奚足以語至極而遊無窮哉？

案：此段注文最為明徹。「至遠之迹順者更近，至高之所會者反下」，尤為**圓唱**。「至遠之迹」如「託之於絕垠之外」，「至高之所」如「推之於視聽之表」，皆指藐姑射之山而言，代表神人之至德，亦分解地表示冥體之無也。然這樣表示的冥體之無實只是冥體之無之抽象觀。冥體之無實不能遠在「絕垠之外」，亦不能高處「視聽之表」。具體而真實的冥體之無當無在而無所不在。順物無對者冥體之無即在其順物中見，故遠在天邊，近在眼前。此即所謂「至遠之迹順者更近」。「順者」即是順物而與物無對者。「更

近」即是近在眼前也。至遠而至近，冥體之無即在聖人順物之迹中當下呈現而亦無形無狀人所無由識，此是具體而眞實的冥體之無；而「聖人體無」亦是迹本最圓之化境。迹本圓融亦名曰「體化合變」，會通萬物而無隔，故「至高之所會者反下」。「會者」即那「能體化合變會通萬物而無隔」者。會通無隔，則在視聽之表者亦在視聽之內，最高者亦最低，亦「當下即是」之義也。此在儒家名曰「極高明而道中庸」，在道家名曰「和光同塵」，在佛家名曰「煩惱即菩提，生死即涅槃」，一是皆可以迹本圓（迹本相即）表達之。而迹本圓之論則首發之於向、郭之注《莊》。開其端者則爲王弼之聖人體無，聖人有情而無累於情。此等理境雖由王、郭等說出，然卻亦是三教本有之義也。其大前提，籠統言之，是「道無在而無所不在旣超越而亦內在」（依三教教路不同，此一大前提須依不同辭語表達之），因此而有**當機指點**，因而有**當下卽是**，因此而可總說之以迹本圓融。

以上是向、郭注《莊》就堯以明迹本圓。此下再就其言孔子者以明之。

《莊子·德充符》篇有如下之故事：

魯有兀者叔山無趾，踵見仲尼。

仲尼曰：子不謹，前既犯患若是矣，雖今來，何及矣？

無趾曰：吾唯不知務，而輕用吾身，吾是以亡足。今吾來也，猶有尊足者在，吾是以務全之也。夫天無不覆，地無不載，吾以夫子爲天地，安知夫子之猶若是也？

孔子曰：丘則陋矣。夫子胡不入乎？請講以所聞。

無趾出。

孔子曰：弟子勉之！夫無趾兀者也，猶務學以復補前行之惡，而況全德之人乎？

無趾語老聃曰：孔丘之於至人，其未耶？彼何賓賓以學子為？彼且蘄以諔詭幻怪之名聞，不知至人之以是為己桎梏耶？

老聃曰：胡不直使彼以死生為一條，以可不可為一貫者，解其桎梏，其可乎？

無趾曰：天刑之，安可解？

案：此故事是說：叔山無趾是一個失足的殘廢者（兀者）。然他不在乎此點，他以為他猶有尊於足者存在，他想如何保全此尊於足者。如是，他求見孔子。他以為孔子如天地，必能使物物各得其所，因此，他必能告以保全尊於足者之道。然孔子初見，不知叔山無趾之高致，以為他之來見是想如何治殘廢。但既殘廢已，誰能有辦法使之不殘廢？故云：「子不謹，前既犯患若是矣，雖今來，何及矣」？叔山無趾一聽孔子此語，便說你是誤會了。我來不是求養有形之生之道，乃是求養無形之生之道。如是把孔子責備了一頓。孔子趕快道歉，把他請進來，請他講大道理。其所講者大概是如何修道充德以至「至人」之境。講完了，辭退以後，孔子便勸戒其弟子務必「務學」以進德，以叔山無趾為榜樣。孔子所理解之「學」不必同於叔山無趾之所說，然以孔子觀之，你所說的修道充德以至「至人」之境亦仍是「學」也。為道與為學不必截然兩途。學以進德即是修道，道即在學中見。但叔山無趾採取老子的觀點，把學看

成是經驗知識之逐物，是老子所謂「爲學日益」之學，故以爲孔子未達至「爲道日損」之至人之境。如是遂向老聃曰：「孔丘之於至人，其未耶？彼何賓賓〔頻頻〕以學子爲？彼且蘄以諔詭幻怪之名聞，不知至人之以是爲己之桎梏耶？」他以爲學是在想以「諔詭幻怪之名」聞於天下，而不知此「名」正是至人之視之爲己之桎梏者。老聃曰：你何不「直使彼以生死爲一條以可不可爲一貫者解其桎梏」？難道孔子不可救藥終不可解乎？我想他是可解救的。叔山無趾曰：以他自安於學而觀，他是定然要受此桎梏之刑的。這個刑戮是天刑之，安可解？「天刑之」意即他自然而定然要受此刑，不可解除也。

案：以上之疏解是《莊子》原文之本義，這本是道家的立場，仍是高視叔山無趾而譏諷孔子。莊子未必視孔子爲迹本圓之圓聖，亦未必視「天刑」爲迹本圓中之必然而定然者，彼視「天刑」爲未得自在者所自然而定然有的桎梏。然向、郭之注《莊》卻是就迹本圓而說天刑，因而亦視孔子爲圓聖，仍是高抬孔子而貶偏至，亦如高視堯舜而貶許由也。

對於上錄〈德充府〉之原文，郭注云：

> 夫無心者人學亦學。然古之學者爲己，今之學者爲人，其弊也遂至乎爲人之所爲矣。夫師人以自得者率其常然也，舍己效人而逐物於外者求乎非常之名者也。夫非常之名乃常之所生。故學者非爲幻怪也，幻怪之生必由於學；禮者非爲華藻也，而華藻之興必由於禮。斯必然之理，至人之所無奈何，故以爲己之桎梏也。今仲尼非不冥也。顧自然之理，行則影

從，言則響隨。夫順物則**名迹斯立**，而順物者非**爲名也**。非**爲名**，則至矣，而終不免乎名，則孰能解之哉？故名者影響也，影響者形聲之桎梏也。明斯理也，則名迹可遺；名迹可遺，則尚彼可絕；尚彼可絕，則性命可全矣。

案：此注甚美。聖人不廢學，然聖人之學是無心於學而學。無心於學而學是師人以自得而率其常然者也。此亦猶聖人有情而不累於情，故能順乎人之常情。後來程明道云：「聖人之常以其情順萬事而無情。」「而無情」即無心於情。無心於情而情存，無心於學而學存，學存即能成其爲學，因而能有非常之名，此則非舍己效人而逐物於外者所可得而妄求也。舍己效人而逐物於外只是爲人之所爲，焉能成其爲學而有非常之名哉？故云：「夫**非常之名，乃常之所生**」。意即非逐物者所能妄求也。「非常之名」即「幻怪之名」。但聖人無心於學，而其學只是**率其常然**，並非爲**幻怪之名而學**。雖非爲幻怪之名而學，然而幻怪之名卻必然地隨之而來：非常之名乃常之所生。故下文即繼之云：「故學者非爲幻怪也，幻怪之生必由於學；禮者非爲華藻也，而華藻之興必由於禮。斯必然之理，至人之所無奈何，故以爲己之桎梏也。」

　　此亦猶人不能不行，行則影從；亦不能不言，言則響隨。順物者不能廢學，學則必有幻怪之生；亦不能廢禮，禮則必有華藻之興。影與響是**自然而必然地**隨著行與言而來者，幻怪之名與華藻之飾是**自然而必然地**隨著學與禮而來者，故順物者不能廢學棄禮，即必然有名迹隨之。儘管順物者不爲名而順物，然而終不能免乎名？不爲名而順物，則已至乎極至之境；而終不能免乎名，則名之累是

其必然所有之桎梏,自然而受之天刑,安可解之哉?此即示天刑乃圓聖所必受者,亦如天臺宗言佛亦有**惑業苦**三相也。蓋**三道即三德,不斷斷**故也。夫聖人不廢學不廢禮,雖必帶有學之名迹與禮之華藻,然解心無染,無心於迹,則雖迹而能冥,迹亦即於本也。迹即於本,本不空懸,本亦即於迹。如是,則名迹與華藻不為累。然而世人不能知其是如此也。故自外觀之,以為這是至人之桎梏,必去之方可為至人。去此名迹與華藻,自亦必廢禮與廢學。此為遊方之外者之偏倚。故自彼觀之,孔子並未至「至人」之境,故其桎梏亦不可解,而視之為天刑。然孔子**富幽默**,即**甘心受此「天刑」而不辭**。〈大宗師〉篇孔子自居為「**天之戮民**」,亦此義也。

〈大宗師〉篇云:

> 莫然有間,而子桑戶死,未葬。孔子聞之,使子貢往侍事焉。〔孟子反、子琴張〕或編曲或鼓琴,相和而歌曰:嗟來桑戶乎!嗟來桑戶乎!而已反其真,而我猶為人猗!
>
> 子貢趨而進曰:敢問臨尸而歌,禮乎?
>
> 〔孟子反、子琴張〕二人相視而笑曰:是惡知禮意?
>
> 子貢反,以告孔子曰:彼何人者耶?修行無有,而外其形骸!臨尸而歌,顏色不變!無以命之,彼何人者耶?
>
> 孔子曰:彼遊方之外者也,而丘遊方之內者也。外內不相及,而丘使女往弔之,丘則陋矣。〔……〕
>
> 子貢曰:然則夫子何方之依?
>
> 孔子曰:丘,**天之戮民**也。

此處孔子自稱爲天之戮民，與〈德充符〉篇叔山無趾謂之爲「天刑
——之安可解」同。分解地說，「遊方之內」即佛家所謂「世
間」，處於迹中，自受迹之拘限而爲其所桎梏，此曰天刑，亦曰天
之戮民；遊方之外則佛家所謂「出世間」，解脫世間之迹而爲至
人，神人。若眞「內外不相及」，則內迹固無價值，即外本亦無價
值。叔山無趾與孟子反子琴張等是「不相及」地視孔子，然孔子甘
於天刑而自稱爲天之戮民，則言外之意不必「不相及」。孔子自有
渾化之幽默，故向、郭之注得以視孔子爲圓聖。此即「世出世間」
打成一片也。其注文云：

> 夫理有至極，外內相冥，未有**極遊外之致而不冥於內**者也；
> 未有能**冥於內而不遊於外**者也。故聖人常遊外以宏內，無心
> 以順有，故雖終日揮形而神氣無變，俯仰萬機而淡然自若。
> 夫見形而不及神者天下之常累也。是故觀其與群物並行，則
> 莫能謂之**遺物而離人矣！**觀其體化而應務則莫能謂之坐忘而
> 自得矣。豈直謂聖人不然哉？乃必謂至理之無此！是故莊子
> 將明流統之所宗，以釋天下之可悟。若直就稱仲尼之如此，
> 或者將據所見以排之，故超聖人之內迹，而**寄方外於數子**。
> 宜忘其所寄以尋述作之大意，則夫**遊外宏內**之道坦然自明，
> 而莊子之書固是涉俗蓋世之談矣。

此內外相冥所顯示之迹冥論，由迹冥論所顯示之迹本圓融（迹冥即
於本，本冥即於迹），乃由向、郭之注莊並由莊子之狂言而得之。
郭象〈莊子序〉曰：「夫莊子者可謂**知本**矣，故未始藏其**狂言**。

〔……〕然莊生雖未**體之**，言則**至矣**。」〈山木〉篇末述莊子「守形而忘身，觀於濁水而迷於清淵。」又述莊子自謂「遊於雕陵而忘吾身。異鵲感吾顙，遊於栗林而忘真。」以至於「栗林虞人以吾爲戮，吾所以〔三月〕不庭」（庭即逞字，快也）。注云：「夫莊子推平於天下，故每寄言以出意，乃毀仲尼，賤老聃，上掊擊乎三皇，下痛病其一身也。」由此狂言，即顯其必有所嚮往，其所嚮往者即其所未能體之之迹本圓融也。此迹本圓融之境界，依王弼、向秀、郭象之意，當寄託於堯舜或孔子，此即其所以會通孔老之道。蓋自兩漢以來，堯舜周孔之聖人地位已確立而不搖動，故王、向、郭等以爲老莊雖知本，然實未能體之而至於聖人之境。迹本圓融者謂之聖人。此一迹本之論，由魏晉始直貫至南北朝，乃四百年玄言之最高原則。梁阮孝緒綜而述之曰：

> 夫**至道之本貴在無爲**，聖人之迹存乎拯弊。弊拯由迹，迹用有乖於本；本既無爲，〔有〕爲非道之至。然不垂其迹，則世無以平；不究其本，則道「實」交喪。〔案：「實」似當爲「迹」，或此句改爲「道無以明」亦可。〕丘、旦將存其迹，故宜**權晦其本**；老、莊但明其本，亦宜深抑其迹。迹既可抑，**數子所以有餘**；本方見晦，**尼丘是故不足**。〔言尼丘不言丘、旦者，駢文爲諧韵故〕。非得一之士闕彼明智，**體之之徒獨懷鑒識**。〔案：「得一之士」指周、孔言，「體之之徒」指老、莊言。又此所謂「體之」意對於道或本有體會，呼應下「鑒識」二字，與王弼郭象所謂「體之」或「未能體之」不同。此後者中之「體之」是體而有之於現實生活

中，非單指對於道本身有體會或照鑒或洞見也。「未能體之」是未能將道或無體而有之於現實生活中。〕**然聖已極照，反創其迹；賢未居宗，更言其本。**〔案：「居宗」即是「不離於宗」。「賢未居宗」意即未至居宗成聖之境。謝靈運有辨宗論，辨宗即明居宗成聖之道，言成聖須由頓悟，非積學可至。〕**良由迹須拯世，非聖不能**〔作者之謂聖〕；**本實明理，在賢可照**〔述者之謂明〕。**若能體茲本迹，悟彼抑揚，則孔、莊之意其過半矣。**〔言如此品鑒，孔、莊之意大體可明矣。〕（《梁書》卷五十一，〈處士列傳・阮孝緒傳〉）

案：此段話，可作爲魏晉時代由王弼、向秀、郭象所倡發之儒道會通之綜括，其言甚美。陳、隋間佛家天臺宗興起，盛言迹本以明圓教，蓋亦由王、郭之迹本論而啓發，將此玄言之最高原則用之於佛教者也。天臺判教，其所判者固是佛教之義理，然此迹本之原則、其所依以判教者、則發之於王、郭，非由佛教而來也，史實不可泯也。依此而言，王、郭等確有明智，不可輕視，其啓發於天臺宗者亦大矣。

由王、郭等之闡發，道家之圓境固已昭然若揭，此實相應而無若何歪曲者。惟須知此迹本圓融之圓境，雖說儒聖能有之，然並非依儒家義理而說者，乃只是依道家義理而說者，故只可說這只是道家之圓境，誰能有之，則不關重要。此一圓境惟是就無限智心（玄智）之**體化應務**（亦曰體化合變）**與物無對**（順物者與物無對）而**成全一切迹用**亦即**保住一切存在**而說，然而卻無對於一切存在作一存有論的根源的說明。故此亦可說只是一境界形態之圓境，而非一

實有形態之圓境，亦如佛家般若智成全一切法，此只是般若智之作用的圓，尚非存有論的圓，以般若學（空宗及《般若經》）對於法之存在無根源的說明故。老子雖言「無名天地之始，有名萬物之母」，又言「天下萬物生於有，有生於無」，又言「道生之，德畜之」，此似對於天地萬物（一切存在）有一根源的說明，然此實只是一姿態（豎說之姿態，縱貫之姿態），最後總歸於此境界形態之圓境，而非真有一實有形態之圓境也。蓋「無」只是一沖虛的無限智心之境界，並非一客觀的存有也。是故「道生之」之生實亦是不生之生，生之實唯在物之自己，並非真有一實體如上帝，如天道，或如仁體，以創造之，或創生之。故「無」只是聖人生命之沖虛心境，故亦可曰一沖虛的無限智心之妙境。只就此無限智心之體化合變順物無對而**成全一切**，此並非說此無限智心能**縱貫地創生一切**也。故吾亦說此境界形態之圓境是**縱貫者橫講**。（儒家是縱貫者縱講，佛家雖對於一切法存在有一根源的說明，然最後亦是縱貫者橫講，蓋三德祕密藏並非創生一切法也，以佛家非本體論的生起故。）老子云：「生而不有，為而不恃，長而不宰，是謂玄德。」（《道德經》第十章）。「生而不有」即是不生之生。不生之生則於物暢其源，物自然而生，都任置之，非吾所得而私也。「為而不恃」即是無為之為。無為之為則「虛而不屈，動而愈出」，物自成濟，非有吾之功所可得而恃也；亦即於物不禁其性，體化合變，順物無對，則物自濟，非恃吾為之功而然也。「長而不宰」即是不主之主。不主之主則雖首出庶物，而無宰制之施。生、為、長皆指「道」言，即沖虛的無限智心之妙用。你能**讓開一步**，而**不操縱把持**，即等於生之、為之、長之矣。你的生命能如此，即謂為**有道之**

生命，亦可說爲有「**玄德**」之**生命**。在此玄德之中，天地萬物（一切自然或一切存在）皆得**成全**而得**自在**。此之謂「與物冥而循大變」。如此方能「無待而常通」。此是道家圓滿之境也。

　　在此圓滿之境中，一切存在皆隨玄德轉，亦即皆在無限智心（玄智）之朗照順通中。無限智心在迹本圓融中而有具體之表現以成玄德，此即爲圓善中「德」之一面（道家意義的德）；而一切存在（迹用）皆隨玄德轉，即無不順適而調暢，此即爲圓善中「福」之一面。故主觀地就生命之「體沖和以通無」而言，即謂之爲「德」；客觀地就「體化合變順物無對」而言，即謂之爲「福」。此即是「德福一致」之圓善。此時之「一致」不但是德福間外部地說之有相配稱之必然關係，而且根本上內部地說之德之所在即是福之所在。此只有在迹本圓之圓實境中始有眞實的可能。此迹本圓中之德福一致旣非斯多噶與伊壁鳩魯主張中之**分析關係**。亦非如康德所言之**綜和關係**之靠上帝來保障，乃是迹本圓中**詭譎的**「**相卽**」之關係。辨解地說，德福間的關係原是綜和關係；在現實人生中，在漸敎漸修中，在一切權敎中，其因綜和而成的連繫只是偶然的連繫，即其綜和是偶然的綜和，因此，便無圓善之可能。圓善之所以爲圓善即在德福間有相配稱的必然連繫，即其綜和是必然的綜和。此在康德只有上帝能保障之，但還是綜和關係，只不過是必然的綜和而已，因爲若非必然的綜和便無圓善。但康德這一思路，好像是圓敎，其實非圓敎，它只是一情識決定之權敎，吾人已明其並不能使圓善之可能眞爲可理解。是以只有在圓敎中，德福之必然連繫始眞成爲可理解。但**一旦在圓敎中**，此必然連繫即德福一致，吾人即不說之爲**綜和**，但只說之爲**詭譎的**「**相卽**」，因爲分析、綜和等詞

語是**辨解地說的**即**分別地說**的權教中的詞語，並非是**非分別說**的圓
實教中的詞語。依此而言，康德的說法亦只是分別說的表面似圓教
而實非圓教的權教中之一途法門，尚非是權教之通方法門（以無限
智心人格化而爲個體存有故），何況是圓實教，此更非其所能及。
德福之詭譎的相即（德福同體）是依圓聖言。一切圓聖皆是「天之
戮民」，然其所受桎梏之戮（天刑）即是其福之所在，同時亦是其
德之所在。蓋桎梏天刑即是其一切存在狀態之迹，即迹而冥之，迹
即是其德之所在；迹隨本轉，則迹亦是其福之所在。故德即福，福
即德，此「即」是詭譎的「相即」之即，非分析關係，亦非綜和關
係，蓋並非依靠一什麼物事把它們兩者綜和起來使之有必然連繫
也。在此「相即」中，德固有獨立的意義，福亦有獨立的意義，以
本迹本圓融而來故也。若在自以爲能解天刑而卻並無迹用之至人身
上，則德與福便成斯多噶之主張中之分析關係，福便無獨立的意
義。故德福相即而又不失其各自獨立的意義只有在圓聖中始可能。
圓聖非人格化之上帝也。故將德福一致之根據寄託於人格化的上帝
存在之肯定，則德福一致便渺茫矣。

第五節　儒家之圓教與圓善

　　儒家義理之圓教不像佛道兩家那樣可直接由詭譎的即，通過
「解心無染」或「無爲無執」之作用，而表明。蓋它由道德意識入
手，有一「敬以直內，義以方外」之**道德創造之縱貫的骨幹──豎
立的宗骨**。迹本論固可用於儒聖，儒聖不離人倫日用，亦即不離天
地萬物。若徒自「大人者以天地萬物爲一體」，或「大人者與天地

合其德，與日月合其明，與四時合其序，與鬼神合其吉凶，先天而
天弗違，後天而奉天時」而言，則迹本論可直接用於此大人，迹本
圓融是三教之所共。但「大人者以天地萬物爲一體」之大人，若依
儒家義理而言，其「本」固不只是解心無染或無爲無執，其無限的
智心固亦不只是般若智或玄智之妙用，即進一步對應佛家如來藏恆
沙佛法佛性而言，此「以天地萬物爲一體」之大人亦不只是那通過
智德與斷德而成的佛性出纏之法身。其無限智心之本除解心無染
（自性清淨心）與無爲無執外，還有一**豎立的宗骨**，此即是「敬以
直內義以方外」所表達的**道德的創造**，即**仁心之不容已**，此由首章
講孟子即可知也。是故儒家的無限智心必扣緊「仁」而講，而體現
此無限智心之大人之「以天地萬物爲一體」之圓境亦必須通過仁體
之遍潤性與創生性而建立，此即其所以不能直接由「詭譎的即」而
被表明之故也。它不能只由般若智或玄智之橫的作用來表明，它須
通過仁體創生性這一**豎立的宗骨**來表明。因此，它必須是**縱貫縱
講**，而不是**縱者橫講**。

　　縱貫縱講的圓教不甚好講。在什麼情形下，它始能徹底透出
呢？儒家自孔子開始，通過孟子而至《中庸》、《易傳》，此是先
秦已有之發展，後來再經過宋明儒之發展，其中義理多端，此亦必
須有一**判教**始能將那縱貫縱講的圓教徹底顯出。以下試總持而略明
之。

　　凡聖人之所說爲教。凡能啓發人之理性，使人運用其理性從事
於道德的實踐，或解脫的實踐，或純淨化或聖潔化其生命的實踐，
以達至最高理想之境者爲教。此是籠統一般言之。儒聖之教從道德
意識入。因此，若就道德意識而言儒聖之教則當如此言：那能啓發

人之理性，使人依照理性之所命而行動以達至最高理想之境者為教。依理性之所命（定然命令）而行動即曰道德的實踐。行動使人之**存在狀態合於理性**。因此，道德實踐必涉及**存在**。此涉及存在或是**改善存在**，或是**創生一新存在**。因此，革故生新即是道德的實踐。革故即是改善，生新即是創生。革故生新即是德行之「純亦不已」。我之個體生命之存在是既成的，雖是既成的，但可改善。因此，茲並無**定性的存在**，此如佛家說無**定性眾生**。推之，凡天地萬物都是既成的存在，但亦都非定性的存在。一切存在都可涵泳在理性底潤澤中。此即《中庸》所謂「參天地贊化育」，或「致中和，天地位焉，萬物育焉。」因此，此所謂理性即是**無限的理性，無限的智心**。其為無限是因其潤澤一切存在而然。此無限的智心必須**首先被確立**，但它卻不可對象化而為人格神。

依此無限智心之潤澤一切，調適一切，通過道德的實踐而體現之，這體現之之極必是以天地萬物為一體，為一體即是無一物能外此無限智心之潤澤。以天地萬物為一體之生命，即是神聖之生命，此在儒家，名曰聖人或大人或仁者。仁者之以天地萬物為一體非私意之臆想造作其是如此，乃是其心之仁（其無限智心之感通潤物之用）本若是其與天地萬物為一體也。此即是說，其無限智心本有此**存有論的遍潤性**。此遍潤性之所以為存有論的乃因此無限智心是「乾坤萬有之基」之故也。王陽明即依此義而說「**有心俱是實，無心俱是幻。**」意即一有此無限的智心之潤澤，則一切俱是**真實的**；若無此心之潤澤，則一切俱是**虛幻的**。此亦即《中庸》所謂「誠者物之終始，不誠無物」。依此，此普遍而無限的智心乃是一**存有論的原理**，或亦曰**本體宇宙論的原理**，乃使一切存在為真實而有價值

意義的存在並能引起宇宙生化而至生生不息之境者。若把此無限智心撤掉了，則一切存在終歸於虛幻而不實，因而亦就是說，終歸於無。此終歸於無是**價值地說**，非**經驗地說**。此無限智心不獨仁者（大人）有之，一般人皆有之，用康德的辭語說，一切理性存有皆有之，惟仁者（大人）能無喪耳，能通過道德實踐而體現之耳。一般人雖不能完全體現之，總能**體現一點**，因爲它**隨時可以呈現**。只要理性作主，不是感性作主，由其隨時可以呈現，吾人即可用**當下指點**之法令一般人通過**逆覺體證（操存涵養）**而**時時體現之**，終至於**完全體現之**。此完全體現是可能的，此即函**圓頓體現**之**可能**，儒家**圓教**必須從此**圓頓體現之可能**處說。此是建立儒家圓教之大體規模，規模者悟入圓說時事先之義理綱維也，然即此綱維亦必須經過抉擇與簡別，始能徹底明白。

　　原初孔子踐仁知天即已約略隱含此**規模**。踐仁是成德的事，知天是生命之上達而通至絕對的事。「天何言哉？四時行焉，百物生焉。」知天即是默契那「於穆不已、生物不測」之道體（形而上的絕對實體）。踐仁成德必函通契於這形而上的實體──這涉及一切存在的存有論的原理，這本體宇宙論的原理。「夫子之文章可得而聞也，夫子之言性與天道不可得而聞也。」文章即「煥乎其有文章」之文章，此是踐仁成德而表現於外者，故可得而聞。性與天道是存有論的事，即，如此兩詞之通常字面意義而觀之，此兩詞本指表一切存在之存有論的原理──天道籠綜一切存在而爲其存有論的原理，性是分別地就各個體而爲其存有論的原理。一切存有論的原理皆是**奧體──無限的奧祕**。「上天之載無聲無臭」固是無限的奧秘，「性也者天地所以立也」，「性也者天地鬼神之奧也」（胡五

峰語），亦是無限的奧秘。但聖人不欲通過思辨理性把此奧體**推出去作一對象**而去**智測空言**之，而且它亦不是空言得來的，是故「不可得而聞」。不可得而聞一方表示孔子不常言，一方亦表示弟子們不易理解（落於思辨理性之智測即不易理解，亦無定準），但卻並不表示孔子對於性與天道無默契。雖有默契，但卻不常言（子所雅言詩書執禮），更不用思辨理性去推測，蓋因此等事本不可以空言也。「仁遠乎哉？我欲仁斯仁至矣。」踐仁是我自己所能掌握的事，是孟子所謂「求則得之，舍則失之，是求有益於得也，是求之在我者也。」「不怨天，不尤人，下學而上達，知我者其天乎？」天之知我即必然函著我之知天，知其知我即是知天，此知即是默契，與天通契而融於一。「天地與我並生，萬物與我爲一」，此雖是莊子語，然亦是一切聖人所共有的意識。踐仁而可以知天，則仁與天必有其共通的性格，即**創生一切而成全一切**也。性與天道這存有論的原理（奧體）不須強探力索以求知解（通過思辨理性以求證明即是強探力索之知解），但須踐仁成德即可冥契。此即《易傳》所謂「默而識之，不言而信，存乎德行」，亦即其所謂「〔天道〕**顯諸仁，藏諸用**，鼓萬物而不與聖人同憂，盛德大業至矣哉！」是則仁與天俱代表無限的理性，無限的智心。若能通過道德的實踐而踐仁，則仁體挺立，天道亦隨之而挺立；主觀地說是仁體，客觀地說是道體，結果只是**一個無限的智心，無限的理性**（此不能有二），即一個使「一切存在爲眞實的存在，爲有價值意義的存在」之奧體——存有論的原理。這完全是由**踐仁**以挺立者。踐仁而至此即是大人之生命，聖哲之生命。一切存在俱**涵潤**在這大人底生命中由大人底生命持載之，俱**覆在**這無限的智心理性下而由此無限的智

心理性涵蓋之，此即所謂**天覆地載**也。自無限的智心理性而言，則曰**天覆**；自大人底踐仁之實踐而言，則曰**地載**。《易傳》乾道創生萬物，即是天覆；坤德成物即是聖人之實踐，此曰地載（此義，范良光同學首發之）。性體是居中的一個概念，是所以**能作道德實踐之超越的性能——能起道德創造**之超越的性能。無限智心（仁）與天道俱在這性能中一起呈現，而且這性能即證明其是一。這性能即是仁心，人本有此能踐仁之仁心，仁不是一外在的事物。踐仁即如其本有而體現之而已。這「體現之」之能即是其自己之躍動而不容已地要形之於外之能（此義，孔子未言而孟子言之）。是以這仁心即是無限的智心，這性能亦是無限的性能，此其所以為奧體，因而亦即同於天道道體，因而仁體、性體、道體**是一**也。一切存在俱函攝在這仁心性能中，這能作道德實踐能起道德創造的大人生命中。若離開大人之踐仁而空談天道，這便是**玩弄光景之歧出之教**，亦曰偏虛枵腹之**妄大**；若隔斷天道道體而不及存在，不曉仁心性能之**無限性**即是**道體**，這便是**小教**。兩者皆非聖人**圓盈之教**之**規模**。聖人已約略隱含此圓盈之教之規模，後人無能外此者。此即陸象山所謂「夫子以仁發明斯道，其言渾無罅縫」。至於後人見仁見智，或及或不及，皆可以此原有之規模為判準而評判之也。

孟子盡心知性知天，存心養性事天，殀壽不貳修身以俟之之立命，乃相應孔子原有之規模而充分展現之者。此即陸象山所謂「孟子十字打開，更無隱遁」。「十字打開」者即將孔子約略渾含之言予以義理的撐開也。「更無隱遁」者即一切聖敎義理俱含在此「十字打開」中更無餘蘊可被隱蔽而不被展露也。此言善矣。

《中庸》從性體言愼獨，並以誠發明斯道，而言「肫肫其仁，

淵淵其淵，浩浩其天」，亦相應原有之規模而言者，並無歧出處。
視爲歧出者乃小教之妄言也。

《易傳》乾坤並建，尊乾而法坤。聖人之實踐即法坤，此曰地
載；乾道創生即尊乾，此曰天覆。此仍是相應原有之規模而言者，
並無歧出處，視爲歧出者乃小教之妄言；亦非離開無限智心與聖人
之踐仁而空頭以言者，空頭以言者仍偏虛枵腹之妄大，非圓盈之大
也。

《大學》乃實踐之綱領，朱子所謂空殼子，此須依孔子原有之
規模以定其方向，其自身並不能自足，視之爲自足而可以決定聖教
之方向者乃朱子之歧出，此方是眞正之歧出。

下屆宋明儒，周濂溪默契道妙，以「**幾動於彼，誠動於此**」明
實踐工夫之切要，此雖開端另說，但亦不違孔子原有之規模。吾人
若知以《通書》定〈太極圖說〉，則周濂溪之默契固相應者。視之
爲歧出者既未明徹其言**工夫之緊要**，復又是隔斷「存在」者之妄
言。朱子以《大學》格物窮理爲準，以〈太極圖說〉定《通書》，
始成爲眞正歧出者，此非濂溪之過，乃朱子之過。

張橫渠雖盛言太和太虛，又多滯辭，然歸本於「聖人盡道其間
兼體而**無累**者存神其至矣」，則亦相應於孔子原有之規模而無違
者。雖其辭語有異，視之爲歧出者亦隔斷「存在」者之妄言。

濂溪、橫渠大體皆是《論》、《孟》、《中庸》、《易傳》通
而爲一以言大人之實踐，此固無違，然多偏於先明「存在」之原
理，其言工夫固切要，但不免蜷伏相，人多忽之，遂視之爲歧出。
《論》、《孟》、《中庸》、《易傳》通而爲一，工夫無蜷伏相，
於踐仁中盛言**一本**者，則爲明道。故明道之一本論乃眞相應於孔孟

圓盈之敎之規模者。

　　濂溪、橫渠、明道言工夫皆不就《大學》格物窮理言，其所循者乃是**逆覺體證**之路，此則相應於孔孟之言工夫。盛言《大學》之格物窮理者自伊川始，朱子承之而張大其軍，如是遂不自覺走上歧出之路而與孔孟原有之規模不相應。此言工夫之路，吾名之曰「**順取之路**」，以與「**逆覺之路**」相對反。工夫之路既異，如是言心言性亦異。心屬於氣，乃形而下者，如是，無限智心乃不能言；而性屬於理，乃形而上者，如是，性成爲只是理，而且成爲**泛存有論的**「**所以然**」，而原初孟子言性善之性之道德性遂減殺。此則徹底違反聖人踐仁知天之圓盈之敎之規模。此即象山所謂「不見道」。「不見道」者無形中把自律道德轉爲他律道德，把方向道德轉爲本質道德也。此即陽明所謂「析心與理爲二，乃告子義外之說也」。氣之靈之心只通過涵養與察識（包括格物窮理）以求合於**泛存有論的性理**，此豈非他律道德乎？孔孟所言之無限智心之自定方向以遍潤一切存在之圓盈之敎之規模遂全泯失而不見矣。於是，象山遂直承孟子而興起矣。

　　陸象山直接承孟子而立言以扭轉朱子之歧出，其相應於孔孟原有之規模自不待言，朱子學雖是歧出，然其歧出而特彰顯一**橫攝系統**（他律道德，本質道德，泛存有論之性理俱屬橫攝系統）亦自有其足以吸引人處，人不知其爲歧出也，朱子自信如此其堅，其本人亦不知自己之爲歧出也。其權威已成，於三百年後，復有王陽明興起而扭轉之。陽明之扭轉之不是直承孟子而扭轉之，乃是順其講《大學》而亦講《大學》而扭轉之。經此一曲折，如是，遂特提「致良知」以爲說，而最後終歸宗於孟子，復亦相應於孔孟原有之

規模而不違。良知本孟子原有之詞語。然陽明悟良知不是直接由讀孟子而自得之，而是經過「順朱子之講大學而覺其有剌謬」這一曲折，於生死艱危之中而徹悟之。他特提致良知以爲說，似是一新說，人亦以新說目之，其實乃孟子原有之義。新說者是就其講《大學》而言也。落於《大學》遂有心、意、知、物**四者之關聯**。良知在孟子只是一本心之本明，與惻隱、羞惡、恭敬、是非之心之爲本心同，並未關聯著心、意、物而言良知。就此而言，致良知而正心誠意以正物，對講《大學》言，是一新說，就實踐工夫言，是一新發展，有大貢獻。孟子、象山皆未講至此步，故亦有其獨立的意義。如此講《大學》是否是《大學》之本意很難斷定，因爲《大學》之「知」即使是指知止知本而言，亦很難定其就是良知，因而格物之格亦很難斷其應訓爲「正」。但無論如何，經此扭轉，遂合於孔孟原有之規模，則無疑。孔孟聖敎原有之規模是**縱貫系統**，非**橫攝系統**。

心、意、知、物四者關聯著說而有四句敎：

> 無善無惡心之體。
> 有善有惡意之動。
> 知善知惡是良知。
> 爲善去惡是格物。

無限智心之自體是無善惡相而爲評判一切善惡者之標準。此即示相對而言的善惡之謂詞不是可以應用於無限智心之自體的。無限智心之自體是絕對的純淨，故云「無善無惡是謂至善」，此「至善」之

讚辭非是一謂詞也，而無限智心之自體亦非是一行事也。意是心之所發，即吾人所謂發心動念；而吾人現實意念之發動即所謂作意或起意有時是善的有時是惡的，故意始有相對的善惡可言。此意是受感性影響的意念之意，故意是屬於經驗層的。此意之向此或向彼之動作，康德名之曰**根源的行動**，即其採用惡格言或善格言之行動，尚未表現於外而為行為之行動，此即吾人所謂「存心」也（表現於外而為行為，康德名之曰**派生的行動**）。然意之動或善或惡，良知之明自然知之。良知之明是無限智心自體之用，即其自體虛靈明覺之用。無限智心非死體，其自身全是一虛靈明覺之用，故良知之明即是此無限智心之自己也，亦可說良知之明即反證無限智心自己之絕對純淨性。分別說為心與知，其實是一也，故此兩者屬於**超越層**。其所以可如此分別說是因為關聯著「意」而然也。「意」指表吾人受感性影響隨軀殼而起念。意念之動或善或惡，本心之明皆知之，即因此故，無限智心遂受良知之名。然而意之所在為「物」，如意在於「事親」，事親即為一物，此物顯然即是行為也，故吾亦名之曰「行為物」，康德所謂派生的行動，由根源的行動（存心起意）而決定至之者。意既有善惡，故此行為物亦有正與不正，因此，意與物皆屬**經驗層**。在超越層的心與知以及經驗層的意與物之分別中，實踐之工夫始可能。實踐之工夫即所謂「致知格物」也。陽明義的致知格物與朱子所說者截然不同。辭語同者以皆依附《大學》之故而然也。依陽明，致知格物者「致吾心良知之天理於事事物物，事事物物皆得其理」之謂也。良知既知意之善惡，自亦知意之所在之物之正或不正。良知既知之，自可依良知之天理而正之，使其不正者以歸於正。依良知之天理而正之即表示良知之天理可彰

顯出來落實於物上而發其正物之用，此即所謂「致」。致者推至其極而實現之之謂也，即孟子所謂「擴充」。推致而擴充之不能離開物（行為）推致而擴充之。故推致良知之天理之致必致至於物上始落實，故云：「致知在格物」也。格者正也，格物是致良知之天理以正物，非窮究事物之理之謂也。良知之天理即良知自發自立之道德法則也，以是故，致之於行為物上故能正行為物之不正以使之歸於正，使行為物皆合天理也。致良知之天理於行為物上而行為物皆合天理，則意亦誠矣。意不誠而自欺，故為惡意。誠意者使意之動皆為順良知之天理而動，故為真實而無妄，無一毫之自欺，因而為純善而無惡也。意既誠，則心亦正。心正者無限智心因良知之天理之呈現而復其正位而無忿懥、恐懼、好樂、憂患之謂也。「正心」者即使原因受感性之影響而放失之心復其正位而無一毫忿懥、恐懼、好樂、憂患之相之謂也。此即孟子所謂「求放心」，亦孟子所引孔子語「操則存舍則亡」之對於心之操存也。通過致知格物以誠意之工夫，則原初所設定的無善惡相的無限智心之自體即如如而朗現矣，故無任何忿懥、恐懼、好樂、憂患等等偏曲之相也。一有偏曲之相皆為心之不正，即皆是本心之放失。故孟子云：「學問之道無他，求其放心而已矣。」致知格物以誠意即「求放心」之道也，而同時能盡此道者，則謂之為有德。

　　以上所說即是陽明之就《大學》正心、誠意、致知、格物而言之「致良知教」之大意，那四句即是致良知教之綜括。此則扭轉朱子之歧出。故朱子之「即物而窮其理」之格物窮理之說亦可被說為是由「無限智心之遍潤一切」而開出之一途法門，非通方法門，蓋以其將原初之無限智心於不自覺中轉而為只是一終極之理（太

極），而無限智心之心義則失落之故也。佛家唯識宗，天臺宗謂其為由如來藏開出之一途法門，非通方法門，蓋以其「發頭據阿賴耶出一切法」為不當，又因其於無漏種無善解之故也。因此不當與無善解，故結果是三乘究竟，違反「一切眾生皆可成佛」之一乘究竟之佛之本意。此亦可說是唯識宗之歧出。朱子之歧出則是違反孔孟無限智心**縱貫系統**原有之規模，轉而為「泛存有論的性理」之通過格物窮理而成為一**橫攝系統**。兩者皆是徹底的漸教，一使成佛不可能，一使成聖不可能，蓋皆以無限智心不立故也。

但王陽明之四句教尚不是究竟圓教，但只是究竟圓教之事前預備規模。究竟圓教乃在王龍谿所提出之「四無」，而四句教則為「四有」也。

四無者，心、意、知、物四者皆**非分別說**的各有**自體相**，而乃一齊皆在渾化神聖之境中為**無相之呈現**之謂也。在此無相的呈現中，四者皆無相對的善惡相可言：「惡固本無，善亦不可得而有。」是故王龍谿云：

> 夫子立教隨時，謂之權法，未可執定。〔案：此指四句教言。〕體用顯微只是**一機**，心意知物只是**一事**。若悟得心是無善無惡之心，意即是無善無惡之意，知即是無善無惡之知，物即是無善無惡之物。蓋無心之心則**藏密**，無意之意則**應圓**，無知之知則**體寂**，無物之物則用神。天命之性粹然至善，神感神應，**其機自不容已**，無善可名：惡固本無，善亦不可得而有也。（〈天泉證道記〉）

案：此即渾化之境中四者之無相的呈現，即皆是天命之性之神感神應其機自不容已之**自然流行**，即**如如呈現**。在此情形中，「惡固本無，善亦不可得而有」之心意知物是無心之心，無意之意，無知之知，無物之物。首先，「無心之心」語中之「無」是心之**表現作用**上的無，非**存有**上的無，意即在**存有層**上肯定**有心**，但心之表現作用卻是以「**無心**」之方式表現，即不是有心或有意在表現。故此「無」亦如「無有作好無有作惡」之無，亦如程明道〈定性書〉所謂「天地之常以其心普萬物而無心，聖人之常以其情順萬事而無情」語中之無。「以其心」是表示存有層上肯定有心，「普萬物而無心」是說其普遍於萬物而為其體不是有意造作如此也，意即是以「無心」之方式而普也。「聖人之常以其情順萬事而無情」亦同此解。「以其情」是有情，「而無情」是無意於情。「無有作好，無有作惡」亦同此解。好惡是有的，然不要有意造作地去好，亦不要有意造作地去惡。此亦如禪家所謂「即心是佛，無心為道」也。「即心是佛」肯定有心有佛，「無心為道」是以「無意於心與佛」之方式，即以般若智之妙用之方式，而體現此心以成佛也（此即所謂「非心非佛」也）。王陽明亦說「有心俱是實，無心俱是幻」，此是**存有層**上的有無。在存有層上，良知之心是有的。有良知為之體處一切皆實，否則皆幻，此亦《中庸》所謂「誠者物之始終，不誠無物」也。但同時陽明亦說「無心俱是實，有心俱是幻」。此是「體現良知」之**作用層**上的有無。在體現良知本心這體現之之作用上卻須以「無心」之方式體現之，如此，則一切皆渾然天成，不但工夫是實，即本體亦如如呈現；若非然者，則一切皆幻，不但工夫不實，即本體亦扭曲而成**意象**。必知此兩層之分別，然後始可了解

「無心之心」一語之意義。心是無心之心，意亦是無意之意。意是有的，但此時之意其表現是以「無意相」之方式即「不起意」（不隨感性而造作起念）之方式而表現；此時之「意之動」是無動相之動，即動而無動之動，故亦不見有意相也。此時之意乃純然是天機流行之意，而亦不知其究爲意抑爲非意也，故爲無相之意，此亦劉蕺山所謂「化念還心」。知是無知之知亦然，即知亦是無知相之知也。何謂「知」相？有意之善惡與物之正不正爲其所對而顯「良知知之」之作用即謂爲有「知」相。「無知之知」不能與「無心之心無意之意」一律解。無論有知相無知相，良知之表現總是**自然的**，不是**有意造作的**。無知相之知，有吾人未至渾化之境時，亦不礙其有**自然地知善知惡**之用。在渾化之境中，「知亦是無善無惡之知——惡固本無，善亦不可得而有」，此語不是對遮「良知之知有善有惡」者，因爲良知之知**根本不能有善有惡**。無知之知之遮知相與無善無惡之遮善惡相不是同義語，故不能與「無心之心無意之意」一律解。嚴格言之，「無善無惡，惡固本無，善亦不可得而有」之語用於良知之知**無甚意義**，因良知之知本不曾有善惡，說良知之知**有善有惡是不通的**。是故說良知之知有知相無知相有意義，說其有善有惡或無善無惡則無意義。是以在渾化之境中，「知是無知之知」只表示良知無經驗層上之意與物爲其所對，而只是無知相之知之如如流行，亦如「大而化之」，化掉大，大無大相。知是如此，物亦然。在渾化之境中，仍然有物。但此物是無物之物，物無物相。王陽明亦說「明覺之感應爲物」，此物即是無物之物。無物相者是說此物既無爲良知所知之**對象相**，亦無善惡意中之**正不正相**。「意之所在爲物」，此物是經驗層上的物；「明覺之感應爲物」則

是超越層上的物。若用康德詞語說之，前者是實踐中**現象義的物**，相應於有善惡相之意而說者，後者是實踐中**物自身義**的物，相應於明覺之感應而說者。

在渾化之境中，心、意、知、物四者既皆是無相之自然流行，如如呈現，是故王龍谿云：

> 無心之心則**藏密**，無意之意則**應圓**，無知之知則**體寂**，無物之物則**用神**。

而總之云：

> 天命之性粹然至善，神感神應，其機自不容已，無善可名——惡固本無，善亦不可得而有也：是謂無善無惡。（〈天泉證道記〉）

心、意、知、物四者總只是那粹然至善其機自不容已的天命之性之神感神應之自然流行或如如呈現之**渾然一事**，故云：「體用顯微只是**一機**，心意知物只是**一事**。」心知是體是微，意物是用是顯。但既只是一機，只是一事，是故亦可用莊子之語調曰：俄而心、意、知、物矣，而未知心、意、知、物之果**孰為心孰為意孰為知孰為物**耶？此是渾化之境中的心、意、知、物，即藏密、應圓、體寂、用神之心、意、知、物，綜之亦可曰冥寂中之心、意、知、物，或迹本圓融中之心、意、知、物（心、知是本，意、物是迹）。全本是迹，全迹是本。此即所謂四無。

　　至於四有，則是心意知物四者**分別**說之各有**自體相**之謂。所謂分別說之，最重要的是經驗層與超越層之分別。所以有此分別是因感性之參與。因感性之參與而首先凸出者則爲有善有惡之「意之動」，是以「意之動」是重要的關鍵。因爲有這意之動之關鍵，所以關聯著說，逐得**超越**地有心知之肯定，復須**經驗地**有物之肯定。因爲有此兩層之肯定，所以**分別地**各有其自體相。意之動有善有惡，這**有善有惡**就是**其自體相**。至於無善惡相之心之自體則是分別而超越地肯定一絕對純淨之心以爲標準，這**無善惡相**而**絕對純淨**就是此**心之自體相**。因爲意是心之所發，發而爲意之動，此動是因著動於物而動，故有其「有善有惡」之相，所以我們必須預設一不動於物而無善惡相的心之超然之自體以爲標準。此標準之證成是因著良知之知善知惡、知是知非而證成，因爲良知就是那作爲標準的心之虛靈明覺之用，故反而能證成此心之超然的絕對純淨之自體相也。心之虛靈明覺有此良知之判斷之用（知善知惡、知是知非即是其判斷之用），故良知即與「意之動」發生一密切的關係而能化惡爲善，把意提起來使之不動於物而爲一眞實而純潔化的意，此即劉蕺山所謂化念還心。非然者，意之動將永遠沈淪下去。良知旣顯其判斷之用，故「**知善知惡**」即是**良知之自體相**。意之所在爲物（如意在於事親，事親即是一物，故此物實即是事，即是一行爲物）。意之動動於物而著於物，故物即是其所在處。意旣是有善有惡，事親是善意，偷盜是惡意，故其所意在之物亦有正與不正，「事親」之物（事）爲正，「偷盜」之物（事）爲不正。良知旣能判斷意之善惡而使之歸於善，自亦能判斷物之正與不正而使之歸於正。**物之正或不正**即是經驗層上的**物之自體相**。心意知物四者旣是分別地說

各有其自體相，此即是四者皆凸顯起來而處於**有**的境界中。亦可以說：致知以誠意正物而復心之正位這實踐之工夫**無窮無盡**，這亦表示四者皆在有之境界中，未能至渾化而無「迹」也。是以王龍谿云：

> 若有善有惡，則意動於物，非自然之流行，著於有矣。〔動於物即是著於有〕。自性流行者，動而無動。〔濂溪云：動而無動，靜而無靜，神也，神妙萬物。此即王龍谿所謂神感神應。〕著於有者，動而動也。〔濂溪云：動而無靜，靜而無動，物也，物則不通。〕意是心之所發。若是有善有惡之意，則知與物一齊皆有，心亦不可謂之無矣。（〈天泉證道記〉）

此最後一句「則知與物一齊**皆有**，心亦不可**謂之無**」，語意簡略，不可誤解爲一齊皆有善有惡，蓋此爲不通也。「知與物一齊皆有」是說知與物皆處於「有」境，皆有其各自之體相，即是處於「有」境，並非說一齊皆有善有惡也。因爲物有正與不正，可是良知之知卻不能有善有惡。良知之知知善知惡，而其本身卻不能有善有惡。有正不正是**經驗層**上的物之自體相；知善知惡是**超越層**上的良知之自體相。各有其自體相即是皆處於「有」境。知與物既各有其自體相而處於「有」境，則心亦處於「有」境。心之無善惡相之**超越絕對純淨性**即是心之**自體相**，亦即是其處於「有」境，此即「心亦不可謂之無」一語之意。「不可謂之無」言其非化境中「無心之心」也。此無是「無相」之無，是吾人「體現之」之作用層上的事。有

其**自體相**（無善惡相即是其自體相）即是**有相**，是**存有層**上的事。
王龍谿那個語句說的那麼快，好像很明白，其實細審是很糊塗的。
若不如此分別，那是很難索解的。

　　四句教中心意知物四者旣皆處於「有」境，則致知以誠意正物
而復心之正位這一實踐工夫隨而亦可以說爲是一無限之進程，而吾
人亦永不能至無迹之化境。但須知四句教並非是徹底的漸教，如朱
子者然，或如唯識宗者然。以良知本心爲超越的無限眞心故。旣有
此無限眞心之肯定，即函有其圓頓呈現而無局限之可能。其圓頓呈
現而無局限之可能即函有其圓頓地超化時間中一切感性之雜之可
能，即是說，它可以**圓滿地普涉**一切意與物而**頓時超化之**。吾人之
感性現實地說雖可以在一時間長串中無限定地拉長，然有無限智心
以**覆之**（此如**天覆**），亦可以**圓滿地頓時**被轉化。如孟子說大舜
「聞一善言，見一善行，若決江河，沛然莫之能禦」，即是此境。
此當然是指上上根器言，一般人不必能如此，然亦並非絕對不可
能。蓋孔孟皆肯定無限智心**隨時可呈現**故。旣**隨時**可呈現，即函**圓
頓呈現**之可能。一般人雖較爲艱難一點，然並非絕對不可能也。故
云：「人一能之，己百之，人十能之，己千之，及其成功一也。」
故云：「人人皆可以爲堯舜。」眞心之圓頓的呈現以及意物之圓頓
地被轉化這一圓頓之可能即含有四無之可能。

　　有四無之境中，「體用顯微只是一機，心意知物只是一事。」
（〈天泉證道記〉）此方是眞正的**圓實敎**。心、知是體是微，意、
物是用是顯。然這「體用顯微只是一機，心意知物只是一事」並非
是分別地說者，乃是非分別地說的四無化境中之事。俄而心意知物
矣，而未知心意知物之果**執心執意執知執物**耶？此即是聖人之冥，

亦即是聖人之迹本圓。心知是本，意物是迹。全本是迹，全迹是
本，而未知迹本之果**孰迹孰本**耶？此時作爲迹之意與物是無意之意
與無物之物，而作爲本之心與知是無心之心與無知之知。此時亦不
說「意之所在爲物」，而直說「明覺之感應爲物」，蓋無意之意即
是心知明覺之圓應也。亦不說良知知意之善或惡，知物之正或不
正，而只說良知明覺之感應爲物，而物**無不正**且亦**無物之物**也。明
覺之感應爲神感神應，就此神感神應旣可說無心之心，無知之知，
同時亦可說無意之意，無物之物。蓋體用顯微只是一機，心意知物
渾是一事，而亦未知體用顯微之果**孰體孰用孰顯孰微**，心意知物之
果**孰心孰意孰知孰物**也。聖人冥寂無相而迹本圓融即是地載，而亦
即是天覆之即在地載中，地載之即在天覆中，而亦未知天覆地載之
果**孰爲天覆孰爲地載**也。分別言之，心知之本創始萬物，此曰天
覆。在聖人之實踐中，萬物攝於聖人之迹而即在聖人之迹中呈現
（聖人之心順物正物最後遍潤一切存在而使之生生不息即是聖人功
化之迹），迹本圓融，此曰地載（地德博厚持載一切）。然旣是冥
寂無相而迹本圓，則天覆地載之分別亦化矣。此即程明道所謂「**只
此便是天地之化**，不可離此個別有天地之化」。凡分別說者皆是權
敎，非圓實敎。參天地，贊化育，亦是分別說者，故明道云：只參
贊字亦是多餘的。

　　至此可謂極矣。然若依天臺圓敎之方式而判，此種從「無」處
立根之說法猶是於四有之外立四無，乃對四有而顯者。此如華嚴圓
敎唯是就佛法身所示現之法界緣起而說十玄之圓融者然，猶是高山
頂上之別敎一乘圓敎也。若眞依天臺「一念三千，不**斷斷**，三道即
三德」之方式而判，則**四有句爲別敎**，**四無句爲別敎一乘圓敎**，而

真正圓教（所謂同教一乘圓教）則似當依胡五峰「天理人欲同體而異用，同行而異情」之模式而立。同一「一念無明法性心」之三千法體不變，而「三千在理同名無明，三千果成咸稱常樂」。同一**世間一切事**，概括之亦可說同一**心意知物之事**，若念念執著，即是人欲：心不正，只是忿懥、恐懼、好樂、憂患之私心；意不誠，只是自欺欺人之私意；知只是識知，非智知；物只是現象之物（有正不正並有物相之物），非無物之物。若能通化，即是**天理**：心為無心之心，意為無意之意，知為無知之知，物為無物之物。此如色心不二，煩惱心遍即是生死色遍，此即是人欲；若能通化自在，以其情應萬事而無情，以其心普萬物而無心，則即是天理。飲食男女之事不變，視聽言動之事不變，然「形色天性〔生〕也，唯聖人為能踐形。」能踐形，則統是天理；不能踐形，則統是人欲。法體不變，「世間相常住」（《法華經》語），無一法可廢，只爭順理不順理耳，所謂「除病不除法」（《維摩詰經》語）也。順理則迹本圓，不順理則迹本交喪。順理則「體用顯微只是一機，心意知物只是一事」之四無妙義通體透出而無餘蘊矣。如此說方為真圓實教。若以明道「**只此便是天地之化**」之語衡之，則同一世間相，順理而迹本圓即是**天地之化**，而天覆地載之分別亦化矣。不順理，則人欲橫流，迹本交喪，人間便成地獄。順理不順理只在轉手間耳。但須知如此圓說必須預設那些分別說者，進而通化之。分別說者雖皆是權教，非圓實教，然必須就之而予以開決，方能顯圓實，所謂醍醐味不離前四味也。若不預知那些分別說的眉目，平面地空講圓實，則必覺一團混沌而沈落矣。

但是只有在**非分別**說的「只此便是天地之化」之圓實教中，德

福一致之圓善才眞是可能的。因爲在神感神應中（神感神應是無執
的存有論中之感應，非認知的感性中之有執著的被動的感應），心
意知物渾是一事。吾人之依心意知之自律天理而行即是德，而明覺
之感應爲物，物隨心轉，亦在天理中呈現，故物邊順心即是福。此
亦可說德與福渾是一事。這渾是一事不是如在斯多噶與伊壁鳩魯處
那樣是**分析的**，當然亦不是如在康德處那樣是**綜和的**（必然連繫之
綜和），那須靠上帝來保障者。這德福渾是一事是圓聖中德福之**詭
譎的相即**。因爲此中之心意知本是縱貫地（存有論地）遍潤而創生
一切存在之心意知。心意知遍潤而創生一切存在同時亦函著吾人之
依心意知之自律天理而行之德行之純亦不已，而其所潤生的一切存
在必然地隨心意知而轉，此即是福——一切存在之狀態隨心轉，事
事如意而無所謂不如意，這便是福。這樣，**德即存在，存在即德**，
德與福通過這樣的**詭譎的相即**便形成德福**渾是一事**。在此情形下，
靜態地說，便在「主觀面德行之純亦不已與客觀面潤生一切存在而
使之隨心轉」這兩面同時渾一呈現這一層次上便有德福之詭譎的相
即之**回應**（此亦可說是**福報**）。因爲分解地說，德之意義只在吾人
之依心意知之自律天理而行，而福是屬於「存在」的事，而「存
在」不是由德可以**分析出的**，亦如康德說「存在」（物之存在之存
在）不是可以**構造的**。但是此心意知動態地說，是無限的智心而有
創生妙用的心意知，物之存在**繫於**其創生妙用之創生或潤生，並不
繫於德而可以由德而構造出。即以此故，靜態地說，德與福遂有詭
譎的相即之關係。「吾人之依心意知之自律天理而行即是德」之德
相即於心意知所創生的存在之隨心轉，而「存在隨心轉即是福」之
福亦**相即於**「吾人之依心意知之自律天理而行即是德」之德。若不

相即，則非圓教。例如在四有中，「意之所在爲物」，此物是行爲物，實即是事。縱然一切行爲物（事）經過致良知以誠意而得其合乎天理之正（此即正物，陽明義之格物，格者正也），然而吾之**存在**以及一切其他**自然物之存在**不必能隨良知轉，因而亦不必能表示吾有福，此則德福仍不一致也；縱或偶爾有之，亦是德福之偶然連繫，非必然連繫，此即仍無圓善也。必升至「明覺之感應爲物」，然後始可至德福一致。因爲此時之「物」不只是事，亦指一切存在。而「明覺之感應爲物」即是心意知物渾是一事。而亦即是「四無」也。

又在四有中不必能得德福一致之必然連繫，只有偶然連繫，故福之得不得有「命」存焉。然而在四無中則無命義，因命已**被超化**故。儘管聖人亦奉天時，聖人亦有死（指自然生命言），然不管怎樣死，怎樣奉天時，一切天時之變，生死之化，盡皆其**迹用**。縱使一切迹用，自外觀之，是天刑，然天刑即是福，蓋迹而能冥迹本圓融故。天刑即是福，則無「命」義。一切迹用盡皆是隨心轉之**如如之天定**，故迹用即是福。縱或此如如之天定自外部觀之仍可說是「命」之事，然迹用旣隨心轉，則事之爲事雖或可說固**自若**。而其**意義全不同**，故實亦可說爲**無所謂命**也。此即是命之**被超化**。適說事之爲事或可說爲固自若，實則亦並非自若之事，蓋迹用隨心轉，已不是那說爲「命」之事矣。蓋命原只是非圓教中「吾人之生命與氣化之相順或不相順」之**虛意概念**（參看前第二章），在圓教中無所謂不相順，故命亦被超化矣。命者聖人之**謙退**也。若在圓教則無所謂命。在謙退中「安之**若命**」，**實非命**也。蓋已能**迹而冥冥而迹**矣。

　　又有須簡別者，即：在心意知物渾是一事之情形中，好像不是縱貫縱講，而是縱貫橫講，這樣便與佛老無以異。實則仍是縱貫縱講，只因圓頓故而「縱」相不顯耳。因為此心意知仍是創生一切存在之心意知，而且亦仍是以「敬以直內義以方外」為其基本底子，並非只是「無為無執」之玄智，亦非只是「解心無染」之佛智。此後兩者皆是無**創生性**之無限智心也。故只能即於一切存在而純潔化之（無之或空如之），因而亦成全而保存之，然而不能實言**創生**之也。故於彼兩系統中言德福一致，德實非眞正**道德意義**之德也。在道家只是**玄德**，在佛家只是**清淨德**。此只是消極意義的德，非**正物、潤物、生物**之積極意義的**道德創造**之德。故仍非大中至正保住**道德實踐**之眞正圓教，實只是**解脫之圓教**。熊先生總不滿意於佛教而與居士和尚辯，千言萬語總在昭顯此意，其所爭者總在此**創生性**也。然而習於佛教者，既無眞正之道德意識，亦不能眞切於儒聖之的意，只為佛教之圓融義所吸住而不能詳察其所以，好為**通泛**之言，如佛家世出世間打成一片，菩薩亦能繁興大用等等，實則此皆不相干者，徒環繞此而爭辯有何益哉？其實如空性並非**實體字**，乃甚顯然也。「以有空義故，一切法得成」，並非說「空」義**能創生**一切法也；緣起法非此「空」義之所創生也。般若、解脫、法身即三千世間法而為般若、解脫、法身，並非說般若、解脫、法身**能創生**三千世間法也。本體論的生起論並非佛家義，此固甚顯然。不管天臺之「性具」，華嚴之「性起」，抑或《六祖壇經》之「性生」，皆非本體論的生起論，亦甚顯然（不可為表面詞語所惑）。而本體論的生起論之切義唯在「自由意志之因果」處見，此亦不爭之事實。而意志因果之**道德創造性**為佛道兩家所無，此亦不爭之事

實。只此是**本質的相干者**，通泛之言大家皆可說，並不能決定儒佛之同異也。

　　不惟佛家無創生義，即道家亦無創生義。嚴格言之，佛道兩家實不能言縱貫系統。縱貫者，照字面解，是「豎起來而豎直地直貫下來」的意思。什麼東西能豎直地直貫下來？直貫下來貫至什麼？落實說，這是預設一道德性的無限智心，此無限智心通過其創造性的意志之作用或通過其感通遍潤性的仁之作用，而能肇始一切物而使之有存在者也。肇始一切物而使之有存在即所謂「**創生**」或「**始生**」。無限智心能如此創生一切物即所謂豎直地直貫下來貫至於萬物——貫至之而使之有存在。儒家講仁，講心與性，講良知，講天命不已，最後劉蕺山講「意根最微」之意（與念絕不同者）與「於穆不已」之性，總起來，即在昭示上說之**創生義**。佛道兩家皆無此創生義，故嚴格言之，於彼不能言**縱貫系統**。然吾仍以「縱者橫講」說之者，是因為他們對於萬物之存在亦有一種講法故。凡對於萬物之存在有講法者，不管如何講，開始總屬於**存有論**的**縱貫系統**，以問題屬於同一層次也，即同屬於**存有論的層次**也。但因智慧方向不同，故有不同之講法。就佛道兩家言，吾即謂其講法是「縱者橫講」。「縱者橫講」者不言**創生義**而仍能**說明一切法之存在**或最後終能**保住一切法之存在**之謂也。即如一切法等依於阿賴耶，此只是「**識變**」說，並非說阿賴耶識能**創生**一切法。不能說創生，即不能說創始。宇宙無「始」，亦無「無始」，始與無始俱不能說，只是一連串種子現行之無限定地輪迴轉。無論連串至如何遠，一切法總皆依止於阿賴耶。一切法是**識變地**依止於阿賴耶，非阿賴耶**創生**之也。轉識成智後，淨識流行（識變地流行），有一切清淨法，

非無限智心能創生此清淨法也，只根本智、後得智、無分別智將淨
識現行轉為法身無漏功德耳。是則一切法之存在原出於**識變**，所謂
萬法唯識，三界唯心，既非阿賴耶識創生之，亦非無限智心創生
之。即講至一切法等依於如來藏自性清淨心亦如此，非清淨心**能創
生**一切法也。此由「一心開二門」即可知之。即最後講至天臺圓
教，由一念三千說起，此仍是理具事造之識變說（煩惱心遍即是生
死色遍），至三德秘密藏**保住**一切法之存在（除病不除法），此亦
非般若解脫法身之三德**能創生**一切法也。故云「**縱者橫講**」，即只
就**識變**上一切法**解心無染**而**寂滅**之而**無一法可除**，此即為解脫，亦
即為**佛教式的存有論**。此是「由十界互具之法身**保住**一切法之存
在」之存有論，非云法身能創生一切法也。故非縱貫系統。佛家如
此，道家亦然。道家只是以「**無為無執**」之玄智**保住萬物**之**獨化**
（道法自然），並非玄智能**創生**萬物也。「**道生之**」只是**不生之
生**。「**生**」之實全在萬物之自己。「**不禁其性，不塞其源**」，彼自
會生，此即等於你生之也。此是玄智**成全一切**，非**創生一切**，亦如
般若成全一切，非般若創生一切也。是故此不生之生且不是**無心於
生而生之**。蓋無心於生只是非有意造作地生之，此只是**作用層**之
「**無**」，非**存有層**之無也。存有層的實體性的心之創生性仍有也。
般若智之成全一切法亦然，即既非創生一切法亦非無心於生而生
之。是故佛道兩家俱只有王陽明所謂「**無心俱是實，有心俱是幻**」
之作用層，而無其所謂「**有心俱是實，無心俱是幻**」之存有層。此
存有層即是創生層，作用層是非創生層，但可以成全而保住一切法
之存在或萬物之存在。故終於是縱者橫講，而非縱者縱講也。（佛
家言依止於阿賴耶或依止於如來藏是**識變義**之**存有層**，非**創生義**之

存有層。道家無**存有層**之工作，不管是何義之存有層。）故究非**大中至正之圓教**也，蓋缺**道德創造**義故也。言創生者可具備「無爲無執」與「解心無染」之**作用**，只言此作用者卻不備道德創造之**存有層**。兩層備者爲大中至正之圓教，只備作用層者爲偏虛之圓教，只橫而無縱故也。其問題雖原屬縱而卻不能有縱以實之，故偏虛而中心無主幹也。故佛道兩家之圓教爲**團團轉**之圓教，非方中有圓圓中有方之圓教，看似甚玄甚妙，實只因團團轉而爲玄妙，並未十字打開，故綱維不備，非大中至正之**天常**。（天者自然而定然義，常者常度義，即「天地之常以其心普萬物而無心」語中之常。）如此，吾可解一切辯者之惑並可使熊師之諦見全部朗然。

　　圓善之問題，依康德，必涉及目的王國與自然王國之綜和，而此兩王國之合一即爲上帝之王國。因此，哲學系統，由兩層立法而成者，必至上帝王國而止，那就是說，圓善之問題必引至哲學系統之究極。今依中國傳統說，圓善之問題必在圓教中得解決，兩層王國之諧一惟在圓教中始有眞實的可能。如是吾人以圓教理境代替上帝之王國，以上帝王國爲空話故，人格神之上帝爲情執故，徒言上帝創造自然不能使「自然與道德相諧和」爲可理解故。但既以上帝保證圓善之可能，如是，於人之實踐以要求圓善之實現中，於自力以外，復又要求或祈禱從上面而來的協力之合作。但是即就康德所說的道德的宗教，即善的生命之宗教（不是求眷顧求福祐之宗教）而言，康德亦說以下的話：

　　　　但是在道德的宗教中（而在已有的公眾宗教中，唯基督教是
　　　　道德的宗教），以下所說乃是一基本原則，即：每一人皆須

盡量作其力量之中的事以去成爲一個較好的人，而且只有當
一個人未曾埋葬其內在而固有的才能，已使用了其根源的向
善之能以去成爲一較好的人時，此人始能希望那不在其力量
之中者將因一較高層面的協力合作（將通過從上面而來的協
力合作）而被供給。但是「人定須知道此協力合作存於何
處」這並不是**絕對必要的**；或許以下所說甚至是不可避免
的，即：如果此協力合作所依以發生的道路已在某一定時間
內被顯露出來，則另一人，在另一時間內可對於協力合作所
依以發生的那道路形成一另一不同的想法，而其形成此不同
的想法亦是以至誠而形成之。這樣，以下所說的原則是有效
的，即：「一個人要想去知道在其得救上上帝所作的是什麼
或所已作的是什麼」這對於任何人而言皆不是**本質的**，因而
亦並不是**必要的**，但只一個人要想值得有上帝之協助，「去
知其自己所必須去作的是什麼」這才是**本質的**。（康德〈論
基本惡〉最後的結語，見第一章附錄）

案：在一個人之得救上去知上帝所作的或所已作的是什麼既非本質
亦非必要，而上帝之眷顧不眷顧又不可得而必，是則上帝之保證圓
善之可能終是一句空話，而圓善亦終於不可得其具體而眞實的意義
之可能。康德是主張道德的宗教者，而且他覺得「在已有的公衆宗
教中唯基督教是道德的宗教」。但這道德的宗教，依剛才所說在人
之得救上什麼是本質什麼不是本質而言，充其極必歸於圓教之路始
能使圓善爲眞可能。若死抱「上帝保證圓善之可能」之信念，則若
想使圓善不落空，必歸於祈福祐求眷顧之宗教（只知祈禱作禮拜

者），而祈福祐求眷顧之宗教乃是康德所放棄者，而康德所主張的道德的宗教亦**終不可保**，人們可**不理**你那套**道德的勸戒**（努力作自己所應作之事以成為一較好的人之勸戒），而只**著重**在求**上帝之眷顧**。康德說「惟基督教是道德的宗教」，此語太過。基督教的道德不必是康德所說的道德。康德若根據其所想的道德而說基督教是道德的宗教，那是**增益見**。依康德的道德哲學而於圓善問題上猶仍歸於上帝之信仰這乃是其道德哲學之**不徹底**，實踐理性之**未充其極**，此只可說是實踐理性之**始教**或**別教**。若實踐理性充其極而至圓教，則人格神之上帝以及以之來保證圓善之可能必被拆穿，此當是康德思路所**必應有之歸宿**。蓋在康德，道德與宗教仍是**兩截**未**通氣**故，關鍵唯在人格神───一個個體的無限存有之肯定。（關於康德論基督教的道德，請參看《康德的道德哲學》頁376-379）

　　圓教必透至無限智心始可能。如是，吾人以無限智心代上帝，蓋以無限智心之人格神化為情執故，不如理故。無限智心不對象化而為人格神，則無限智心始落實。落實云者人能體現之之謂。人能體現之始見其實義。對象化而為人格神只是情識崇拜祈禱之對象，其實義不可見。實義不可見，吾人不能知其於德福一致問題之解決將有何作用。無限智心能落實而為人所體現，體現之至於圓極，則為圓聖。在圓聖理境中，其實義完全得見：既可依其自律而定吾人之天理，又可依其創生遍潤之作用而使萬物（自然）有存在，因而德福一致之實義（真實可能）亦可得見：圓聖依無限智心之自律天理而行即是德，此為目的王國；無限智心於神感神應中潤物、生物，使物之存在隨心轉，此即是福，此為自然王國（此自然是物自身層之自然，非現象層之自然，康德亦說上帝創造自然是創造物自

身之自然，不創造現象義的自然）。兩王國「同體相即」即爲圓善。圓教使圓善爲可能；圓聖體現之使圓善爲眞實的可能。

　　因此，依儒聖智慧之方向，儒家判教是始乎爲士，終乎聖神。士尚志，特立獨行之謂士。《禮記·儒行》篇皆士教也。成一眞實的人即爲士。「可欲之謂善〔此可欲指理義言〕，充實之謂美，充實而有光輝之謂大」。此三義是由士而進於賢，亦可說是賢位教。「大而化之〔大無大相〕之謂聖」，此是賢而聖，亦可說是聖位教。以天地萬物爲一體，乃至「與天地合德，與日月合明」云云，皆聖位教也。「聖而不可知之之謂神」，此是聖而神（神感神應之神），亦可說是神位教（四無教）。「君子所存者神，所過者化，上下與天地同流，豈曰小補之哉？」此等語句即是聖而神之四無義也。如是，由士而賢，由賢而聖，由聖而神，士、賢、聖、神一體而轉。人之實踐之造詣，隨根器之不同以及種種特殊境況之限制，而有各種等級之差別，然而聖賢立教則成始而成終矣。至聖神位，則圓教成。圓教成則圓善明。圓聖者體現圓善於天下者也。此爲人極之極則矣。哲學思考至此而止。中間餘義詳見《現象與物自身》，復見下附錄之補文。

　　頌曰：

　　中西有聖哲
　　人極賴以立
　　圓教種種説
　　尼父得其實

復爲之歌以詠之曰：

儒聖冥寂存天常，
孟軻重開日月光。
周張明道皆弗違，
朱子伊川反渺茫。
象山讀孟而自得，
陽明新規亦通方。
四有四無方圓備，
圓教有待龍谿揚。
一本同體是眞圓，
明道五峰不尋常。
德福一致渾圓事，
何勞上帝作主張。
我今重宣最高善，
稽首仲尼留憲章。

附錄一
「存有論」一詞之附注

　　西方的存有論大體是從動字「是」或「在」入手，環繞這個動字講出一套道理來即名曰存有論。一物存在，存在是虛意字，其本身不是一物，如是，道理不能在動字存在處講，但只能從存在著的「物」講。一個存在著的物是如何**構成**的呢？有些什麼特性、樣相、或徵象呢？這樣追究，如是遂標舉一些基本斷詞，由之以知一物之何所是，亞里士多德名之曰範疇。範疇者標識存在了的物之存在性之基本概念之謂也。存在了的物之存在性亦曰存有性或實有性。講此存有性者即名曰存有論。因此，範疇亦曰存有論的概念。範疇學即是存有論也。此種存有論，吾名之曰「內在的存有論」，即內在於一物之存在而分析其存有性也，康德把它轉爲知性之分解，因此，這內在的有論便只限於現象，言現象之存有性也，即就現象之存在而言其可能性之條件也；吾依佛家詞語亦名之曰「**執的存有論**」。

　　但依中國的傳統，重點不在此內在的存有論。中國的慧解傳統亦有其存有論，但其存有論不是就存在的物內在地（內指地）分析其存有性，分析其可能性之條件，而是就存在著的物而**超越地（外指地）**明其**所以存在之理**。興趣單在就一物之存在而明其**如何有其**

存在，不在就存在的物而明其**如何構造成**。有人說這是因爲中文無動字「是」（在）之故。這當然是一很自然的想法。中文說一物之存在不以動字「是」來表示，而是以「生」字來表示。「生」就是一物之存在。但是從「是」字入手，是**靜態的**，故容易著於物而明其如何構造成；而從「生」字入手卻是**動態的**，故容易就生向後返以明其所以生，至若生了以後它有些什麼樣相，這不在追求之內，因爲這本是知識問題，中國先哲不曾在此著力。故中國無靜態的內在的存有論，而有動態的超越的存有論。此種存有論必須見本源，如文中所說儒家的存有論（縱貫縱講者）及道家式與佛家式的存有論（縱貫橫講者）即是這種存有論，吾亦曾名之曰「**無執的存有論**」，因爲這必須依智不依識故。這種存有論即在說明天地萬物之存在，就佛家言，即在如何能保住一切法之存在之必然性，不在明萬物之構造。此種存有論亦函著宇宙生生不息之動源之宇宙論，故吾常亦合言而曰本體宇宙論。

中國以往雖未構造出內在的存有論，然可以隨時代之需要，文化心靈之開展，而補充之或吸納之。動字「是」與「生」之異途只是自然語言之方便，並非義理之必然，非然者便成定命論。又，佛家有不相應行法，此已類乎西方之範疇，故可順之而講內在的存有論（執的存有論），只因佛家重視轉識成智，故著重點不在此，因而遂亦未積極地構造出此種存有論。又朱子雖重視道問學，然光只順其所說之道問學，既不足以成知識（科學），亦不足以成內在的存有論；但其系統中氣自身之凝結造作，自成一機栝，此中即含有物本身之構造之問題，此是內在的存有論之根芽，但朱子卻亦未能順此而構造出一個內在的存有論，蓋光只此尙不足夠故也，無範疇

故也。其太極之理所擔負的仍是「存在之理」也。但朱子的這「存在之理」雖表示「存在」之所以然（超越的所以然），然其本身以非即心故，卻亦無動用義，因而亦無創生義。有人以爲朱子之理即是生之理，旣是生之理，就有「能生」之動用義，此則非是。「生之理」並不表示此理本身就有「能創生萬物」之動用義，這完全是兩回事。吾明之屢矣，人還如此致疑，可見其旣不虛心，又無思想義理之訓練，其鄙陋也。朱子之思想甚一貫，爲其辯護者皆一團混亂，不必爲朱子之所喜。

又海德格雖力圖建立其基本存有論，對於人這有限的存有詳作存在的分析，然仍屬內在的存有論，雖不是亞里士多德與康德之知識義的存有論。他力斥「表象的思想」而想後退一步回到「根源的思想」，但終未透出，未達無執的存有論之境；雖時有妙語，然終頭出頭沒，糾纏不已也。

又西方雖以內在的存有論爲主，然有時亦常有越出現象之存在以外引出某種東西以說明此存在者，如柏拉圖引出理型以爲說明一物之「是」之根據，此爲「形式的存有論」，吾亦可名之曰純質的存有論；又如羅素經由邏輯分析肯定原子性以爲說明知識以及知識對象之根據，此名曰邏輯原子論，此爲多元的存有論，吾亦可名之曰純數量的存有論（來布尼茲的心子論則名曰純質的多元論，此亦是一種存有論，對理型之爲形式言，此可曰材質的多元存有論，此材質是就心子言，不就物理原子言。）然無論是理型，是心子，是邏輯原子，就其無創造性言，皆可屬於內在的存有論，或說是內在存有論之變形，皆屬於假定者，未能如由範疇而言的內在存有論之轉爲知性之超越分解者之爲定然的。（胡塞爾的現象學，由意指的

分析入，無假定，但亦是內在存有論之一變形，未能越出康德的超越統覺以外。）

　　若越出現象存在以外而肯定一個「能創造萬物」的存有，此當屬於超越的存有論。但在西方，此通常不名曰存有論，但名曰神學，以其所肯定的那個「能創造萬物」的存有是一個無限性的個體存有，此則被名曰上帝（智神的上帝，非理神的上帝）。

　　吾人依中國的傳統，把這神學仍還原於超越的存有論，此是依超越的、道德的無限智心而建立者，此名曰無執的存有論，亦曰道德的形上學。此中無限智心不被對象化個體化而為人格神，但只是一超越的、普遍的道德本體（賅括天地萬物而言者）而可由人或一切理性存有而體現者。此無限智心之為超越的與人格神之為超越的不同，此後者是只超越而不內在，但前者之為超越是既超越而又內在。分解地言之，它有絕對普遍性，越在每一人每一物之上，而又非感性經驗所能及，故為超越的；但它又為一切人物之體，故又為內在的。（有人以為既超越而又內在的是矛盾，是鑿枘不相入，此不足與語。）因此，它之創造性又與上帝之創造性不同，此不可以瞎比附而有曲解也。

　　因此，依中國傳統圓實智慧而作消融與淘汰，結果只有兩層存有論：執的存有論與無執的存有論。

附錄二
《圓善論》指引

圓善是德和福的合一

　　《圓善論》的圓善可解釋爲圓滿的善。照一般說，圓滿的善是西方哲學所說的最高善（the highest good），拉丁文爲 summum bonum。最高有兩個意思。第一個意思，是按照無條件的道德命令而行者，便是最高善。這個意思的最高，是完全從德方面說的，是道德意義的最高，但現在《圓善論》中的「圓善」之爲最高是取圓滿義的「最高」。假如我們只取道德義，這是一邊的，不是圓滿的。圓滿的善一定是在道德以外，還有另一成份，這就是幸福。圓滿的善必須是「德」「福」兩成份合起來，成一完整的善。這才可稱爲圓滿。這個圓滿是表示不再有另一圓滿的整體在它之上。照這意思說的最高善才可稱最圓滿的善。用佛教的名詞，可簡單的稱之爲圓善。

圓教的兩個意義

佛教圓教的圓亦有兩個意義。一是圓通義；一是圓滿義。《般若經》所說的圓就是圓通義的圓，《華嚴經》所說的圓是圓滿義的圓。

《般若經》說般若智的作用，就是妙用，般若智的妙用就是圓通。圓通所涵的妙用就是無礙，故曰「圓通無礙」。如一般形容人的圓滑，像泥鰍一樣，令人捉不住。佛教中的圓教單從《般若經》說是不行的。有些人認為《般若經》那麼高妙，為甚麼還不夠圓呢？何用天臺宗再另立一圓教呢？實則，天臺宗說的圓教是從「圓滿無盡」說起，是存有論意義的。如何能圓滿？要無盡，乃至無窮無盡，通通包含在內，這圓滿無盡的圓類似羅素所說的無限數。從「圓滿無盡」說才能稱圓教。

現在我們說的圓善，是借用佛教圓教的意義來表示西方哲學所說的那個圓滿的善。怎樣的善才能圓滿呢？單說德是不夠的，一定要加上幸福（happiness），才可稱為圓滿。可是，福是很難得的，基督教要祈禱，求上帝賜予。現在我們就是要思考這問題。圓善這問題，是哲學活動領域的最高峰。依康德的哲學規模來說，《純粹理性批判》即《第一批判》是討論真的問題，說知識。知識如何能成立？知識所能達到的限度是甚麼？所不能達到的界域是甚麼？這些問題都是屬於「真」的問題。《第二批判》是討論善的問題——道德的善。《第三批判》講美，是負責溝通《第一批判》中的知識和《第二批判》中的道德，意即把兩領域合在一起。

哲學活動的終極問題

　　能否把知識和道德兩領域合在一起？是否需要這樣做？這是可思考的。哲學活動的最高峰有兩個問題，第一個是圓善問題，另一最高峰是眞美善三者合一的問題。了解這兩問題是一長途歷程。我們天天說眞善美，實則要眞正了解起來是不簡單的；了解康德的三個批判的人也很少。康德的書至現在二百多年，能眞的了解《第一批判》已不容易，康德寫《第三批判》時已八十多歲。這長期活動要慢慢的一步步了解。我現在翻譯《第三批判》，快要完成。我敢說，在中國有許多人的外文比我好，但不一定能翻譯這部書。翻譯完後，我將寫一部書以消化之，此書將名曰《眞美善的分別說與合一說》。《圓善論》是消化《第二批判》的，而《眞美善的分別說與合一說》是消化《第三批判》的。

　　康德的一套哲學理論不是很容易批評的。假若站在西方基督教的傳統上，你很難找出康德哲學理論的毛病。大陸有一位哲學家鄭昕，他專門研究康德。他說康德的哲學是哲學常識，每一個人都應該具備一些，必須經過，經過康德不一定有更好的哲學，但若不經過康德則一定是壞的哲學。這話是很在行的。經過不一定好，但不經過則一定壞。你是否贊成呢？西方讀哲學的不管是否贊成康德，但都要唸康德的書。康德以後的哲學都從康德開出，康德以前的哲學，從希臘起，全都被消化到康德裡面去。康德是一個焦點，古代的哲學都被包含了，後來的亦由他開出。例如英美的邏輯實證論、羅素的許多哲學理論都是從康德開出。因羅素是英國人，英國人要

保持英國人的尊嚴，所以他不肯承認從康德來，但事實上他有許多
論點都是從康德來的。

康德真美善合一是分別說

照康德這一套說來，第一個最主要問題是圓善問題，第二個問
題是如何了解消化真美善。但康德說的真美善是分別說的。這並不
是我們所了解的真美善之合一。合一有兩個意義，一是如康德所說
把三者合在一起成一大系統，這大系統其實是分別說的。另一意義
是中國人所了解的真美善之合一。這是說一物同時即真、即美、即
善。這意思是康德所沒有說到的；西方哲學沒有這了解，沒有這境
界。但中國人最喜歡談這問題，即真、即善、即美，合在一起；其
中有真的成份、美的成份、也有善的成份。但是，中國人有一毛
病，就是在分別說的真、美、善中，除善以外，真和美都說得不
夠，這是中國文化的缺憾。中國文化在分別說善時說得最好。儒
家、宋明理學家就是在這方面發揮。

康德沒有真美善的合一說，但在中國，無論是儒家、道家、佛
教，尤其是禪宗，都是達至真、美、善合一的境界。中國人在這方
面有深刻的體會，假若能把其中的材料體會、思考、了解，然後把
它展開，中國的智慧便很容易繼承下來，接受西方思想的補充和吸
取西方的智慧。

承繼是很重要的。但是，自鴉片戰爭後，中國人便不能把中國
文化承繼，現在我們的學問都是依西方的標準。現代的中國人看不
懂中國的書，也不知道中國有甚麼極具智慧的觀念。

　　寫《河殤》的那些人就說中國文化已經死亡了，黃河的奶水已乾枯了。但是不是眞的乾枯了呢？不是，只是人變成了餓鬼，把水看成火油，把米飯看成沙子。有水不能喝，有飯不能吃，變成了佛教所說的餓鬼。現在中國人在自己的文化前都變成餓鬼，這很可怕。

　　回到我們的問題，用康德的專門詞語說，德、福的關係是一綜和關係。德、福是兩個獨立的概念，有德並不一定有福。例如耶穌要上十字架；孔子希望成爲聖王的心願也不能達到；釋迦牟尼佛有福，但他不要，他寧願出家修道。我們不能從德中把福分析出來，更不能從福方面把德分析出來，許多有福的人都沒有道德。故此說德、福關係是一綜和關係。

　　如何把德福合在一起是個大問題。中國也有這問題，孟子有所謂天爵、人爵。天爵是德的問題，人爵是福的問題。有天爵不一定有人爵；有人爵更不一定有天爵。但中國人並沒有把這不相應的情形看成一個問題，更進而設法解決這問題。把它看成一個問題，並且嘗試加以解答的是從西方古希臘伊壁鳩魯派和斯多噶派開始，到近代十八世紀，康德才正式解答。康德要把德、福兩者合在一起，使兩者之間有一定的配稱關係，使二者相配。相配的意思是有多少德，就當該有多少福，簡單說就是德、福一致。

上帝──目的王國與自然王國的結合者

　　德福之間之配稱關係如何可能？康德在基督教的傳統下，就說要靠上帝來保證。爲甚麼？因爲「德」是屬於目的王國（kingdom

of ends）。把天下事物，不單是人，都看成是目的，不是看成手段。用另一句話說，就是不但不應把人看成是工具，就是天下萬物都不應被看成是工具，這是最高的道德。

從道德觀念，可引出目的王國。從「福」的觀念也可引出另一王國，叫自然王國（kingdom of nature）。因福就是存在於自然界裡，屬存在問題，存在是自然界的事情，我們的身體也是自然存在。

把目的王國和自然王國合在一起就是上帝王國（kingdom of God）。只有上帝才能把這兩王國合在一起，人不能。孟子說，「德」是我們所能掌握的，「求則得之，舍則失之，是求有益於得也，是求之在我者也。」道德的問題是我們能掌握的，做了好事或壞事，都要自己負責。但是，「福」便不能由自己掌握。孟子說：「求之有道，得之有命，是求無益於得也，是求之在外者也。」命的問題就是福的問題，亦是存在問題。

存在由誰管呢？由上帝管。人雖能掌握死，但不能掌握生。福是屬存在範圍，人管不了。所以，康德把目的王國和自然王國合起來成為上帝王國是順適的。要達成德、福一致，最高的善，便要信靠上帝，肯定上帝的存在，從而證明上帝的存在，這種證明叫道德的證明（moral proof）。

德福的成就要預設靈魂不滅

此外，還須證明靈魂不滅，靈魂離開身體後，仍可永恆存在，可到天國，這才可保證德、福一致。即使今生配不到福，因靈魂不

滅，便可於死後在天國享受所應配的福。

中國沒有靈魂不滅（immortality of soul）。儒、釋、道都沒有。雖然，佛教有輪迴的觀念，但所指的不是個體靈魂之不滅，而是剎那生滅之阿賴耶識。從達到最高善方面說，佛教的輪迴觀念和基督教的靈魂不滅有相同作用：即使今生不能享到應有的清淨福，也可待來生享；此即所謂歷劫成佛。

表面看來，基督教的想法也不錯，上帝可保證兩王國合在一起。但仔細想想，便覺不大順適。基督教這說法不能提供令人十分可理解的根據（intelligible ground），觀念也不太清楚。不錯，上帝是管存在的，但是，上帝所造天地萬物的「物」是個體（individual being），上帝只創造個體的存在，個體完成後，在現實的世界裡，在這自然行程（natural course）內，在時間空間中，那些千奇百怪的變化，種種古怪的現象，像羅馬尼亞壽西斯古、鄧小平等人的行事等，上帝是否負責任呢？上帝若要使德、福配稱，就要清楚知道每個人一生的遭遇，這樣才能衡量每個人應得的福。上帝如何知道呢？

上帝不創造人的命運

上帝創造萬物是自無而造。上帝的創造是使不存在的東西存在，這存在是個體存在。例如，上帝創造了天地萬物，創造了人。但是，當人這個體被造成後，他的變化和遭遇是這人本身的事。上帝是不管的。

上帝如何管自然存在呢？上帝是靠祂的愛、意志和知性

（divine love, divine will, divine understanding）。上帝造這個體是因爲祂愛這個體。爲甚麼愛這個體呢？是因祂意欲這個體。上帝的意志和我們的不同，祂的愛和知性也和我們的不同。祂愛這個、意這個、知這個、祂便創造這個。我們的知性不能創造。

個體被創造後的變化是不是也屬上帝的創造呢？不屬。依康德說，上帝創造這個體是當作「物自身」看的個體，上帝創造物自身，不創造現象。我們眼前這個體，對我們來說是個現象（phenomenon）。「物自身」的觀念，嚴格說當解爲「物之在其自己」，也可以譯作「物如」。上帝創造的那個體是「個體之在其自己」的那個體，不是作現象看的那個體。

我們所說的德福的「福」，是我們現實人生自然界的事，我們所說的現實人生、自然界等都是些現象。這個體被造後所遇那些變化既然是在時間過程中，自然行程內，便全都是現象。因爲物自身不在時間中，不在空間中，也不在十二範疇中。「福」既是寄托於自然界，因此，「福」是現象，上帝是管不著的。「德」是我們的事，上帝當然更管不著。這樣，德、福便不能合在一起，故此我說，康德以上帝把德、福成配稱關係是不十分可理解的。

佛教的智慧

佛教的智慧在這方面可有極大的貢獻。我們可說，佛教圓教的觀念保障德、福一致。不但人人都負責自己的德，且也要負責其現實人生的存在，福所寄托的存在，即那種種千奇百怪的存在。

佛教業的觀念是自己作業、自己承受。孟子也說：「自作孽，

不可活。」惡念不但是道德上的責任，它還直接影響個人的身體、五臟、相貌。這是一個重要的觀念。我們的行動是來源於內心的動機，動機的好壞是道德問題。可是，我們的心念是要由行為、說話、身體等表現出來的，這些都影響自己的存在。一句話的影響可以很大，如孔子有云：「一言可以喪邦，一言可以興邦。」這存在是要自己負責，不能交給上帝。

業的觀念是對自己的行為負責

佛教業的觀念是每人對自己過去的行為都要負責。據佛教說，人的一切活動都是來自無明，從十二因緣所表現的法（法可作存在物解）多得很，總名為十法界。佛教把整個自然界很有系統的分為十法界。法界意即法類，一界為一類，十法界即十法類。十法界指六凡四聖。六凡是：天、人、阿修羅、地獄、餓鬼、畜生。四聖是：聲聞、緣覺、菩薩、佛。每一法界由三種世間構成。三種世間包括：眾生世間、國土世間、五陰世間（五蘊世間）。

在眾生世間中，佛也是眾生之一。不過，他是覺悟的眾生。再把眾生解剖，開出五陰世間，五陰（五蘊）包括色、受、想、行、識。佛也有五陰，佛法身的色是妙色，我們的色是粗色（色指物質），《大涅槃經》有明言。國土世間指每一眾生住的地理環境，例如人住地球，佛住淨土，餓鬼在地獄，阿修羅在大海等。

從上列的關係構成三千世間法：每一法界有三種世間，十法界即有三十種世間。每一法界各互具十法界，即有一百法界，再與三十種世間相乘，便成三千種世間。

　　三千種世間便是天臺宗一念三千所指的三千。這三千世間也就是康德所說的整個自然，也就是現象；自然是現象的總集（sum of phenomena）。十法界都屬現象。依康德解釋，現象是每一東西顯現於我（appear to me）。這是對我的感性主體而現。例如色對眼而現，聲對耳而現。但眼所見，耳所聽的都不能立刻成爲決定的知識對象，要經過範疇的決定才成知識對象，即客觀的現象。依是，現象有特別的意義，不是我們普通所講的自然現象。我們平常所講的自然現象被視爲是天造地設的。按康德所說，屬現象的自然不是天造地設的，天造地設的是物自身。現象對人之主體而起現。人的感性主體與其他有限存在的感性主體不必同。假若人有三隻眼，所看到的自然界便與現在的完全不同。其他的有限存在也非我們的感性主體，也不是使用絕對相同的時間空間。上帝也是無限存在根本沒有時空，也沒有感性。現象不但對我們人的感性主體而現，且也要被我們人的知性主體所決定，而我們的知性是需要使用如此這般之概念的。

　　佛教的圓教到天臺宗一念三千的提出，才保障德、福配稱。依天臺宗說，華嚴圓教是別教圓教，不是眞正圓教，天臺宗批評華嚴宗緣理斷九，屬性起系統，不是性具系統，性具系統才是眞正圓教。

成佛過程不離世間法

　　圓教如何保證德、福一致呢？根據圓教，佛成就了三德秘密藏。法身、般若、解脫爲三德，不縱不橫，不可思議，名爲秘密

藏。不管成就那一德,佛是依三千世間法而達成的。三千世間法都
在修行成佛實踐過程中存在。修行到某一程度,便達某一世間,存
在跟著修行境界升進。成就法身、般若、解脫,不能脫離世間而有
所成就,不是跑到真空的地方去成佛,得涅槃法身、得般若、得解
脫。三德秘密藏是經由三千法,且就著或即於三千法而完成的。例
如,要成為佛法界中的佛,要經過且即於其他九法界,即六凡和緣
覺、聲聞、菩薩等法界,沒有一法可捨棄。故佛有種種化身,佛可
化身為餓鬼、畜生⋯⋯等。佛顯現於地獄,地獄的法就在佛身上表
現。佛不是地獄受苦眾生,他現於地獄是要就著地獄眾生來成佛。
即是說,他要現地獄相來救度地獄眾生,使他們得解脫,這是大乘
佛教的精神。同樣,佛要救餓鬼時,便現餓鬼相,餓鬼的法就在成
佛的過程中顯現,不能去掉。這是《維摩詰經》所說的「除病不除
法」。每一法都存在,佛教不是斷滅論,不是虛無主義。簡單舉
例,用刀殺人是用刀者不對,刀本身沒有惡,不能把刀去掉不用;
要去掉的是壞的行為。菩薩也有怒目金剛,「武王一怒而安天下之
民」,武王是聖人也可發脾氣,但不是隨便發。所以,每一法界都
具有十法界。我們屬人這一法界,在六道眾生中是最好的,所謂
「人身難得,中國難生,佛法難聞,生死難了。」好壞是以成佛之
難易為標準的。人是最易成佛,故人這一類眾生是最好的。人雖是
最好的,但地獄、餓鬼⋯⋯等其他九界都具在人內,故人一念超轉
可以成佛,一念墮落也可下地獄,其他九界也是如此。

　　各類眾生根據各自所作不同的業而落在不同的世間。例如作業
至某程度便在人世間,作業至另一程度便會在畜生世間。

世間法即康德的現象界

三千世間法都是緣起法，都是現象，都是康德的時空、十二範疇能應用的地方，也就是佛教所說不相應行法所應用的地方。「不相應」者即時間等觀念，無客觀的實物與之相應。西方所說的時、空、因、果、本體、質、量等都是不相應行法，這些只能應用於現象。現象就是《法華經》「十如」中的前九如。《法華經》說：「唯佛與佛乃能究竟諸法實相」，佛教所謂如是相、如是性、如是體、如是力、如是作、如是因、如是緣、如是果、如是報、如是本末究竟等。前九如的實相是當作現象看的實相。所謂實相有兩義：一是當作現象看的實相。二是實相般若的實相，即《般若經》所指的實相。那實相是「實相一相，所謂無相，即是如相」那句話。科學世界是屬於前九如的範圍內。這不是比附，是很清楚的。

佛教一貫說無自性，不論甚麼東西都沒有實體，沒有自性，但在這地方為甚麼說如是相、如是性……呢？這分明是現象意義的，是有自性的，這不是衝突嗎？佛教的道理站在邏輯立場上，每一概念都是很清楚，不會衝突的。這當作現象意義的法，就是唐玄奘弟子窺基所說「軌持」的法。「法者軌持」：「軌」者軌解可生物解，「持」者任持不失自性。這自性是指十如的前九如的相、性、體、力、作、因、緣、果、報的內容，這範圍就是成就科學知識的範圍，亦即是佛教所說的「俗諦」。最後，從本到末畢竟平等，即十如，「如是本末究竟等」，本是指相、性、體、力等，末是指果與報。這從本到末，到最後都是平等一如的。平等是「即空而等，

即假而等,即中而等。」若說空,統統是空,若說假,統統是假;若說中,統統是中。中就是中道實相,這實相就是《大般若經》所指那實相。據《大般若經》說:「實相一相,所謂無相,即是如相。」如相就是物自身,即三千緣起法之在其自己。法之在其自己便應該沒有緣起。這緣起又是甚麼意思呢?就是《中觀論》開始那一偈:「不生亦不滅,不常亦不斷,不一亦不異,不來亦不去。」八不緣起。既有緣起便有生滅,有時間、空間,但此處的緣起是生亦不滅……。是不是又自相矛盾呢,不是,這是在實相般若觀照下的緣起,在實相般若觀照下的緣起就是如此。這是八不緣起。八不,不是指上帝,而是指緣起法,奧妙便在此。若說八不是形容上帝倒很易理解,上帝是不生不滅的,也不會跑來跑去。緣起法是有生滅、常斷、一異、來去的,說緣起法而又說八不,是不可思議的,故以「空」名之。八不緣起便是緣起法之在其自己,緣起法的「如」相,亦即是緣起法的實相。

佛教的圓善不須上帝綜和

天臺宗荊溪大師的名句:「三千在理,同名無明。三千果成,咸稱常樂。」三千果就是佛果的果,成了佛果的三千法全是常樂我淨,此時便是德之所在,福之所在。三千世間法在理論上(即中道實相理之理上)說都可成佛,但未通過修行,中道實相理並未體現出來,故它們都在無明中。三千世間法成佛果時,全是常樂我淨。佛所成的功德是無漏功德,這無漏功德是三千法,這三千法無一法不清淨,佛法是常樂我淨,其餘每一法都是常樂我淨,這裡沒有時

空。德、福關係不是綜和關係。

依天臺宗圓教方式處理圓善，這是很可理解的，這是很高的智慧。天臺宗到現在快二千年，誰去讀呢？有許多書只是擺著，沒有幾個人看得懂。智慧只是擺在那裡，沒人理會，很可惜。

儒家的圓善

儒家也有儒家的圓教。儒家圓教根據孟子的系統發展。先從孟子講仁義內在、本心，至陸象山的心外無物，然後到王陽明的四句教，最後到王龍谿的四無始徹底完成。

王陽明四句教，亦即良知教。四句是：

> 無善無惡心之體。
> 有善有惡意之動。
> 知善知惡是良知。
> 爲善去惡是格物。

按《大學》說，這裡有四個概念：心、意、知、物。這四個概念成一完整系統。心和知是超越的，意和物是經驗的，兩層意義很清楚。但四句教尚未至圓教。王陽明的大弟子王龍谿看出這點，他提出四無句，現錄如下：

> 無心之心則藏密，
> 無意之意則應圓，

無知之知則體寂，

無物之物則用神。

　　四無句的提出，圓教才能完成，德之所在便是福之所在。四無句中的心、意、知、物和四有句的不同，四無句的心是無心之心，意是無意之意，知是無知之知，物是無物之物。

　　無心之心的特性是藏密，藏得很深密。無意之意的感應是圓通的。知善知惡之知是有「善、惡」作對象，無知之知是沒有知相的。因此也是沒有對象的，所以其體寂。般若之知就是無知之知，僧肇在《肇論》中有篇文章〈般若無知論〉就是根據道家的玄智而來的。體寂的體是不動的，不隨外物轉動。最後一句無物之「物」是「明覺之感應為物」，即物之在其自己之物，即物如。物如無「對象」相，即不可以作知識之對象，它是與明覺感覺一體呈現的。如果物指表用（作用），則有物之物即有「對象」相，有對象相之物是有限定之用（老子名之曰「利」），而無物之物（無對象相之物）之用是無限定之用，此即是神用。故曰「無物之物則用神」。

　　在四無之境中，「體用顯微只是一機，心意知物只是一事。」（〈天泉證道記〉）。此方是真正的圓教。心、知是體是微，意、物是用是顯。明覺之感應為神感、神應，就此神感、神應既可說無心之心，無知之知，同時亦可說無意之意，無物之物。蓋體用顯微只是一機，心意知物渾是一事，吾人之依心意知之自律天理而行即是德，而明覺之感覺應為物，物隨心轉，亦在天理中呈現，故物邊順心即是福，此時便是福德一致。簡單的說，良知是德的根據，明

覺（良知）感應爲物，即德之所在便是福之所在，這是最高境界，是我們所能掌握的；這亦是可理解的。你可說這是理想或信仰，但這信仰是可理解的，這是東方的智慧。我最後以三句祝福大家，以結束今天的講話：

開發智慧，敦篤德行，潤育存在。

附錄三
《孟子‧告子篇上》第六章釋義

公都子曰：「告子曰：『性無善無不善也。』或曰：『性可
以爲善，可以爲不善；是故文、武興，則民好善；幽、厲
興，則民好暴。』或曰：『有性善，有性不善；是故以堯爲
君而有象；以瞽瞍爲父而有舜；以紂爲兄之子且以爲君，而
有微子啓、王子比干。』今曰性善，然則彼皆非與？」
孟子曰：「乃若其情，則可以爲善矣，乃所謂善也。若夫爲
不善，非才之罪也。惻隱之心，人皆有之；羞惡之心，人皆
有之；恭敬之心，人皆有之；是非之心，人皆有之。惻隱之
心，仁也；羞惡之心，義也；恭敬之心，禮也；是非之心，
智也。仁義禮智，非由外鑠我也，我固有之也，弗思耳矣。
故曰：『求則得之，舍則失之。』或相倍蓰而無算者，不能
盡其才者也。詩曰：『天生蒸民，有物有則。民之秉彝，好
是懿德。』孔子曰：『爲此詩者，其知道乎！』故有物必有
則，民之秉彝也，故好是懿德。」

從材料說「性」，當然無善無不善，沒有善惡的分別，但「性無善
無不善」的說法，便函著「性可以爲善，可以爲不善」的意思，

（即告子「決諸西方則西流」的例子）故「文、武興，則民好善；幽、厲興，則民好暴」。或曰「有性善有性不善」，並舉「以堯為君而有象，以瞽瞍為父而有舜，以紂為兄之子且以為君，而有微子啓，王子比干」。以堯為君而有象，是「命」定如此，不能強求的。

通常說「天生的」或「先天性」，表示有好有壞。從生物學意義來說，亦屬於「生之謂性」一路，若用宋、明儒的說法，便屬於「氣質之性」。理學家重視「變化氣質」，可是，將人的先天氣質澈底變化，是很難辦到的，如果能變化到循規蹈矩，不作壞事，已很可貴。材性與氣質都從人的自然生命天生如此來說的，孔子說：「唯上智與下愚不移。」（〈陽貨〉）只有從生命上才講天才，從理性上無天才可言。儒家講「人人皆可以為聖人」是就人的理性上說，並非從生命氣質上說。理性與氣質屬於兩個不同層次、不同原則；可是，我們需要同樣承認這兩層次。若只承認氣質一個原則，人便純由生命氣質決定，於是變成「強凌弱，衆暴寡」的局面，這就成了尼采的超人哲學，主張世界由生命強的人來統治；可是，生命強的人不定有道德有智慧。因此，尼采的超人哲學是不合於聖人之道的，只有希特勒才喜歡它。在自然生命的強度下，強凌弱，衆暴寡。在這種情況下，道德對自然生命的強度來說，是一種「挑戰」，接受這種「挑戰」才能講理想。人必須肯定這個道德理性原則，否則便不能前進，只局限於自然生命的強度中，成了命定論（determinism）。在原則上，人人皆可以為聖人，但現實並非每人都是聖人，這是由於「氣」上的限制，不過，聖人立教，都從理性上立，從生命強度是不能立教的。

　　這一章自「乃若其情」以下的一段道理，能夠替代了康德《實踐理性批判》的分析部。分析部包括討論實踐理性的原則、對象和動力三方面。儘管這三方面的討論，不能超過孟子這裡所開發的義蘊，但兩者的差異，卻很微妙。康德講善的意志（good will），自由意志（free will），可是我們人類對這兩者卻不能有直覺，而且康德亦不將兩者說成「性」，他只是凌空地架起來。孟子則不同，他從「性」講。既然是性，便需要活動，有活動便有力量，這性是從「心」上說。康德講道德不從心講，他認為講良心是旁落，良心不是建立義務的客觀基礎。康德這樣講道德，好處在凌空地架起來，壞處在不能落實，不落實便不能將道德的力量顯示出來。道德必須有其落實的地方而將其力量顯出來，否則道德永遠不能表現，這便是康德道德哲學不足的地方，卻是孟子講道德的貢獻所在。

　　公都子在這章列舉三種論性的法：㈠性無善無不善；㈡性可以為善，可以為不善；㈢有性善，有性不善。這三種論性的方法都可概括在「生之謂性」的原則下。孟子肯定性善的層面，與這三種態度不同，但這三種方法並不一定錯，只是以「生之謂性」來說性。「生之謂性」表示人與犬馬相同的動物性，不能將人之所以為人的「性」透顯出來。現在討論人性，若就人上講，便需要將人與犬馬不同的地方區別開來。用康德的語言，我們要將人視為一個理性的存有（rational being）。

　　康德沒有孟子所謂「性」的觀念，所以他不把人的純粹意志、善的意志、自由意志說成為人的性。康德把自由意志只視為一個必然的設準（postulate），我們不能證明這個設準，因為我們不能直覺自由意志。在思辨理性來講，自由意志是一些知解命題

（theorectical proposition）；但在實踐理性中，必須設定上帝存在、靈魂不滅、意志自由，這些設定有必然性。若將這些必然的設定也視爲「證明」，這種證明只能算是一種實踐的證明（practical proof）或道德的證明（moral proof）。康德以前的證明是存有論的證明（ontological proof）、或神學的證明（theological proof），沒有康德這種的「道德的證明」。康德認爲上帝存在、靈魂不滅、意志自由並非知識的對象，如果這些都是知識的對象，那麼，它們便可建立，可以證明。因此，他只將自由意志視爲實踐理性的設準，而實踐理性是說明道德問題的，若要建立道德，必須設定意志自由，因爲它是一個智思物（noumena），而不是感觸直覺的對象。從上述說明，可知康德爲何不把自由意志視爲我們的「性」。若照孟子的思想，定必將這個自由意志視爲我們的性。性要呈現，而我們對性有自覺便是一種呈現。把「性」說成不能呈現，是一個自相矛盾的說法。若照康德討論的關鍵來說，人不能有智的直覺；但孟子認爲人性可以顯現，這便承認人有智的直覺。孟子所以認爲「性」能被我們直覺，其關鍵在心，因爲心能直覺。「性」的能是「心」，所以心不是抽象的。性是客觀地說，比較抽象、籠統和空洞，它的具體而眞實的內容，要通過主觀的心來了解。心是主體性原則，性是客觀性原則，或自性原則。客觀性原則必須通過主體性原則來證示，否則不能了解其內容。在儒家傳統內，主體性原則寄託在「心」；在西方傳統內，主體性原則卻寄託在直覺上。

在儒家來說，「性」這個觀念直接以實踐理性（practical reason）來肯定來證示。若由知識的途徑來肯定「性」，那便麻煩，不能順適條暢。在知識上講性，儘管有各方面的不同，仍可以

「生之謂性」的原則來概括。在「生之謂性」的原則下,人性與犬馬之性的不同,只表示「類」的不同,決不能表示人與犬馬在價值上的不同,價值是屬於道德問題的。

孟子以心說性。心就是心覺,代表活動。陸象山所謂「心即理」,便是根據孟子而來。在中國哲學的爭論中,「性即理」與「心即理」的爭論,所爭雖在一字,其意義卻非常重大。心覺的兩個基本功能便是 will 與 understanding。康德亦講良心,但他認為良心不是建立道德的客觀基礎,只是感受道德法則的一個主觀的感性條件。道德法則如果不從良心發出,良心便會旁落。這跟朱子視心為形而下的氣一樣。

告子論性與孟子論性不一定矛盾,兩者可以並存。告子「生之謂性」代表一個古老傳統;而孟子論性的途徑卻是一種創造,它背後的根據是孔子的「仁」。這可見出兩個論性的傳統。「生之謂性」的傳統經孟子批判後,還沒有湮滅,到了漢代,便是以「氣」說性的講法,王充、揚雄便是如此。在宋代就以「氣質之性」來概括。孟子以心說性,所謂「心」,是 moral mind,是宋儒所謂「義理之性」,用孟子自己的詞語來說,就是仁義之心。「心」可上提,亦可下降,但要使道德成為可能,就必須將它提高。如果心永遠處於可上可下的位置,則心便屬於感性的,即屬於氣,便不是孟子所說的心,故孟子亦肯定人的本心。這樣以心講性,是中國人的講法,中國人應該懂。以前的中國人懂得;可是,現在的中國人就不懂了。

中國人並非沒有存有(being)這個觀念,只不過我們講的being,是通過活動(activity)來了解。我在《心體與性體》中,

說出宋儒講性的兩條路向：一是「視性只存在而不活動」；另一是
「即存有即活動」。存有指性言，活動指心言。朱夫子的系統，便
是只存有而不活動，他把性放在客觀的存有上。可是，道德這件
事，絕不能從客觀的存有上建立。西方自柏拉圖到中世紀的聖多
瑪，都在客觀的存有上來建立道德。柏拉圖以存有論的完滿
（ontological perfection, metaphysical perfection）來說明善。凡一
物皆有相當的完滿性。這種存有論的完滿的說法，中國以前也有，
在佛教中便有很多這類的話，如「一華一法界，一葉一如來」就表
示這種意思。一華、一葉不單是一華一葉，而是絕對完滿的法界與
如來。當人的修養到達涅槃的境界時，便有這種境界；可是，這卻
不能建立道德。中世紀的學院也有這樣的格言：「每一東西都是
一、眞、善。」這種說法的善，是就存有論的完滿上說的。西方傳
統這樣講善講道德，所建立的，只是他律道德。眞正的道德，一定
是意志之自律，意志本身有自己的立法性。道德法則由意志自我建
立，不是從上帝安排下來的。康德認為不可從對象上說善，照無條
件而產生的行為才是善的。在西方傳統中，康德這種說法，實在是
一個大扭轉。這種意志之自我立法，就是中國人所謂「心即理」。
就孟子來說，仁義之理並非擺在面前，而是由仁義之心自發出來
的。無仁義之「心」，即無仁義之「理」。

　　孟子曰：「乃若其情，則可以為善矣，乃所謂善也。若夫為不
善，非才之罪也。」「乃若」是發語詞。其，可指性言，亦可指人
而言。情，指實言，即「核實而論」的意思。這個「情」不可理解
成情感，否則便成為一個獨立的概念，與「性」、「心」三分。朱
子就是這樣了解。「可以為善」的「為」，並非作「是」來了解，

乃「可以向善、可以表現善」的意思。孟子說性善，沒有表示放棄後天工夫之磨鍊。性善表示人有表現善的根據，人是可以表現善的。但將善表現出來，需要一番磨鍊工夫。現實上之所以有壞人的出現，正是缺少這番後天的修養工夫，故孟子曰：「若夫為不善，非才之罪也。」「才」，不指「才能」，和「情」一樣，它不是一個獨立的概念，是指「性」言。朱子將「才」解釋為「材質」，不能說他錯誤；可是，他在《語類》中，便將才解釋為人的才能。如此，才便成一個獨立的概念。「才」本來指原初之質地，性之原初質地是可以向善的，若人為惡，與他的性之質地無關，性不應負責任。在訓詁的根據上，「才」首先不能解釋成後來所謂「才能」的意思，「才能」只是引伸義。「才」的本義是「始初」的意思。岑溢成同學有篇長文說明這個意義。「才」用作「始初」的意思，現在還保留在日常用語中，如：「你要如何如何，『才』能如何如何」，像這裏的「才」字，便可用「始」字來代替。

　　「才」、「情」的內容，通過惻隱之心、羞惡之心、恭敬之心，具體地顯現出來。性善的意義，從這裏便得到充份的了解。據此，孟子所說的「性」，只是虛位字，「情」、「才」亦莫不如此。韓愈〈原道〉篇說：「仁與義為定名，道與德為虛位。」道德為虛位，所以道家亦可言道德；至於仁義，就是實質內容。性、情、才是虛位字，心才是落實的具體字。心是主觀性原則，這主觀性是勝義的主觀。一個東西若不經過我們的主觀，永遠只是空的。所以，黑格爾說中國人有理性自由，無主觀自由。這是個貶義的說法。理性自由與佛敎天臺宗「理即佛」之義相通。「理即佛」表示在原則上理想上，衆生可以成佛，但實際上，衆生無觀行，只是漆

黑一團。這也是個貶義的說法。

性善並不表示每個人都是聖人，可以放棄工夫；正好相反，性善表示工夫的超越根據，這個超越根據使工夫得到了保證。所以，「性善」與「如何表現性善」屬於不同層序的問題。人既有性善的超越根據，又何以不能表現出來？這由於人是感性的存在，受到感性的限制。性善的原初質地是普遍的，堯、舜、桀、紂都沒有例外。如果我們跟朱子一樣，把「才」理解為「才能」的意思，便缺乏這種普遍的意義。

就「性」本身來說，它是一個虛位字，「性」只代表客觀性原則，或自性原則，它是客觀的與空洞的（formal），故孟子論性善，必著重「心」的呈現。心表示主觀的動覺，所以以前的中國人喜言「虛靈明覺」。抽象地說，性的意義由心的覺識具體呈現；具體地說，便是呈現為惻隱之心、恭敬之心等。性善必須通過心來表現。在這個地方說性善，始能真確地辨別人禽之異。用現代的話來說，孟子所謂心，就是道德心，所謂性就是「內在道德性」（inner morality）之性。

關於心與性，我們舉一個例子來說明。基督教講三位一體，上帝有三種身份，一是聖父，一是聖子，一是聖靈。上帝的地位，相當於性；耶穌的地位，相當於心；靈就是將這兩者綜和起來。耶穌通過聖子的身份，上十字架犧牲，來證明上帝的內容——靈。我們要通過耶穌，來了解上帝的內容，否則永遠無法得知上帝的內容。這種思路跟中國相同，黑格爾亦是這種思路。用黑格爾辯證法的三步曲來表示，上帝之在其自己（God in himself）、上帝之對其自己（God for himself）、上帝之在而且對其自己（God in and for himself）。在其自己就是性，對其自己就是心。黑格爾非常重視對其自己，如果沒有對其自己的主觀性原則，上帝之在其自己的內容便不能表現，所以最後必是在而且對其自己。由此可見，孟子重視心的看法，有很重大的意義。可是，朱子的系統只能了解「性」，了解「太極」，卻不能了解「心」的作用，他只能說「性即理」，不能說「心即理」，他將心了解爲形而下的氣。就基督教來說，朱子只能了解上帝創造萬物，卻不能了解耶穌的重大作用。就耶穌是一形軀存在而言，他有感性的一面，是形而下的；但就他的生命全部神聖化而言，是形而上的。朱子只能了解耶穌形而下的一面，而不能了解他形而上而神聖的那一面。中國人說的聖人、佛的生命，都是神聖化的生命。

孟子所謂的「惻隱之心」，其實是心的眞切之情。這種情以理言，不以氣言。四端之心是理性之情，非感性之情。孔子說的仁，亦非形而下的感情。朱子把仁界定爲「心之德，愛之理」，這是把心即性即理分解爲心性情之三分。如此三分，遂失去了道德心的原意。朱子的頭腦是分析的，他把孟子的心三分，三分就是二分。性屬於形而上的理；心、情屬於形而下的氣。這便與孟子的原意不合。籠統地說是心，具體地說就是情。孟子所說的心，乃純粹的理性的，不帶絲毫夾雜，如此才能建立道德。孟子與告子辯論，主張仁義內在。仁義等道德之理內在於心，由心發出，因此，我們可用「心即理」來概括孟子的主張。「心」就是「理」，不是以「心」去合「理」。此即康德所謂「意志之立法性」。朱子沒有「心即理」這個觀念，他所了解的心不是理，而是憑藉心來了解理、把握理、服從理。心所服從的理是現成的，並沒有說明它的根源；因

此，心要把握理，便需要「格物」、「涵養」的工夫，這樣將重點旁落，便建立不起道德了。

惻隱之心、羞惡之心，好像表示一種情，但這種情是以理言，不以氣言。我稱這種情爲「本情」。本情、本心是一，就是理。這個意思，諸葛亮有很切當的表示，他說：「揭然有所存，惻然有所覺。」惻然有所覺，表示人的生命如佛教所說的「常惺惺」。我們看到中國大陸的動亂，心中不能無覺，這樣的生命才是活動的，才是惻然有所覺的；否則，便表示生命死掉，用程明道的話來說，便是「麻木不仁」。仁就表示有感通，不麻木。這種惻然有所覺的悱惻之感，絕不是感性的情感。「揭然有所存」則表示心之本身獨立地有所存主。「揭然有所存」，要靠「惻然有所覺」來呈現。「揭然有所存」是客觀意義的心；「惻然有所覺」是主觀意義的心。有「揭然有所存，惻然有所覺」，人才能挺立起來，頂天立地，壁立千仞。在現時這個動盪不安的時代，人要「揭然有所存，惻然有所覺」是很困難的。因爲在這個時代，我們必定要有「存在的決定」才行，而「存在的決定」談何容易。所以，這個時代是最考驗人的，人一方面要有所見，一方面要站得住，人若要站得住，就要靠「揭然有所存，惻然有所覺」。

在〈告子上〉第五章中，孟子主要辯駁告子「生之謂性」的說法。但在這一章中，直接說出性善之義，即說出以心來了解性的正面主張，最後，並引《詩經》篇章爲證。儒家的學問由孔孟開出，後來經宋明儒的發展，理論十分豐富。儘管如此，儒家傳統源遠流長，在《詩經》的兩首詩已表露出來，這兩首詩是儒家全部義理的綱領。第一首便是孟子在本章所引的那首，是《詩·大雅·烝民》：

綱領。第一首便是孟子在本章所引的那首，是《詩・大雅・烝民》：「天生烝民，有物有則，民之秉彝，好是懿德。」這首詩表現人的好善惡惡的善性。第二首是《詩・周頌・維天之命》：「維天之命，於穆不已。於乎不顯，文王之德之純。」這首詩的形上學意味較重。於穆，深遠貌。「維天之命，於穆不已」後來引伸成易乾卦象傳「天行健，君子以自強不息」。天行健，指天道創造不息。儒家的「天」是一個創造性原則（principle of creativity），天命流行到那裡，就有存在。天是一個既深遠（profound），又神秘（mystery）的存在。從天來講，是本體宇宙論的創造；從文王來講，是道德的創造。天之所以為創造的具體而真實的意義，必須通過主觀的道德創造來呈顯，脫離主觀的道德創造，天道的創造意義遂不能得到保證。主觀地講是性善，客觀地講是宇宙的創造，這兩者是合一的。所以在儒家來說，道德秩序即宇宙秩序，宇宙秩序即道德秩序。這便是儒家的「道德形上學」。

《牟宗三先生全集》總目